RUDOLF STEINER GESAMTAUSGABE
VORTRÄGE

ÖFFENTLICHE VORTRÄGE

RUDOLF STEINER

Metamorphosen des Seelenlebens
Pfade der Seelenerlebnisse

Achtzehn öffentliche Vorträge
Berlin 1909/1910

ERSTER TEIL

Neun Vorträge, gehalten zwischen dem
14. Oktober und 9. Dezember 1909
im Architektenhaus zu Berlin
und in München am 5. Dezember 1909
und 14. März 1910

1984

RUDOLF STEINER VERLAG
DORNACH/SCHWEIZ

Nach vom Vortragenden nicht durchgesehenen Nachschriften
herausgegeben von der Rudolf Steiner-Nachlaßverwaltung
Die Herausgabe dieser Auflage besorgte Caroline Wispler

1. Auflage in dieser Zusammenstellung
Gesamtausgabe Dornach 1984

Ein Nachweis der früheren Auflagen und Herausgeber
findet sich auf Seiten 331/332

Bibliographie-Nr. 58

Printed in Germany by Konkordia GmbH, Bühl/Baden

ISBN 3-7274-0585-6

Zu den Veröffentlichungen
aus dem Vortragswerk von Rudolf Steiner

Die Grundlage der anthroposophisch orientierten Geisteswissenschaft bilden die von Rudolf Steiner (1861–1925) geschriebenen und veröffentlichten Werke. Daneben hielt er in den Jahren 1900 bis 1924 zahlreiche Vorträge und Kurse, sowohl öffentlich wie auch für die Mitglieder der Theosophischen, später Anthroposophischen Gesellschaft. Er selbst wollte ursprünglich, daß seine durchwegs frei gehaltenen Vorträge nicht schriftlich festgehalten würden, da sie als «mündliche, nicht zum Druck bestimmte Mitteilungen» gedacht waren. Nachdem aber zunehmend unvollständige und fehlerhafte Hörernachschriften angefertigt und verbreitet wurden, sah er sich veranlaßt, das Nachschreiben zu regeln. Mit dieser Aufgabe betraute er Marie Steiner-von Sivers. Ihr oblag die Bestimmung der Stenographierenden, die Verwaltung der Nachschriften und die für die Herausgabe notwendige Durchsicht der Texte. Da Rudolf Steiner aus Zeitmangel nur in ganz wenigen Fällen die Nachschriften selbst korrigieren konnte, muß gegenüber allen Vortragsveröffentlichungen sein Vorbehalt berücksichtigt werden: «Es wird eben nur hingenommen werden müssen, daß in den von mir nicht nachgesehenen Vorlagen sich Fehlerhaftes findet.»

Nach dem Tode von Marie Steiner (1867–1948) wurde gemäß ihren Richtlinien mit der Herausgabe einer Rudolf Steiner Gesamtausgabe begonnen. Der vorliegende Band bildet einen Bestandteil dieser Gesamtausgabe. Soweit erforderlich, finden sich nähere Angaben zu den Textunterlagen am Beginn der Hinweise.

INHALT

ZU DIESER AUSGABE

Die Vorträge dieses Bandes gehören dem Teil von Rudolf Steiners Vortragswerk an, mit dem er sich an die Öffentlichkeit wandte. «Berlin war der Ausgangspunkt für diese öffentliche Vortragstätigkeit gewesen. Was in anderen Städten mehr in einzelnen Vorträgen behandelt wurde, konnte hier in einer zusammenhängenden Vortragsreihe zum Ausdruck gebracht werden, deren Themen ineinander übergriffen. Sie erhielten dadurch den Charakter einer sorgfältig fundierten methodischen Einführung in die Geisteswissenschaft und konnten auf ein regelmäßig wiederkehrendes Publikum rechnen, dem es darauf ankam, immer tiefer in die neu sich erschließenden Wissensgebiete einzudringen, während den neu Hinzukommenden die Grundlagen für das Verständnis des Gebotenen immer wieder gegeben wurden.» (Marie Steiner)

Seit 1903 hatten in jedem Winterhalbjahr solche öffentlichen Vortragsreihen im Architektenhaus stattgefunden. Die vorliegenden Vorträge bilden den ersten Teil der siebenten dieser Reihen von 1909/1910. Ihre Themen lassen sich wie folgt zusammenfassen: Geisteswissenschaft entwickelt die verborgenen Kräfte der Menschenseele. Edler Zorn bildet die Kräfte der Empfindungsseele, Wahrheit die der Verstandesseele, Andacht die der Bewußtseinsseele. Der Charakter zeigt die Kräfte des Ich, wie es Harmonie erzeugt in den Seelengliedern. Rechte Erziehung bringt Lebensfrüchte im späteren Leben. Erstarkung der Seelenkräfte wirkt gesundend. Im Ich des Menschen wirken aufsteigende und abwärtsziehende Kräfte. Der Mensch soll seine Erlebnisse und Fähigkeiten in seinen Taten der Welt zurückgeben. Im Gegensatz zum mehr selbstbezogenen Charakter des Buddhismus, will das Christentum den Menschen reifen lassen im Dienste an der Menschheit. Der Mensch ist eingegliedert in die Rhythmen des Kosmos und er reift heran in eigenen Rhythmen zu wahrem Menschentum.

DIE MISSION DER GEISTESWISSENSCHAFT EINST UND JETZT

Berlin, 14. Oktober 1909

Wie schon durch mehrere Jahre hindurch wird auch in diesem Jahre von mir eine Reihe von Vorträgen gehalten werden aus dem Gebiete der Geisteswissenschaft. Für diejenigen der verehrten Zuhörer, welche in den verflossenen Jahren an diesen Vorträgen teilgenommen haben, ist ja kein Zweifel darüber, in welchem Sinne hier das Wort «Geisteswissenschaft» genommen wird. Es wird sich – das sei für diejenigen der verehrten Zuhörer gesagt, die in den verflossenen Jahren nicht da waren – nicht darum handeln, irgendeine abstrakte Wissenschaft hier zu entfalten, ähnlich dem, was wir in den gebräuchlichen Seelenlehren oder Psychologien haben; es wird sich auch nicht um etwas handeln, was sich auf den Standpunkt stellt, der heute das Wort Geisteswissenschaft nur gebraucht für die Darstellung der verschiedenen kulturgeschichtlichen Gebiete, sondern um eine Wissenschaft, für die der Geist etwas Wirkliches, etwas Reales ist. Um eine solche Wissenschaft wird es sich handeln, die von dem Gesichtspunkt auszugehen hat, daß dem Menschen nicht nur das Gebiet der sinnlichen Wirklichkeit zugänglich ist und alles, was der Verstand des Menschen und seine sonstigen Erkenntniskräfte, insofern sie gebunden sind an die sinnliche Wahrnehmung, erfahren können, was also Sinneserkenntnis und Verstandeserkenntnis ist; sondern es wird sich um etwas handeln, was sich auf einen Gesichtspunkt stellt, bei dem nicht nur solche Erkenntnis vorhanden ist, sondern bei dem es die Möglichkeit gibt für den Menschen, hinter das Gebiet der sinnlichen Erscheinungen zu kommen, Beobachtungen anzustellen, die dem Verstand und dem Gebiete, an das der Verstand gebunden ist, nicht zugänglich sind.

Heute in einer einleitenden Darstellung soll es sich darum handeln, zu zeigen, welche Aufgabe diese Geisteswissenschaft in dem Leben des Menschen der Gegenwart hat. Und es soll dies anschaulich gemacht werden an dem Unterschied, wie diese Geisteswissenschaft, die so uralt ist wie das menschliche Streben überhaupt, in vergangenen Zeiten auftrat, und wie sie sich zeigen muß in unserer Zeit. Wenn wir von «unserer Zeit» sprechen, so ist das hier natürlich nicht so gemeint, daß etwa bloß die allerunmittelbarste Gegenwart in Betracht kommen soll; sondern es ist gemeint, was seit einer verhältnismäßig längeren Zeit sich als verwandt mit unserm Geistesleben herausstellt, und was in voller Entwikkelung in unserer unmittelbaren Gegenwart begriffen ist.

Es ist ja für den, der das Geistesleben der Menschheit nur ein wenig überblickt, von vornherein klar, daß man mit dem Worte «Übergangszeit» vorsichtig sein soll. Wenn man sich den Begriff nur einigermaßen zurechtlegt, wird man im Grunde genommen jede Zeit als eine Übergangszeit charakterisieren können. Dennoch aber gibt es Zeiten in der Menschheit, wo sich sozusagen Sprünge darstellen im Fortgange des Geisteslebens. Der Mensch des 16. bis 19. Jahrhunderts und unserer Zeit wird sich seinem ganzen Seelen- und Geistesleben nach anders zur Welt verhalten müssen als die Menschheit früherer Zeiten. Und je weiter wir zurückgehen in der Menschheitsentwickelung, desto mehr wird es uns auffallen, daß die Menschheit immer andere Sehnsuchten, immer andere Bedürfnisse hat, und daß sie dasjenige, was sie als Fragen über die großen Rätsel des Daseins aufwirft, durch sich selbst in einer immer anderen Weise beantwortet haben will. Nun können wir uns das Wesen solcher Übergänge deutlich machen, wenn wir uns bekanntmachen mit Menschen solcher Übergangszeiten, die in gewisser Beziehung noch Gefühls- und Erkenntniskräfte und Willensimpulse in sich haben, die von früheren Epochen des Geisteslebens vererbt sind, aber die doch schon den Trieb in sich fühlen, in eine neue Zeit hineinzuleben. Wir können in den verschiedensten Epochen des menschlichen Werdens solche geschichtlichen Persönlichkeiten finden. Wollen wir uns heute zunächst einmal an eine interessante Persönlichkeit halten, um zu sehen, wie sie die Fragen nach dem Wesen des Menschen aufwirft und nach alledem, was zunächst den Menschen interessieren muß. An eine Persönlichkeit wollen wir uns wenden, die an der Morgenröte des neuzeitlichen Geisteslebens die so charakterisierte innere Seelenverfassung hat. Und ich möchte nicht eine der bekannteren Persönlichkeiten aus der Reihe der Denker wählen, sondern ich möchte gerade am Ausgangspunkt dieser Vorträge eine in den weitesten Kreisen unbekannte Denkerpersönlichkeit wählen aus dem 17. Jahrhundert, wo es zahlreiche solcher Persönlichkeiten gegeben hat, die in sich noch die Gefühlsgewohnheiten, die Denkgewohnheiten des Mittelalters hatten, die noch so erkennen wollten, wie man vor Jahrhunderten erkannt hat, und die doch schon hineinragten in die Erkenntnisbedürfnisse der neueren Zeit. Eine Persönlichkeit also möchte ich Ihnen nennen, über deren äußeres Leben man in der äußeren Geschichte sozusagen gar nichts weiß. Das ist für die geisteswissenschaftliche Betrachtung immer etwas außerordentlich Angenehmes; denn wer gern in der Geisteswissenschaft mit unbefangenem Blick verweilt, der wird schon gespürt haben, wie sehr ihn alles das stören kann, was einer Persönlichkeit aus dem gewöhnlichen alltäglichen Leben angehängt wird, was die heutigen Biographen aus dem gewöhnlichen Leben zusammentragen. Man könnte in diesem Sinn der Geschichte dankbar sein, daß sie uns so wenig aufbewahrt hat, zum Beispiel von Shakespeare; denn dadurch wird uns – wie das heute zum Beispiel bei Goethe der Fall ist – bei Shakespeare nicht das Bild verdorben durch allerlei kleine Züge, wie sie die Biographen so gern zusammentragen. Aber ich will Ihnen eine Persönlichkeit nennen für unsern Zweck, die noch viel unbekannter ist als Shakespeare, eine Denkerpersönlichkeit aus dem 17. Jahrhundert, die aber für den, der in die Denkergeschichte der Menschheit hineinzuschauen vermag, eine ungeheure Bedeutung hat. Gerade eine der hervorragendsten Persönlichkeiten aus der Denkergeschichte der Menschheit steht vor uns in der Persönlichkeit des *Franziskus Josephus Philippus Graf von Hoditz und Wolframitz*, der in der zweiten Hälfte des 17. Jahrhunderts in Böhmen ein einsames Denkerleben gelebt hat. Was ihm vor allen Dingen als wichtige Frage in der Seele gelegen hat und was, wenn wir uns in seine Seele vertiefen, uns symptomatisch so schön hineinführen kann in das, was eine Seele dazumal bewegen konnte, das hat er niedergelegt in einem kleinen Büchelchen – ich habe nicht nachgeforscht, ob es inzwischen in aller Ausführlichkeit gedruckt worden ist –, das er genannt hat «Libellus de hominis convenientia». Darin wirft diese einsame Denkerpersönlichkeit die große Frage des

Daseins auf, die beim Menschen durchaus im Mittelpunkt aller Lebensverhältnisse steht: die Frage nach dem «Wesen des Menschen». Und er sagt geradezu mit einem eindringlichen, aus einem tiefen Erkenntnisgefühl herauskommenden Bedürfnisse, nichts entstelle den Menschen mehr, als wenn er nicht wisse, welches eigentlich sein Wesen ist.

Nun wendet sich dieser Franziskus Josephus Philippus Graf von Hoditz und Wolframitz an bedeutende Denkerpersönlichkeiten aus alten Zeiten – an eine Denkerpersönlichkeit aus dem vierten vorchristlichen Jahrhundert, an *Aristoteles* – und sagt: Was kann uns dieser alte Denker sagen, wenn die Frage aufgeworfen wird: Welches ist eigentlich das Wesen des Menschen? – Da stellt sich unser Denker die Antwort des Aristoteles vor Augen: «Der Mensch ist ein vernünftiges Tier.» Und dann wendet sich unser Denker zu einem Neueren, zu *Cartesius*, und fragt: Was wußte dieser Denker über die Frage zu sagen: Was ist eigentlich das Wesen des Menschen? – Da ergab sich für ihn die Antwort: «Der Mensch ist ein denkendes Wesen.» – Nun stand unser Denker mit seiner forschenden, suchenden Seele da und mußte sich sagen: Auf die wichtige Frage nach dem Wesen des Menschen geben mir diese beiden Denker, die mir die Repräsentanten vieler Denker sind, keine Antwort! Denn wenn die Antwort auf die Frage nach dem Wesen des Menschen gegeben wird, verlange ich zu erfahren, was der Mensch ist, und was der Mensch tun soll. Was mir Aristoteles antwortet – der Mensch sei ein vernünftiges Tier –, das antwortet nicht auf die Frage, was der Mensch ist; denn man kann nicht erkennen an seiner Antwort, was eigentlich das Wesen der Vernünftigkeit ist. Und auch die Antwort, die Cartesius, der

Denker des 17. Jahrhunderts, gibt, antwortet nicht auf die Frage: «Was soll der Mensch seinem Wesen gemäß tun?» Denn wenn man auch schon weiß, daß der Mensch ein Wesen ist, das denken kann, so weiß man noch nicht, was er eigentlich denken soll, um in der richtigen Weise ins Leben einzugreifen, um wirklich in seinem Denken einen Bezug zum Leben herzustellen!

So hat sich unser Denker vergeblich umgesehen nach einer Antwort auf die für ihn so brennende Frage des Daseins, welche den Menschen, wenn er sie sich nicht zu beantworten vermag, entstellt in seinem Wesen.

Da stieß er auf etwas, was freilich den heutigen Menschen sonderbar berühren wird, insbesondere, wenn er im Sinne der heutigen wissenschaftlichen Bildung denken will, was aber für jene einsame Persönlichkeit nach ihrer damaligen Seelenverfassung wirklich die einzig treffende Antwort war. Er sagte sich: Das kann mir nichts nützen, zu wissen, daß der Mensch ein vernünftiges Tier ist, oder daß der Mensch ein denkendes Wesen ist! Aber was ich gefunden habe bei einem anderen Denker, der es wieder von einer älteren Überlieferung her hat, das antwortet mir auf meine Frage. Und mit Worten, zu denen er auf diese Art gekommen war, gab sich dieser Mann Antwort auf seine Frage: «Der Mensch ist seinem Wesen nach das Ebenbild der Gottheit!»

Wir würden heute sagen: «Der Mensch ist seinem Wesen nach dasjenige, was er seinem ganzen Ursprung nach aus der geistigen Welt heraus ist.»

Was der Graf von Hoditz und Wolframitz weiter an seine Betrachtung anschließt, braucht uns heute nicht zu beschäftigen. Es braucht uns nur das eine zu interessieren, daß er aus den Bedürfnissen seiner Seele heraus auf eine Antwort hinweisen mußte, welche über alles, was der Mensch in seiner Umgebung sehen und mit seinem Verstande begreifen kann, hinausging. Wenn wir nun aber das, was jenes Büchlein enthält, weiter prüfen, dann stellt sich heraus, daß dieser Persönlichkeit nicht irgendwelche Mitteilungen aus der geistigen Welt zur Verfügung standen. Sagen wir etwa so: Hätte sich dieser Persönlichkeit die Frage auf die Seele gelegt, wie sich die Erde zur Sonne verhält, dann hätte sie, auch wenn sie nicht selber Naturforscher gewesen wäre, irgendwo innerhalb der Beobachtungswelt die Antwort gefunden, die seit dem Auftauchen der neueren Naturwissenschaft aus der Erfahrung gegeben werden konnte. Also in bezug auf äußere Fragen der Sinnenwelt hätte diese Persönlichkeit den Blick hinwenden können auf etwas, was ihr Leute hätten sagen können, die diese Fragen selber durch ihre Beobachtung, durch ihre Erlebnisse erforscht haben. In bezug auf die Fragen des menschlichen Geisteslebens aber, in bezug auf das, was der Mensch ist, insofern er ein Geist ist, darauf gaben ihm keine solchen Erlebnisse seiner damaligen Zeit Antwort. Man kann es ganz genau sehen, daß er sozusagen nicht irgendeinen Weg finden konnte zu Menschen, welche selbst eigene Erlebnisse in der geistigen Welt gehabt hätten, welche ebenso durch unmittelbare Erfahrung ihm irgendwelche Eigenschaften der geistigen Welt hätten sagen können, so wie ihm die Naturforscher sagen konnten, was sie dazumal eben über diese oder jene Frage der äußeren Sinnenwelt wußten. Daher wandte sich dieser Denker an das, was Überlieferung war, was er vorfand in den Urkunden, die ihm aus der religiösen Überlieferung gegeben waren. Er verarbeitete allerdings – und das ist charakteristisch für seine ganze Seelentiefe –, was er so als Überlieferung haben konnte;

aber man sieht aus der Art, wie er arbeitete, daß er nur seinen Verstand anstrengen konnte, um eine neue Form zu geben dem, was sich im Laufe der Geschichte ausgebildet hat oder was durch Überlieferung oder Schrift bis zu ihm gekommen ist.

Nun wird gar mancher sagen: Ja, gibt es denn überhaupt solche Persönlichkeiten, kann es solche Menschen geben, welche ebenso aus der Beobachtung, aus der Erfahrung, aus dem unmittelbaren Erlebnis heraus eine Antwort geben können auf Fragen, welche sich auf die Rätsel des geistigen Lebens beziehen?

Das ist eben das, was die Geisteswissenschaft in der neueren Zeit dem Menschen wiederum zum Bewußtsein bringen wird, daß es eine Möglichkeit gibt, ebenso in einer geistigen Welt, die keinem äußeren sinnlichen Auge, keinem Teleskop und Mikroskop zugänglich ist, zu forschen, wie es möglich ist zu forschen in der Sinneswelt; und daß Antwort gegeben werden kann aus der unmittelbaren Erfahrung heraus über die Fragen nach der Beschaffenheit auch einer solchen, über die sinnliche Erfahrung hinaus liegenden Welt. Dann wird man erkennen, wie es, allerdings notwendig hervorgerufen durch den ganzen Entwickelungsgang der Menschheit, eine Epoche gegeben hat, wo mit anderen Mitteln dasjenige in die Öffentlichkeit getragen worden ist, was der Geistesforscher in der geistigen Welt erkundet hat; und daß es heute wiederum eine Epoche gibt, wo die Möglichkeit besteht, daß wiederum von den Ergebnissen der Geistesforschung gesprochen werden und wiederum Verständnis dafür gefunden werden kann. Dazwischen allerdings liegt diejenige Zeit, in deren Abendröte die Zeit unseres einsamen Denkers hineinfiel, da die ganze menschliche Entwickelung eine Weile «ausruhte» von dem Hinaufsteigen in die geistige Welt, sich vorzugsweise an die Überlieferungen durch alte Urkunden oder mündliche Mitteilung hielt, und wo man in gewissen Kreisen anfing Zweifel zu hegen, ob der Mensch überhaupt durch eigene Kraft, durch Entwickelung seiner in ihm verborgen liegenden, schlummernden Erkenntniskräfte aufsteigen kann in eine übersinnliche Welt. Gibt es denn nun irgendeinen vernünftigen Gedanken, aus dem heraus man sagen kann, es sei unsinnig, von einer solchen geistigen Welt zu sprechen, von einer Welt, die über die sinnliche hinaus liegt? Eine solche Überlegung sollte dem Menschen schon die Betrachtung der Entwikkelung seiner sinnlichen Wissenschaft selber eingeben. Und gerade die unbefangene Betrachtung der Entwikkelung dieses Fortschrittes, den die Menschheit gemacht hat, das wunderbare Fortschreiten in der Enträtselung der äußeren sinnlichen Naturgeheimnisse sollte den Menschen darauf hinweisen, daß es eine höhere, übersinnliche Erkenntnis geben muß. – Wie das?

Wer unbefangen des Menschen Entwickelung betrachtet, wird sich sagen müssen: Gerade die Wissenschaft, die sich mit der äußeren Sinnenwelt beschäftigt, hat sich im Laufe der Zeit entwickelt. Mit welchem Stolze weisen viele Menschen darauf hin – und mit durchaus berechtigtem Stolze in gewissem Sinne –, wie man vor Jahrhunderten nichts wußte über dieses oder jenes, was dem äußeren Sinnesgebiete angehört, und wie uns die großen Fortschritte der Naturwissenschaft, die seit dem 15. und 16. Jahrhundert immer mehr und mehr sich steigern, Kunde gebracht haben von dem, was man vorher über diese äußere Sinneswelt nicht gewußt hat. Müßte man sich nicht eigentlich sagen: Die Sonne, die am Morgen aufgeht, sich während des Tages über den Horizont hinbewegt, sie ging dem Menschen vor Jahrtausenden ebenso auf, wie sie ihm heute aufgeht. Das, was der Mensch im Umkreise der Erde und im Zusammenhange mit der Bahn der Sonne in alten Zeiten sehen konnte, bot sich ihm für die äußere Sinnesanschauung vor Jahrtausenden ebenso dar, wie es sich dargeboten hat in der Zeit, in welcher *Galilei, Newton, Kepler, Kopernikus* und so weiter wirkten. Was aber wußte diese Menschheit über die äußere Sinneswelt zu sagen? Kann man davon reden, daß die Wissenschaft, wie wir sie haben, auf die unsere Zeit mit Recht so stolz ist, bloß durch eine Betrachtung der äußeren Sinneswelt errungen ist? Würde die äußere Sinneswelt, so wie sie ist, diese Wissenschaft so geben können, dann würde man nicht nötig haben, über das, was diese äußere Sinneswelt gibt, hinauszugehen. Dann hätte man vor Jahrhunderten dasselbe wissen müssen über diese Sinneswelt wie heute. Daß man heute mehr weiß, daß man die Stellung der Sonne und so weiter heute anders ansieht, worauf beruht denn das? Es beruht darauf, daß der menschliche Verstand, die menschlichen Erkenntniskräfte, welche sich auf die äußere Sinneswelt beziehen, sich entwickelt haben; daß sie etwas anderes geworden sind im Laufe der Jahrtausende und der Jahrhunderte. Oh, diese menschlichen Erkenntniskräfte waren nicht im alten Griechenland, was sie geworden sind seit dem 16. Jahrhundert bis in unsere Zeit hinein.

Wer diesen Werdegang des Menschen unbefangen betrachtet, der muß sich sagen: Der Mensch hat etwas herangebildet, was er früher nicht hatte; und er hat gelernt, in anderer Weise als früher diese äußere Welt anzusehen, weil er zu den Erkenntniskräften, welche sich auf die äußere Sinneswelt beziehen, etwas anderes hinzuentwickelt hat. Deshalb wurde ihm klar, daß die Sonne sich nicht um die Erde herum bewegt, sondern er wurde durch die Entwickelung seiner Erkenntniskräfte dazu veranlaßt, sich die Erde um die Sonne herumgehend zu denken. Der Mensch hat also in unserer Zeit andere solcher Kräfte, als er sie in früheren Zeiten hatte.

Für den, der auf die Errungenschaften der äußeren Wissenschaft stolz ist, und der unbefangen den Fortschritt studiert, kann es gar keinem Zweifel unterliegen, daß der Mensch entwickelungsfähig in seinem Innern ist, daß er nicht nur dasjenige in sich haben kann, was wir an Kräften der äußeren Welt sehen; und daß von Entwickelungsstufe zu Entwickelungsstufe seine Kräfte sich umgebildet haben, bis der Mensch so geworden ist, wie er heute ist. Der Mensch hat nicht nur das zu entwikkeln, was in seinen äußeren Kräften ist; sondern es entwickelt sich auch in seinem Innern etwas, wodurch er imstande wird, die Welt im neuen Glanze seiner inneren Fähigkeiten als Erkenntnis auferstehen zu lassen. Es gehört zu den schönsten Worten, die der große Dichter-Denker *Goethe* – im Buche über Winckelmann – gesprochen hat, als er sagte: «Wenn die gesunde Natur des Menschen als ein Ganzes wirkt, wenn er sich in der Welt als in einem großen, schönen, würdigen und werten Ganzen fühlt, wenn das harmonische Behagen ihm ein reines freies Entzücken gewährt, dann würde das Weltall, wenn es sich selbst empfinden könnte, als an sein Ziel gelangt, aufjauchzen und den Gipfel des eigenen Werdens und Wesens bewundern.» Und: «Indem der Mensch auf den Gipfel der Natur gestellt ist, so sieht er sich wieder als eine ganze Natur an, die in sich abermals einen Gipfel hervorzubringen hat. Dazu steigert er sich, indem er sich mit allen Vollkommenheiten und Tugenden durchdringt, Wahl, Ordnung, Harmonie und Bedeutung aufruft und sich endlich bis zur Produktion des Kunstwerkes erhebt.»

So mag der Mensch sich herausgeboren fühlen aus den Kräften, die er mit seinen Augen sehen, mit seinem Verstande begreifen kann. Aber wenn er das in dem Sinne, wie wir es auseinandergesetzt haben, unbefangen betrachtet, so wird er gerade von dem Gesichtspunkt der äußeren Wissenschaft sich sagen müssen: Nicht nur die Natur außen hat Kräfte, die sich heranentwickeln, bis sie angeschaut werden von einem Menschenauge, bis sie gehört werden von einem Menschenohr, bis sie begriffen werden durch einen menschlichen Verstand; sondern wenn wir den Gang der menschlichen Entwickelung verfolgen, so finden wir, daß sich auch im Innern des Menschen etwas entwickelt; daß seine Erkenntniskräfte zuerst schlummernd waren für die äußere Naturbetrachtung, daß diese schlummernden Kräfte dann erweckt wurden bis hinein in unsere Zeit, so daß die im Altertum schlummernden Erkenntniskräfte sich als entwickelt ausnehmen. Und durch die entwickelten Erkenntniskräfte schaut der Mensch heute hinaus und erringt das, was wir die großen Fortschritte der äußeren sinnlichen Wissenschaft nennen.

Nun muß die Frage an einen Menschen herantreten: Soll aber nun die Notwendigkeit vorhanden sein, daß dasjenige, was im Innern des Menschen ist, nun stehen bleibt und nur noch Kräfte entwickelt, die ein Spiegelbild dessen geben, was von außen gesehen werden kann? Oder muß es nicht auch noch andere, in der Menschenseele schlummernde Kräfte und Fähigkeiten geben, die entwickelt werden können? Ist es nicht ein durchaus vernünftiger Gedanke, wenn man sich sagt: Man muß die Frage aufwerfen, ob es denn nicht möglich sei, daß der Mensch in der Seele noch andere verborgene Kräfte habe, die geweckt werden können? Ist es denn nicht möglich, daß der Mensch dasjenige, was er im Innern hat, nicht nur dazu entwickeln kann, daß er es bis zu einem Spiegelbild der äußeren Welt bringt? Kann es nicht so sein, wenn er sich weiter entwickelt, daß vielleicht das, was früher in ihm verborgen und schlummernd war, geistig aufleuchtet? – als dasjenige, was Goethe das «Geistesauge», das «Geistesohr» nennt –, wodurch sich ihm erschließt eine geistige Welt, die hinter der sinnlichen Welt liegt?

Für den, der unbefangen diesen Gedanken verfolgt, wird es nicht unsinnig erscheinen, verborgene Kräfte zu entwikkeln, die hinaufführen können in die übersinnliche Welt, und die Antwort geben können auf die Frage: Was ist denn eigentlich der Mensch? Wenn er ein Ebenbild der geistigen Welt ist, was ist denn dann die geistige Welt?

Wenn wir uns den Menschen als äußeres Wesen charakterisieren, wenn wir uns seine Gesten, seine Instinkte und so weiter vor die Seele führen, so werden wir, wenn wir auf die äußere Welt blicken, des Menschen Gesten, Instinkte und Kräfte in einem unvollkommenen Zustande an niederen Wesen sehen. Und wir werden die äußere Erscheinung des Menschen als die Zusammenfassung dessen begreifen, was wir draußen über verschiedene Wesen, über niedere Wesen verteilt finden, Instinkte und so weiter. Wir können es begreifen, weil wir dasjenige, was wir am Menschen sehen, draußen sehen als etwas, woraus wir den Menschen entwickelt denken. Sollte es nun nicht möglich sein, mit solchen entwickelten Kräften in ähnlicher Weise auch in eine geistige Außenwelt zu sehen? Wesenheiten, Kräfte, Dinge da zu sehen, wie

Steine, Pflanzen und Tiere in der sinnlichen Außenwelt? Sollte es nicht möglich sein, solche geistigen Vorgänge zu sehen, die ebenso aufklären über alles, was im Innern des Menschen als Unsichtbares lebt, wie es möglich ist, das Sinnliche in bezug auf den Menschen zu erklären?

Aber es war eben die Zeit, die sozusagen eine Zwischenzeit war zwischen einer alten und einer neuen Art, die Geisteswissenschaft mitzuteilen. Es war die Zeit so, daß sie eine Ruhepause war für den weitaus größten Teil der Menschheit. Nichts Neues wurde gefunden; sondern das, was alte Urkunden und alte Überlieferungen enthielten, wurde immer wieder und wieder aufgenommen. Das war so richtig für jene Epoche; denn eine jede Epoche erfordert das Charakteristische für ihre ureigensten Bedürfnisse. Wir haben einmal eine solche Zwischenzeit; und wir müssen uns klar sein, daß die Menschen in dieser Zwischenzeit in einer anderen Lage waren als vorher und nachher; daß sie sich in dieser Zwischenzeit in einem gewissen Sinne abgewöhnten, überhaupt hinzuschauen auf die verborgenen Kräfte in der Menschenseele, die durch ihre Entwickelung zum Anschauen der geistigen Welt führen können. Daher kam es, daß eine Zeit heranrückte, wo der Mensch sozusagen den Glauben und das Verständnis dafür verloren hatte, daß es eine solche innere Entwickelung verborgener Kräfte zur übersinnlichen Erkenntnis gibt. Zwar eines konnte niemals geleugnet werden: daß im Menschen selber etwas ist, was sich nicht sinnlich anschauen läßt. Denn welches unbefangene Denken möchte wohl sagen, daß zum Beispiel der menschliche Verstand selber etwas sei, was der Mensch schon mit einem äußeren Auge gesehen habe? Welches unbefangene Denken müßte nicht wenigstens das zugeben, daß die menschlichen Erkenntniskräfte selber übersinnlicher Natur sind?

Das ist sozusagen als Erkenntnis auch niemals geschwunden; auch in der Zeit nicht, in welcher sich die Menschen gewissermaßen abgewöhnt hatten, zu glauben, daß sich die übersinnlichen Seelenkräfte bis zu der übersinnlichen Anschauung hinaufentwickeln können. Derjenige Denker, der das Hinaufschauen in die übersinnliche Welt gewissermaßen auf ein kleinstes Maß heruntergebracht hat, der da sagt: Es gibt keine Möglichkeit für den Menschen, durch irgendeine übersinnliche Anschauung hinaufzudringen in eine Welt, die uns entgegentritt als eine geistige, wie uns Tiere, Pflanzen und Mineralien und der äußere physische Mensch in der Sinnenwelt entgegentreten – dieser Denker, der aber aus seinem unbefangenen Denken heraus durchaus anerkennen mußte, daß es ein Übersinnliches gibt, das niemals geleugnet werden kann –, dieser Denker, der dadurch wie an einem letzten Punkt einer vorzeitigen Entwikkelung steht, ist *Kant.* Kant ist der Denker, der dadurch in einer gewissen Weise einen alten Entwickelungsgang der Menschheit bis zu einem letzten Abschluß gebracht hat. Denn was denkt Kant über das Verhältnis des Menschen zu einer übersinnlichen geistigen Welt? Er leugnet nicht, daß der Mensch Übersinnliches erblickt, wenn er in sich selber schaut; daß er dazu Erkenntniskräfte anwenden muß, die man nicht mit sinnlichen Augen wahrnehmen kann, und wenn man noch so raffiniert die sinnlichen Instrumente verstärkt. So weist Kant hin auf ein Gebiet der übersinnlichen Welt: das sind die menschlichen Erkenntniskräfte selbst, was die Seele braucht, wenn sie sich ein Spiegelbild der äußeren Welt entwerfen will. Nun aber ist er dazu gekommen zu sagen, das sei auch das einzige, was der Mensch über eine übersinnliche Welt wissen kann; der Mensch könne von der übersinnlichen Welt nur jenes Stück erkennen, das aus den Mitteln besteht, sich eine Anschauung über die Sinneswelt zu verschaffen. Kants Meinung ist: Wohin auch der Mensch seine Anschauung richten mag, er erblickt nur eines, was er als ein Übersinnliches bezeichnen kann: was seine eigenen Sinne Übersinnliches enthalten, um die Tatsache eines Sinnlichen wahrzunehmen, zu begreifen, zu verstehen.

So also gibt es im Sinne der Kantischen Weltauffassung keinen Weg, der die geistige Welt zur Anschauung, zum Erlebnis bringt, sondern nur die Möglichkeit, einzusehen, daß die äußere Sinneswelt nicht erkannt werden kann mit sinnlichen Mitteln, sondern nur mit übersinnlichen Mitteln. Das ist das einzige Erlebnis, das der Mensch haben kann aus der übersinnlichen Welt; sonst aber ist kein Zugang zu der geistigen Welt, keine Anschauung, kein Erlebnis! Das ist das Weltgeschichtliche, um was es sich bei Kant handelt. Nicht zu leugnen ist aber im Sinne Kants, daß der Mensch, wenn er nachdenkt über das, was mit seinem Handeln, seinem Wirken und Tun zusammenhängt, auch wiederum Mittel findet, um auf die sinnliche Welt zu wirken. Auch Kant mußte sich sagen: Der Mensch folgt nicht so wie die untergeordneten Wesen bloß instinktiven Antrieben, wenn er dieses oder jenes unternimmt, sondern er folgt auch Antrieben, die bloß in seiner Seele sind, die ihn hoch erheben können über das, was bloßer äußerer Antrieb ist. Wie könnte denn auch ein unbefangenes Denken solche Antriebe zum äußeren Handeln leugnen? Man braucht ja nur den Blick hinzuwenden auf einen Menschen, welcher diese oder jene noch so reizvollen Antriebe aus der Welt erhalten würde, um dieses oder jenes zu tun; der diesen Reizen und Lockungen aber nicht folgt; sondern der sich für sein Handeln zur Richtschnur nimmt, was er nicht aus den äußeren Anreizungen empfangen kann. Braucht man nicht nur hinzuweisen auf die großen Märtyrer des Lebens, die geblutet haben, die alles, was für sie in der Sinneswelt da ist, hingegeben haben für etwas, was sie über die Sinneswelt hinausführen sollte? Man braucht nur auf das Erlebnis in der menschlichen Seele – auch im Sinne von Kant – hinzuweisen, auf das menschliche Gewissen, das gegenüber dem, was noch so reizvoll und lockend an den Menschen herantritt, ihm sagen kann: Folge nicht dem, was da reizt und lockt, folge dem, was aus geistigen Untergründen heraus wie eine unbezwingliche Stimme in deiner Seele spricht! Und so war es denn auch für Kant sicher, daß es eine solche Stimme im Innern des Menschen gibt, die etwas spricht, was nicht zu vergleichen ist mit dem, was Aussage der äußeren Sinneswelt ist. Kant faßt das in die bedeutungsvollen Worte zusammen, die er den «kategorischen Imperativ» nennt. Nun sagt er aber, weiter komme der Mensch nicht als bis zu diesem Mittel seiner Seelenwelt, aus einem Übersinnlichen heraus in der sinnlichen Welt zu handeln; denn der Mensch könne nicht heraus aus der Sinneswelt. Er fühlt, daß Pflicht, kategorischer Imperativ, Gewissen aus ihm sprechen; aber er kann nicht hineindringen in die Welt, aus der Gewissen, Pflicht, kategorischer Imperativ herausströmen. Nur wiederum bis an die Grenze der übersinnlichen Welt gestattet sozusagen das Kantische Denken, daß der Mensch komme. Alles übrige, was in diesen Reichen selber liegt, woraus Gewissen, Pflicht und kategorischer Imperativ sprechen, und was mit der Natur unserer Seele übersinnlich gleichartig ist, das alles entzieht sich der Beobachtung im Sinne Kants. Da kann der Mensch nicht hinein; da kann er nur Rückschlüsse machen. Er kann sich sagen: Die Pflicht spricht; aber ich bin ein schwacher Mensch; in der gewöhnlichen Welt kann ich nicht ausführen, was in ihrem ganzen Umfange Gewissen und Pflicht mir befehlen. Also muß ich annehmen, daß sich mein Dasein nicht in dieser sinnlichen Welt erschöpft, sondern daß es eine Bedeutung hat über die sinnliche Welt hinaus. Ich kann mir das als einen Glauben vorhalten, aber ich kann unmöglich hineindringen in diese Welt; ich kann überhaupt nicht hinein in diese Welt, aus welcher sprechen sittliches Bewußtsein, kategorischer Imperativ, Gewissen, Pflicht und so weiter!

Nun steht eine andere Persönlichkeit in dieser Beziehung diametral gegenüber dem, was Kant ausgesprochen hat aus den Gesichtspunkten heraus, welche eben angeführt worden sind. Und diese Persönlichkeit ist keine andere als wiederum der Dichter-Denker Goethe. Wer wirklich die Seelen beider Männer miteinander vergleichen kann, der weiß, wie sie sich diametral gerade in bezug auf die wichtigsten Erkenntnisfragen gegenüberstehen. Als Goethe das in sich aufgenommen hatte, was Kant gerade darüber bemerkt, da sagte er aus seiner inneren Seelenerfahrung heraus: Kant behauptet, daß man zwar Rückschlüsse tun kann über einen Weg in die geistige Welt hinein, daß man aber keine Erlebnisse haben kann. Kant behauptet, daß es nur eine verstandesmäßige, begriffliche Urteilskraft gäbe, nicht aber eine anschauliche Urteilskraft, die Erlebnisse habe in der geistigen Welt. Kant behauptet das. Wer aber wie ich, sagt Goethe, indem er dabei seine ganze Persönlichkeit einsetzt, rastlos sich durchgerungen hat, um sich hinaufzuarbeiten durch die Sinneswelt bis in eine übersinnliche Welt hinauf, der weiß, daß man nicht nur Rückschlüsse machen kann, sondern durch eine anschauende Urteilskraft sich in diese geistige Welt wirklich erheben kann! – Das war Goethes persönlich gehaltener Einwand gegen Kant. Und Goethe betont noch besonders, daß es ein Abenteuer der Vernunft sei, wenn jemand behaupten wollte, es gäbe eine solche anschauende Urteilskraft; aber er sagt, daß er aus seiner Erfahrung heraus das Abenteuer der Vernunft mutig bestanden habe!

Nichts anderes aber ist das innere Prinzip, der innere Nerv dessen, was man wahre Geisteswissenschaft nennt, als die Erkenntnis dessen, was Goethe die «anschauende Urteilskraft» nennt, wovon er weiß, daß es hineinführt in eine geistige Welt, daß es entwickelt werden kann, immer höher und höher hinaufgesteigert werden und dann zu einer unmittelbaren Anschauung, zu einem Erlebnis in der geistigen Welt führen kann. Was eine solche gesteigerte Anschauung den Menschen, welche sie suchen, bringen kann, das ist der Inhalt der wahren Geisteswissenschaft. Das soll uns in den kommenden Vorträgen beschäftigen: Ergebnisse einer solchen Wissenschaft, die zu ihren Quellen hat die entwickelten verborgenen Fähigkeiten der Menschenseele, durch die der Mensch hineinschaut in eine geistige Welt, wie ihm durch die äußeren Sinneswerkzeuge hineinzuschauen gestattet ist in die Welt der Chemie, der Physik und so weiter.

Nun kann man aber die Frage aufwerfen: Gibt es nur heute diese Möglichkeit, verborgene, in der Seele schlummernde Erkenntnisfähigkeiten zu entwickeln, oder hat es diese Möglichkeit zu allen Zeiten gegeben?

Ein Blick, der eben im geisteswissenschaftlichen Sinne hinschweift über das, was in der menschlichen Geschichte geschehen ist, lehrt uns nun, daß es uralte Weisheitsschätze gegeben hat, die sich zum Teil zusammengedrängt haben in dem, was dann in dem charakterisierten mittleren Zeitraum in Schriften, in Überlieferungen der Menschheit geblieben war. Weiter lehrt uns diese Geisteswissenschaft, daß es heute wiederum möglich ist, der Menschheit nicht nur das Alte zu verkünden, sondern über dasjenige zu sprechen, was die menschliche Seele heute selber vermag durch Entwickelung der in ihr schlummernden Fähigkeiten und Kräfte, so daß die gesunde Urteilskraft – auch wenn der Mensch nicht selber in die übersinnliche Welt hineinzuschauen vermag – die Mitteilungen der Geistesforscher verstehen kann. Was Goethe zunächst damals, als er jenen Ausspruch gegen Kant tat, mit «anschauender Urteilskraft» im Auge hatte, das ist in gewisser Beziehung der Anfang des heute keineswegs unbekannten Erkenntnisweges nach aufwärts. Die Geisteswissenschaft wird, wie wir sehen werden, in die Lage versetzt, hinzuweisen darauf, daß es verborgene Erkenntniskräfte gibt, welche in verschiedenen Stufen hinaufgehen und dadurch immer mehr und mehr hineindringen in die geistige Welt.

Wenn wir von Erkenntnis sprechen, so sprechen wir zunächst von der Erkenntnis der gewöhnlichen Welt, der «gegenständlichen Erkenntnis»; wir sprechen dann von der «imaginativen Erkenntnis» – wobei aber der Ausdruck «imaginativ» als ein «terminus technicus» gebraucht ist, ebenso wie die andern –; wir sprechen von der «inspirierten» Erkenntnis und endlich von der wahren «intuitiven» Erkenntnis. Das sind Entwickelungsstufen, die die Seele durchmacht bei ihrem Weg in die übersinnliche Welt hinauf. Das sind aber auch Entwickelungsstufen, die im Sinne der heutigen Seelenverfassung der eigentliche Geistesforscher durchmacht. Ähnliche Wege haben auch die alten Geistesforscher durchgemacht. Aber Geistesforschung hat als solche keinen Sinn, wenn sie nur das Besitztum einiger Weniger sein sollte. Geistesforschung ist ja nicht etwas, was sich nur richten kann an kleine Kreise. Gewiß, was der wissenschaftliche Forscher zu sagen hat über die Natur der Pflanze, was er zu sagen hat über gewisse Vorgänge in der tierischen Welt, davon kann jemand sagen: Diese Wissenschaft kann der Menschheit dienen, auch wenn sie das Besitztum kleiner Kreise, der Botaniker, der Zoologen und so weiter ist. – Das ist bei der Geistesforschung nicht der Fall. Geistesforschung hat es zu tun mit solchen Dingen, die für jede Menschenseele Lebensbedürfnis sind; sie hat es zu tun mit Fragen, die zusammenhängen mit des Menschen gerechtfertigten innersten Seelenfreuden und Seelenleiden; mit solchen Dingen, durch deren Wissen der Mensch imstande ist, sein Schicksal zu ertragen, so zu ertragen, daß er es mit innerer Befriedigung und innerer Beseligung erlebt, auch wenn es leidvoll und schmerzvoll ist. Fragen, ohne deren Beantwortung der Mensch verödet und leer würde in seinem Innern, das sind die Fragen der Geisteswissenschaft. Fragen der Geisteswissenschaft sind nicht solche, die da nur für engste Kreise beantwortet werden können, sondern die jede menschliche Seele, auf welcher Entwickelungs- und Bildungsstufe sie auch stehe, interessieren müssen, weil deren Beantwortung geistiges Lebensbrot ist für eine jegliche Seele. So aber war es immer, zu allen Zeiten. Wenn Geisteswissenschaft so zur Menschheit sprechen will, dann muß sie die Mittel und

Wege finden, um verstanden zu werden; sie muß verstanden werden können von denjenigen, die sie verstehen wollen; das heißt, sie muß sich richten an diejenigen Kräfte, welche gerade zu einem gewissen Zeitalter in der Menschenseele ausgebildet sind, um den Mitteilungen des Geistesforschers einen Widerhall zu geben. Da sich das Menschengeschlecht ändert von Epoche zu Epoche und immer neue Seelenbeschaffenheiten auftreten, so ist es natürlich, daß Geisteswissenschaft einstmals über die brennendsten Seelenfragen anders urteilen mußte als heute. Im grauen Altertum mußte zu einer Menschheit gesprochen werden, die nicht verstanden hätte, wenn so gesprochen worden wäre wie heute; denn die Seelenkräfte, welche heute entwickelt sind, waren im grauen Altertum nicht vorhanden. Man hätte zu den Menschen gesprochen, wie wenn man etwa zu Pflanzen spräche, wenn man so gesprochen hätte, wie heute der Geistesforscher sprechen muß. Daher mußte in alten Zeiten der Geistesforscher sich anderer Mittel bedienen, als das heute der Fall ist. Und wenn wir zurückblicken auf graue Vorzeiten, so lehrt uns die Geisteswissenschaft selber: um Antwort geben zu können in der Art und Weise, wie es die Menschheit der grauen Vorzeit nach ihren damaligen Seelenkräften brauchte, mußte auch derjenige, der sich für das Hineinblicken in die geistige Welt vorbereitete, früher sich anders dazu vorbereiten; er mußte selber in seiner Seele andere Kräfte entwickeln, als sie der Geistesforscher heute entwickeln muß, um in solchen Formen zu sprechen, wie es für die heutige Menschheit nötig ist.

Diejenigen, welche diese in der Seele schlummernden Kräfte entwickeln, um hineinschauen zu können in die geistige Welt und dort geistige Wesenheiten zu sehen, wie man in der physischen Welt Steine, Pflanzen und Tiere sieht, nennt man heute in der Geisteswissenschaft und hat sie immer genannt «Eingeweihte» oder «Initiierte»; und man spricht von demjenigen, was die Seele durchzumachen hat, um zum Hineinschauen in die geistige Welt zu kommen, von «Einweihung» oder «Initiation». Der Weg aber zu dieser Einweihung war anders in alten Zeiten; und er ist anders in unseren neueren Zeiten, weil die Mission der Geisteswissenschaft immer eine verschiedene ist. Die alte Initiation, welche diejenigen durchzumachen hatten, die zu den Menschen der Vorzeit zu sprechen hatten, führte diese Menschen auch hinauf zum unmittelbaren Erleben der geistigen Welt; sie konnten hineinschauen in Reiche um den Menschen herum, die höher sind als das, was die Sinne um uns herum schauen können. Aber diese Menschen schauten auf eine solche Art hinein, daß sie ihre Anschauung umwandelten, so daß das Geschaute dann von den Menschen in einem Symbolum, in einem Sinnbild verstanden werden konnte. Sinnbildlich konnten die alten Eingeweihten nur ausdrücken, was sie erschauten. Solche Sinnbilder erstreckten sich auf den ganzen Umfang dessen, was den Menschen interessiert an der Welt. Und solche Sinnbilder aus einer wirklichen Welterfahrung sind uns erhalten in den Mythen und Sagen, die aus den verschiedensten Zeiten von den verschiedensten Völkern vorhanden sind. Solche Mythen und Sagen sind nur für den grünen Tisch der Gelehrsamkeit – nicht für wahre Forschung – etwas, was aus der «Volksphantasie» entsprungen ist. Für denjenigen, der die Tatsachen kennt, sind Mythen und Sagen herausgeschöpft aus den Anschauungen der Geistesforscher, und in einer jeglichen wirklichen Mythe und Sage haben wir zu sehen ein äußeres Bild für etwas, was der Geistesforscher in seiner geistigen Anschauung erlebt hat; oder mit einem Wort Goethes: Was er mit Geistesaugen gesehen, mit Geistesohren gehört hat. Dann erst werden uns Sagen und Mythen begreiflich, wenn wir sie auffassen als Sinnbilder für eine wirkliche Erkenntnis der geistigen Welt.

Es sind das zunächst diejenigen Sinnbilder, durch die man zu dem weitesten Umkreis des Volkes sprach. Denn was sich heute der Mensch einbildet, daß die Menschenseele immer so gewesen wäre, wie sie gerade in diesem Jahrhundert ist, das ist nicht der Fall. Die Menschenseele hat sich geändert; ihre ganze Empfänglichkeit war früher eine andere. Die Menschenseele war befriedigt, wenn sie dieses Bild, das im Mythos gegeben war, empfing; denn dadurch wurde die Seele angeregt, dasjenige, was sie außen sah, in einer viel unmittelbareren Anschauung vor sich zu haben. Heute ist die Mythe eine Phantasie. Wenn aber früher der Mythos sich in die Menschenseele hineinsenkte, stand vor der Menschenseele das, was die Geheimnisse der menschlichen Natur sind. Und wenn die Seele auf die Wolken, auf die Sonne und so weiter sah, so geschah das in der Weise, daß sich für sie notwendig ein Verständnis dessen ergab, was sie vor Augen hatte, wenn sie den Mythos hatte. Für eine kleinere Anzahl wurde dann das, was man höheres Wissen nennen könnte, in den Symbolen gegeben. Während man heute geradeaus redet und reden muß, konnte man dasjenige, was die Seele des alten Weisen oder Eingeweihten erlebte, nicht ausdrücken in unseren Seelenkräften; denn die hatte weder der Eingeweihte, noch hatte sie sein Zuhörer. Diese Kräfte wurden erst entwickelt. Man konnte sich nur ausdrücken, wenn man sich der Sinnbilder bediente. Diese Sinnbilder sind in einer Literatur erhalten, welche dem Menschen heute höchst merkwürdig vorkommt. Heute wird der Mensch Gelegenheit haben, insbesondere wenn neben dem Erkenntnisdrang auch die Neugierde erweckt ist für solche Sachen, da oder dort manches alte Buch – ich hätte bald gesagt: manchen alten Schmöker – vor Augen zu bekommen, wo sich wunderbare Bilder befinden, welche symbolisch zum Beispiel den Zusammenhang der Planeten ausdrücken; wo irgendwelche geometrische Figuren sind, Dreiecke, Vierecke und so weiter. Wer mit den heute entwickelten Erkenntniskräften an diese Bilder herantritt, der wird, wenn er nicht gerade seine Seele in dieser Richtung entwickelt hat, daß er Geschmack daran findet, aus unserer heutigen Bildung heraus sagen: Was kann man mit all diesem Zeug anfangen? Was kann man anfangen mit dem, was uns da als sogenannter «salomonischer Schlüssel» als symbolische Figur überliefert ist, mit diesen Dreiecken, Vierecken und so weiter?

Gewiß, auch der Geistesforscher wird Ihnen sagen: für den heutigen Menschen ist vom Standpunkte der heutigen Bildung aus zunächst nichts damit anzufangen. Dazumal aber, als diese Bilder den Schülern überliefert worden sind, da wurde dadurch wirklich in den Seelen etwas erweckt. Heute ist die Menschenseele anders. In der Zeit, wo die Menschenseele sich entwickeln muß, um auf die Fragen der Natur und des Lebens in der heutigen Weise zu antworten, da kann der Seele nicht aufgehen der innere Trieb, derartiges so anzuschauen, wie man es zum Beispiel tat bei den zwei ineinander verschlungenen Dreiecken, das eine mit der Spitze nach oben, das andere mit der Spitze nach unten. Wenn dieses Bild früher einem Menschen vor die Augen trat, da regte und rührte sich beim Anschauen etwas in seiner Seele;

da sah die Seele in etwas hinein. So wie heute das Auge durch das Mikroskop etwas sieht, wie zum Beispiel die Pflanzenzellen, was es ohne das Mikroskop nicht sehen kann, so dienten als Werkzeuge für die Seele diese symbolischen Figuren. Da sah man, wenn man den sogenannten salomonischen Schlüssel in der Seele als Vorstellung hatte, in die geistige Welt hinein, wie man eben mit der bloßen Seele nicht in die geistige Welt hineinsieht. So ist aber die Seele heute nicht mehr. Daher kann auch, was in solchen alten Schriften aus den Geheimnissen der geistigen Welt überliefert worden ist, nicht mehr in demselben Maße «Wissenschaft» sein; und diejenigen, welche es heute als Wissenschaft ausgeben oder noch im 19. Jahrhundert als Wissenschaft ausgegeben haben, die tun etwas, was nicht mehr sachgemäß ist. Das ist auch der Grund, warum Sie mit solchen Schriften, wie es zum Beispiel diejenigen von *Eliphas Lévy* sind, vom Standpunkte der heutigen Bildung aus nichts mehr werden anfangen können. Es ist eben für unsere Zeit etwas Antiquiertes, wenn solche Symbole heute gegeben werden, die die geistige Welt erklären sollen. Aber es war in früheren Zeiten die Art und Weise der Geisteswissenschaft, entweder in den gewaltigen Bildern der Mythen und Sagen, oder aber in solchen Symbolen zur menschlichen Seele zu sprechen.

Dann kam die Zeit, wo anders zu der menschlichen Seele gesprochen werden mußte. Das war jene Zwischenzeit, wo sich die Erkenntnisse der geistigen Welt in schriftlicher oder mündlicher Überlieferung von den Vorfahren auf die Nachkommen verpflanzten. Wir können, auch wenn wir nur das äußere Leben studieren, handgreiflich hinweisen, wie sich das fortpflanzte. Es gab zum Beispiel eine gewisse Sekte im nördlichen Afrika zur Zeit der Entstehung des Christentums; man nennt sie die «Therapeuten». Von dieser Sekte sagt ein Mann, der in ihre Erkenntnisse eingeweiht war, daß sie alte Urkunden hatten, die herrührten von ihren Begründern, die selber noch in die geistige Welt hineinschauen konnten; was ihre Nachfolger eben nur lesen konnten in den Schriften, die sie ihnen hinterlassen hatten; oder was höchstens diejenigen sehen konnten, die sich durch ihre Seelenanlage hinaufentwickelt hatten in die geistige Welt. Das ist für eine alte Zeit gesagt. Wir können aber hineingehen in das Mittelalter und finden da, wie gewisse bedeutende Geister betonen: Wir haben gewisse Erkenntniskräfte, wir haben einen menschlichen Verstand, dann andere Erkenntniskräfte, welche hinaufreichen, um gewisse Geheimnisse des Daseins zu begreifen. Aber es gibt Geheimnisse, Mysterien des Daseins, die müssen geoffenbart sein; die können wir nicht sehen, wenn wir unsere Erkenntniskräfte entfalten, die können wir nur suchen in den Schriften!

So entstand der große Zwiespalt bei den Geistern des Mittelalters zwischen dem, was man durch den Verstand wissen kann, und dem, was man glauben muß, weil es überliefert, geoffenbart ist. Und scharf wird – ganz im Sinne der damaligen Zeit – die Grenze zwischen beidem hingestellt. Gewiß, für die damalige Zeit war das berechtigt; denn in der Art waren die Seelenkräfte nicht mehr, daß man gewisse mathematische Zeichen hätte sinnbildlich anwenden und dadurch Erkenntnisse hervorrufen können in der Seele. Diese Zeit war vorbei. Bis hinein in die neuere Zeit gab es für die Seele nur eines für das Erfassen des Übersinnlichen: den Blick hinwenden auf das eigene Innere; was zum Beispiel ein *Augustinus* teilweise getan hat.

So also hatte der Mensch die Möglichkeit verloren, in der äußeren Welt etwas zu sehen, was ihm tiefere innere Geheimnisse verriet. Er konnte in den Symbolen nichts anderes mehr sehen als Phantasiegebilde. Nur das eine gab es noch, daß man ihm die übersinnliche Welt so hinstellte, daß sie dem entsprach, was in ihm selber übersinnlich war; daß man ihm sagte: Du hast ein Denken; dieses Denken ist in Raum und Zeit begrenzt; aber in der geistigen Welt ist ein Wesen, das ein All-Denken ist. Du hast eine begrenzte Liebe, aber in der geistigen Welt ist ein Wesen, das eine All-Liebe ist! Wenn man dem Menschen die geistige Welt veranschaulichte an dem, was er selber im Innern erlebte, dann erweiterte sich sein Inneres zu dem Anschauen der göttlich durchlebten Natur; dann hatte er ein Gottesbewußtsein. Aber über die Einzelheiten konnte er sich nur Auskünfte holen aus den alten Schriften; denn er hatte nichts mehr, was ihn selbst in die geistige Welt hineinführen konnte.

Nun kamen die neueren Zeiten, welche gerade den Stolz der Naturwissenschaft gebracht haben. Das sind die Zeiten, wo nicht etwa bloß bei denjenigen, welche die naturwissenschaftlichen Erkenntnisse erlangen konnten, sondern wo bei allen Menschen Fähigkeiten hervorgerufen wurden, die über das Sinnliche hinaus zunächst ein Verständnis entwickeln konnten. Da entwickelte sich das, was in der menschlichen Seele verstehen kann, daß nicht das Sinnenbild das Richtige ist, sondern was als Erkenntniskraft einsehen kann, daß die Wahrheit dem Sinnenschein widerspricht. Was sich so in der Seele heranentwickelt hat, daß es die äußere Natur so anschauen kann, wie sie sich nicht in der Sinnenwelt darstellt, das werden immer mehr diejenigen verstehen lernen, welche heute als Geistesforscher in die geistige Welt hinaufdringen, und die dann erzählen, daß man da ebenso eine geistige Welt und geistige Wesenheiten sieht, wie man hier die sinnliche Welt mit Tieren, Pflanzen und Mineralien sieht.

So muß der Geistesforscher sprechen für diejenigen Gebiete, welche dem heutigen Verständnis naheliegen. Und wir werden sehen, wie die Symbole, während sie früher Mittel waren zu einer Erkenntnis der geistigen Welt, heute Mittel geworden sind für eine geistige Entwickelung. Während zum Beispiel der «salomonische Schlüssel» früher in der Seele hervorgerufen hatte eine wirkliche geistige Erkenntnis, tut er das heute nicht mehr. Wenn aber die Seele auf sich wirken läßt, was ihr der Geistesforscher klarmachen kann, dann fängt in der Seele sich etwas zu regen an, was sich allmählich hinaufentwickeln kann in die geistige Welt, und wenn es in der geistigen Welt Schauungen hat, kann es zu den Menschen heute so sprechen, daß es das Geschaute in derselben Logik ausdrücken kann, welche auch die Logik für die äußere Wissenschaft ist. Daher muß die heutige Geisteswissenschaft oder Geheimwissenschaft so sprechen, daß sie ein jeder einsehen kann, der nur seinen Verstand umfassend genug anwendet. Was der Geistesforscher heute mitzuteilen hat, das muß er kleiden in die Begriffsformen, welche heute auch in der andern Wissenschaft üblich sind; denn sonst würde er nicht demjenigen Rechnung tragen, was heutige Zeitbedürfnisse sind. Hineinschauen kann so nicht gleich jeder in die geistige Welt; aber weil die entsprechenden Verstandes- und Gemütskräfte in jeder Seele ausgebildet sind, so ist die Geisteswissenschaft, wenn sie richtig gebracht wird, etwas, was jeder heute mit seiner gewöhnlichen Vernunft begreifen kann. Der Geistesforscher ist heute wieder in der Lage, etwas hinzustellen, wovon unser einsamer Denker sich gesagt hat: «Der Mensch ist seinem Wesen nach ein Ebenbild der Gottheit.» Wollen wir den Menschen physisch begreifen, so schauen wir hin auf das, was der Mensch physisch erforschen kann. Wollen wir begreifen, was der Mensch innerlich, geistig ist, dann weisen wir auf eine Welt, die der Geistesforscher geistig erforschen kann. Da zeigt sich, daß der Mensch nicht nur etwas ist, was mit der Geburt oder der Empfängnis ins Dasein tritt, und was mit dem Tode wieder hinausgeht; sondern es zeigt sich, daß der Mensch außer seinem physischen Teil übersinnliche Glieder hat. Erkennt man die Natur dieser übersinnlichen Glieder, so dringt man ein in das Reich, wo nicht nur Glauben, sondern Wissen ist. Und wenn Kant an der Abendröte einer alten Zeit gesagt hat: Den kategorischen Imperativ können wir erkennen; durch eine Anschauung hineindringen in das Reich von Freiheit, göttlichem Dasein und Unsterblichkeit kann kein Mensch –, so hat er damit nur die Erfahrung seiner Zeit zum Ausdruck gebracht. Eine Geisteswissenschaft wird zeigen, daß es möglich ist, in eine geistige Welt einzudringen. Sie wird zeigen: Ebenso wie das mit dem Mikroskop bewaffnete Auge in eine Welt eindringen kann, welche dem unbewaffneten Auge nicht zugänglich ist, ebenso kann die mit den Mitteln der Geisteswissenschaft ausgerüstete Seele eindringen in eine der unbewaffneten Seele verschlossene geistige Welt, in der Liebe, Gewissen, Freiheit und Unsterblichkeit erkannt werden können, wie in der äußeren physischen Welt Tiere, Pflanzen und Mineralien erkannt werden können. – Das kann als etwas mitgeteilt werden, was in den nächsten Vorträgen weiter ausgeführt werden soll.

Wenn wir nun die Beziehungen des Geistesforschers zu seinem Publikum betrachten und dabei noch einmal den Blick richten auf die Geisteswissenschaft in der alten Zeit und in der neueren Zeit, so können wir sagen: Die Sinnbilder, die der Geistesforscher der alten Zeit zu verwenden hatte, wirkten unmittelbar auf die menschliche Seele. Was wir heute die Verstandes- und Vernunftkräfte nennen, war noch nicht vorhanden. Die Bilder wirkten unmittelbar, und man sah dadurch hinein in eine geistige Welt, so daß der Geistesforscher der alten Zeiten den Menschen nicht so gegenüberstand, daß sie durch ihre Vernunft hätten prüfen können, was er ihnen durch diese Sinnbilder überlieferte. Man kann sagen: es wirkten diese Sinnbilder wie suggestiv, wie eine Eingebung; man war von ihnen hingenommen, hingezwungen; man vermochte nichts dagegen. Wem daher ein solches Bild gegeben wurde, der war, wenn es nicht richtig war, in jenen alten Zeiten geradezu ausgeliefert an diejenigen, welche ihm dieses Bild als ein falsches gaben; denn es wirkte unmittelbar! Daher war es in den alten Zeiten außerordentlich bedeutungsvoll, daß diejenigen, welche hinaufstiegen in die geistige Welt, den festen Glauben, das absoluteste Vertrauen erwecken konnten, daß sie zuverlässig waren; und wenn sie das mißbrauchten, was sie vermochten, dann war eine Macht in ihren Händen, die sie in der schlimmsten Weise ausbeuten konnten. Deshalb gibt es in der Geisteswissenschaft neben den Glanzzeiten auch Zeiten des Verfalls; Zeiten, in denen mißbraucht wurde die Kraft und Macht der Eingeweihten, die nicht zuverlässig waren. So hing es in einem hohen Grade in den alten Zeiten bloß von dem Eingeweihten ab, wie er sich zu seinem Publikum verhielt. Das ist nun in der Gegenwart – man könnte sagen: Gott sei Dank! – etwas anders geworden. Es ändert sich nicht alles auf einmal. Daher ist es auch heute noch notwendig, daß der Eingeweihte ein zuverlässiger Mensch ist; und ist er das, dann ist es gerechtfertigt, daß man ihm wirkliches Vertrauen entgegenbringt. Aber in einer gewissen Beziehung ist der heutige Mensch doch schon in einem anderen Verhältnis zum Geistesforscher als früher. Denn heute muß der Geistesforscher so sprechen, wenn er im Sinne seiner Zeit spricht, daß jeder unbefangene Verstand, der einsehen will, auch einsehen kann. Das ist natürlich noch weit davon entfernt, daß nun ein jeder auch einsehen müßte, der einsehen könnte. Aber die Vernunft kann heute Richterin sein über das, was man einsehen kann, und daher soll derjenige, der sich der Geisteswissenschaft ergibt, seine unbefangen wirkende Vernunft überall anwenden.

Das wird die Mission der Geisteswissenschaft von heute sein: durch die Entwickelung der verborgenen Kräfte hinaufzusteigen in eine geistige Welt, wie die moderne Physiologie durch das Mikroskop hinuntersteigt in eine Welt der kleinsten Lebewesen, die das unbewaffnete Auge nicht sieht. Und die allgemeine Vernunft wird die Ergebnisse der Geistesforschung prüfen können, wie sie die Ergebnisse des Physiologen, des Botanikers und so weiter prüfen kann. Denn die gesund wirkende Vernunft wird sich sagen können: Es stimmt das alles überein! Der heutige Mensch wird dazu kommen, zu sagen: Meine Vernunft sagt mir, daß es so sein kann; es kann einem einleuchten, wenn man sich seiner Vernunft bedient, was der Geistesforscher zu sagen hat. Und so soll der Geistesforscher sprechen, wenn er sich wirklich fühlt als innerhalb der Mission der Geisteswissenschaft in der Gegenwart stehend. Aber es wird auch heute eine Übergangszeit geben. Denn es könnten dadurch, daß die Mittel zur geistigen Entwickelung da oder dort vorliegen, und die Menschen sie auch unrichtig anwenden können, manche Leute sich hinaufleben in eine geistige Welt, wenn ihr Sinn nicht rein, wenn ihr Pflichtgefühl nicht heilig und ihr Gewissen nicht untrüglich ist. Dann werden sie aber durch das Hinaufdringen in eine übersinnliche Welt statt zum Geistesforscher zu einem solchen werden können, der nicht durch das eigene Erlebnis wissen kann, ob die Dinge den Tatsachen entsprechen; dann werden solche angeblichen Geistesforscher auch dementsprechende Dinge mitteilen. Und da die Menschen auf der andern Seite nur langsam und allmählich hinaufsteigen können im Gebrauch ihrer Vernunftkräfte zum Verständnisse dessen, was die Geistesforscher sagen, so wird gerade auf diesem Gebiet die Scharlatanerie, der Humbug, der Aberglaube üppige Blüten hervorbringen können. Aber der Mensch ist heute doch schon in einer anderen Lage. In gewisser Weise hat es sich heute doch schon selber zuzuschreiben, wer aus einer gewissen Neugier heraus, ohne seine Vernunft anwenden zu wollen, auf blinden Glauben hin denen, die sich als Geistesforscher ausgeben, zuläuft. Weil die Menschen eben noch zu bequem sind, die Vernunft selber anzuwenden, und sich lieber einem blinden Glauben hingeben, als selbst zu denken, deshalb ist es in unserer Zeit möglich, daß an die Stelle des alten, seine Macht mißbrauchenden Eingeweihten durch unsere Entwickelung leicht der moderne Scharlatan tritt, der bewußt oder unbewußt nicht die Wahrheit, sondern etwas von ihm selber vielleicht für wahr Gehaltenes den Menschen aufbindet. Das kann noch sein, weil wir heute am Anfange einer Entwickelung stehen.

Gegen nichts aber soll der Mensch seine gesunde Vernunft mehr aufbieten als gegen das, was ihm aus der Geisteswissenschaft heraus geboten werden kann. Man kann einen Teil der Schuld in sich selber suchen, wenn man auf Scharlatanerie und Humbug hereinfällt; denn sie werden noch weithin üppig treibende Blüten tragen – und haben sie schon getragen in unserer Zeit. Das ist auch etwas, was bei der Erwähnung der Mission der Geisteswissenschaft in unserer Zeit nicht unberücksichtigt bleiben darf.

Wer aber in unserer Zeit dem Geistesforscher zuhört und nicht mit einer willkürlichen, alles gleich in Zweifel ziehenden und abweisenden Vernunft –, sondern mit einer gesunden Vernunft alles prüft, der wird schon ein Gefühl dafür haben können, wie die Geisteswissenschaft dem Menschen Trost und Hoffnung bringen kann in schweren Stunden und Aufklärung in bezug auf die großen Rätselfragen des Daseins. Der Mensch wird heute ein Gefühl dafür erhalten können, daß die großen Rätselfragen des Daseins, die großen Schicksalsfragen gelöst werden können aus der Geisteswissenschaft; er wird wissen können, was von ihm geboren wird und stirbt, und was ewiger Wesenskern in dem Menschen ist. Kurz: es wird heute dem Menschen möglich sein – und dafür sollen die nächsten Vorträge einige, wenn auch wenige Belege bringen –, wenn er den guten Willen hat und die Kraft entfalten will durch Aufnehmen und In-sich-Verarbeiten der Mitteilungen der Geisteswissenschaft, daß er sich aus seinem innersten Gefühl heraus sagen kann:

Wahr ist es, was der junge Goethe ahnend gesagt hat, was der alte Goethe uns in jeder Zeile, die er in der Reife seines Lebens geschrieben hat, mitteilen wollte, was er seinen Faust sagen läßt, daß der Weise spricht:

Die Geisterwelt ist nicht verschlossen;
Dein Sinn ist zu, dein Herz ist tot!
Auf! bade, Schüler, unverdrossen
Die ird'sche Brust im Morgenrot!

Im Morgenrot des Geistes!

DIE MISSION DES ZORNES

«Der gefesselte Prometheus»

München, 5. Dezember 1909

Wenn man sich von dem Gesichtspunkte aus, von dem aus hier das Seelenleben betrachtet werden soll, in die menschliche Seele vertieft, kann einem immer wiederum der uralte Ausspruch des griechischen Weisen *Heraklit* in den Sinn kommen: Einer Seele Grenzen kannst du niemals finden, und wenn du auch alle Straßen abliefest; so umfassend ist der Seele Wesen. – Vom Seelenleben soll hier gesprochen werden nicht in dem Sinne, wie es wohl gegenwärtig häufig geschieht vom Standpunkte landläufiger Seelenlehre oder Psychologie aus, sondern es soll von dem Gesichtspunkte der Geisteswissenschaft aus gesprochen werden. Geisteswissenschaft steht fest auf dem Boden, daß sich hinter allem, was den äußeren Sinnen gegeben ist, was dem an die äußeren Sinne gebundenen Verstande gegeben ist, als Quell und als Urgründe dieses äußeren Daseins ein wirkliches, reales Geistiges findet; und daß der Mensch imstande ist, dieses Geistige auch wirklich zu erforschen. Es ist ja öfter in diesen Vorträgen hier angeführt worden, wodurch sich diese Geisteswissenschaft oder Theosophie unterscheidet von so mancherlei Standpunkten der heutigen Gegenwart, und nur kurz soll an diese Unterschiede erinnert werden. Gewöhnlich spricht man im äußeren Leben und in der äußeren Wissenschaft davon, daß des Menschen Erkennen an diese oder jene Grenze gebunden ist, daß man dieses oder jenes nicht erkennen könne, weil nun einmal dem Menschen diese oder jene Grenzen der Erkenntnis gesteckt seien. Und so wird der eine vielleicht, wenn er nicht eine übersinnliche, eine geistige Welt ganz abweisen will, sagen: Lassen wir diese geistige Welt auf sich beruhen, denn der Mensch kann ja doch nur, weil er einmal geartet ist, wie er eben ist, in die physische Welt eindringen und höchstens sich Vorstellungen machen gemäß seinem Verstand über dasjenige, was hinter dieser physischen Welt ist nach Hypothesen und dergleichen. Ein anderer wird vielleicht, noch ausbauend diese Anschauung, sagen, es gehe uns überhaupt eine übersinnliche Welt gar nichts an. Die Geisteswissenschaft steht nicht auf diesem Boden, sondern sie sagt, dasjenige, was Weltinhalt ist, ist unendlich; dasjenige, was in die Erkenntnisse des Menschen hereinfällt ist davon abhängig, daß der Mensch Organe dafür hat. Niemals würde der Mensch darauf kommen können, daß es eine farbige und von Licht erfüllte Welt gibt, wenn er nicht Augen hätte; niemals würde ein Mensch darauf kommen können, daß es eine von Tönen durchdrungene Welt gibt, wenn er nicht Ohren hätte. Mit jedem neuen Organ, mit jeder Möglichkeit eines neuen Wahrnehmens erschließt sich eine neue Seite, ein neues Gebiet der Welt. Und so steht Geisteswissenschaft auf dem Boden, daß die Grenzen menschlicher Erkenntnis nur jeweilige sein können; daß sie erweitert werden können; daß in unserer Seele verborgene Fähigkeiten liegen, die wir herausholen können aus ihr; und daß geradeso wie bei dem Blindgeborenen, der operiert wird, aus der Dunkelheit und Finsternis Licht und Farbe herausdringen, bei demjenigen, der die verborgenen geistig-seelischen Fähigkeiten in sich erweckt, aus der Welt, die vorher nur so war, wie die äußeren Sinne sie vermittelten, dasjenige, was als Geistiges immer um uns herum ist, und was wir nur ohne die geistigen Organe nicht erkennen können, herausdringen wird. Die Geisteswissenschaft oder Theosophie sagt nicht, da oder dort seien Erkenntnisgrenzen, sondern: wie haben wir uns selber umzubilden, um immer tiefer in diese Welt hineinzudringen, um umfassendere Erlebnisse aus dieser Welt heraus zu machen? Und immer wieder muß Geisteswissenschaft hinweisen auf das große Ereignis, durch das der Mensch ein Geistesforscher wird, um in die geistigen Welten hineinzusehen, wie der physische Forscher mit dem Mikroskop in die physischen Welten hineinsieht. Gegenüber der geistigen Welt, muß man allerdings sagen, gilt das Goethesche Wort:

Geheimnisvoll am lichten Tag
Läßt sich Natur des Schleiers nicht berauben,
Und was sie deinem *Geist* nicht offenbaren mag,
Das zwingst du ihr nicht ab mit Hebeln und mit Schrauben.

Ein äußerliches, aus Linsen oder sonstigen Bestandteilen zusammengesetztes Instrument hat der geisteswissenschaftliche Forscher nicht. Seine Seele selbst muß er umwandeln zu einem Instrument; dann erlebt er auf höherer Stufe jenen gewaltigen Augenblick der Erwekkung seiner Seele, da er hineinschauen kann in eine geistige Welt, wie der operierte Blinde in eine Welt hineinschauen kann, die er vorher nicht wahrgenommen hat. Auch das ist des öfteren betont worden, daß nicht ein jeder Geistesforscher zu werden braucht, um heute dasjenige anzuerkennen, was der Erweckte der Welt mitzuteilen hat; denn wenn die Erkenntnisse der Geistesforschung mitgeteilt werden, dann genügt für jeden Menschen der unbefangene Wahrheitssinn, die gewöhnliche Logik, um das anzuerkennen, was der Geistesforscher mitzuteilen hat. Zum Forschen gehört das geöffnete Auge des hellsichtigen Menschen; zum Anerkennen der Mitteilungen gehört gesunder Wahrheitssinn; natürliches, unbefangenes, durch kein Vorurteil getrübtes Gefühl, natürliche Vernünftigkeit. Darauf also kommt es an, daß wir Seelenlehre, Seelenbeobachtung im Sinne dieser Geistesforschung auffassen, wenn wir in den folgenden Vorträgen zunächst über einige den Menschen interessierende Eigenschaften dieser Seele zu sprechen haben. Gerade wie nur derjenige in Wasserstoff, Sauerstoff und anderen chemischen Elementen forschen kann, der sich die Fähigkeiten dazu erwirbt, so kann nur derjenige, dessen geistiges Auge geöffnet ist, hineinschauen in das, was seelisches Leben ist. Um die Seele zu erforschen, muß man in der Lage sein, sozusagen in seelischer Substanz Beobachtungen anzustellen. Da müssen wir allerdings die Seele nicht als etwas Unbestimmtes, Nebuloses ansehen, in dem da herumschwirren Gefühle und Gedanken und Willensimpulse, sondern wir müssen uns noch einmal heute skizzenhaft bekanntmachen mit dem, was in früheren Vorträgen hier über denselben Gegenstand gesagt worden ist.

So wie wir den Menschen ansehen, so stellt er sich dar als eine viel kompliziertere Wesenheit, als ihn die äußere Wissenschaft nimmt. Dasjenige, was die äußere physische Beobachtung vom Menschen kennt, ist für die Geisteswissenschaft nur ein Teil der menschlichen Wesenheit: der äußere physische Leib, den der Mensch gemeinschaftlich hat mit allem Mineralischen unserer Umgebung. Da drinnen herrschen dieselben Gesetze, wirken dieselben Substanzen wie in der äußeren, mineralisch-physischen Welt. Aber über das hinausgehend, anerkennen wir in der Geisteswissenschaft nicht bloß durch logisches Schließen, sondern durch Beobachtungen ein zweites Glied der menschlichen Wesenheit: dasjenige, was wir nennen den Ätherleib oder Lebensleib. Nur skizzenhaft können wir heute auf diese Gliederung der menschlichen Natur hinweisen; denn unsere Aufgabe ist eine ganz andere heute; sie muß sich nur auf die Kenntnis dieser Gliederung der menschlichen Natur aufbauen. Den Ätherleib oder Lebensleib nun hat der Mensch nicht gemeinschaftlich mit demjenigen in seiner Umgebung, was physisch-mineralisch ist, sondern mit alledem, was lebt. Ich sagte, daß derjenige, der ein Geistesforscher geworden ist, der die Seele zu einem Instrument gemacht hat, um hineinzuschauen in die geistigen Welten, diesen Äther- oder Lebensleib kennt aus unmittelbarer Beobachtung. Aber auch der unbefangene Wahrheitssinn kann, wenn er nicht durch die heutigen Vorurteile getrübt ist, diesen Äther- oder Lebensleib anerkennen. Denn nehmen wir den physischen Leib: er hat in sich dieselben physischen, chemischen Gesetze wie die äußere physisch-mineralische Welt. Wann zeigen sich uns diese physischen Gesetze? Dann zeigen sie sich uns, wenn der Mensch uns entgegentritt ohne das Leben. Wo der Mensch durch die Pforte des Todes gegangen ist, da sehen wir, welches die dem physischen Leib eingeborenen Gesetze sind. Es sind diejenigen Gesetze, die den Leib auflösen, die den Leib in ganz anderer Weise beherrschen, als er beherrscht wird zwischen Geburt und Tod. Dieselben Gesetze sind auch immer im physischen Menschenleibe. Daß er ihnen nicht folgt, das kommt daher, weil innerhalb dieses physischen Menschenleibes zwischen Geburt und Tod ein Kämpfer ist gegen den Zerfall des physischen Leibes, eben der Äther- oder Lebensleib.

Dann unterscheiden wir ein drittes Glied der menschlichen Wesenheit: den Träger von Lust und Leid, von Freude und Schmerz, von Trieben, Begierden und Leidenschaften, von alledem, was wir im Grunde genommen schon als Seelisches bezeichnen; aber eben den Träger, nicht dieses Seelische selber. Ihn hat der Mensch mit all den Wesen um ihn herum gemeinschaftlich, welche eine gewisse Form des Bewußtseins haben, mit den Tieren. Dieses dritte Glied der menschlichen Wesenheit nennen wir den astralischen oder Bewußtseinsleib. Und damit haben wir erschöpft, was wir die Leiblichkeit des Menschen nennen. Drei Glieder hat diese Leiblichkeit des Menschen: Physischer Leib, Äther- oder Lebensleib und Astral- oder Bewußtseinsleib. Innerhalb dieser drei Glieder erkennen wir in dem Menschen dasjenige, durch das der Mensch die Krone der Erdenschöpfung ist, das er nun nicht gemeinschaftlich hat mit irgend etwas anderem. Es ist schon oft darauf hingewiesen worden, daß unsere Sprache in einem einzigen kleinen Worte etwas hat, wodurch wir gerade hingeführt werden auf dieses Innere des Menschen, durch das er die Krone der Erdenschöpfung ist. Den Blumenstrauß hier kann ein jeder Blumenstrauß, die Uhr kann jeder Uhr, das Pult kann jeder Pult, den Stuhl ein jeder Stuhl, die Flamme ein jeder Flamme nennen. Eines gibt es aber, was niemals als Name an unser Ohr klingen kann, wenn es uns selber bedeutet, was als Name aus unserem eigenen Innern heraussprießen muß, wenn es uns selbst bedeuten soll. Das ist dasjenige, was mit dem kleinen Namen «Ich» ausgedrückt ist. Überlegen Sie doch einmal, ob das Wörtchen «Ich» an Ihr Ohr klingen kann von außen her, wenn es Sie selbst bedeutet. Wollen Sie sich als Ich bezeichnen, dann muß dieses Ich von Ihnen selber herausklingen und die Bezeichnung für Ihr innerstes Wesen sein. Daher sahen die großen Religionen und Weltanschauungen immer in diesem Namen den «unaussprechlichen Namen» dessen, was eben von außen nicht bezeichnet werden kann; und wir stehen mit dieser Bezeichnung «Ich» vor jener innersten Wesenheit des Menschen, die man das göttliche Glied im Menschen nennen kann. Damit machen wir den Menschen nicht zu einem Gott. Ebensowenig wie wir den Tropfen, den wir aus dem Meere herausnehmen, zum Meere machen, wenn wir sagen: er ist gleicher Substanz mit dem ganzen Meere; ebensowenig machen wir das Ich zu einem Gotte, wenn wir sagen, es ist gleicher Substanz und Wesenheit mit dem die Welt durchpulsenden und durchwebenden Göttlichen.

Durch dieses sein eigentlich inneres Wesen unterliegt der Mensch derjenigen Erscheinung der Welt, die die Geisteswissenschaft in vollem Sinne ernst und real nimmt; jener Erscheinung, deren Bezeichnung auf den heutigen Menschen faszinierend zwar wirkt, die aber doch in bezug auf den Menschen nur ernst und ehrlich genommen wird von der Geisteswissenschaft. Es ist die Tatsache des Lebens, die wir mit dem Worte Entwikkelung bezeichnen. Wie faszinierend wirkt dieses Wort auf den Menschen der Gegenwart, wenn er hinweist auf die niederen Lebewesen, die sich allmählich heraufgebildet haben zu höheren Stufen; wie faszinierend wirkt es, wenn gesagt werden kann, der Mensch selber habe sich von den niederen Daseinsformen heraufentwickelt zu seiner jetzigen Höhe! Geisteswissenschaft nimmt das

Wort Entwickelung vor allen Dingen in bezug auf den Menschen ernst. Sie macht darauf aufmerksam, daß er, indem er ein selbstbewußtes Wesen, ein Wesen mit einer inneren, aus seinem Mittelpunkt herausquellenden Tätigkeit ist, die «Entwickelung» ergreifen soll nicht bloß dadurch, daß er hinausblickt in die Welt und sagt: Da entwickelt sich Unvollkommenes zu Vollkommenerem, sondern: weil er hineingestellt ist als ein tätiges Wesen, darum muß er selber Entwickelung machen. Nicht können wir stehenbleiben mit dem Begriff der Entwickelung vor demjenigen, was entstanden ist, sondern wir müssen uns klar sein darüber, daß der Mensch Entwickelung machen muß; daß er die Stufe der Entwickelung, die er erreicht hat, über sich hinaus führen muß; daß er immer neue Kräfte entwickeln muß, daß er immer vollkommener und vollkommener wird.

Die Geisteswissenschaft kommt nun zu einem entsprechenden Begriff der Entwickelung in bezug auf das Menschenwesen, indem sie heute einen Satz zu vertreten sucht, der für ein anderes Gebiet seit gar nicht so langer Zeit schon vertreten worden ist, und den die Geisteswissenschaft nun für ein höheres Gebiet heute in demselben Stil zu vertreten sucht. Die Menschen denken nur gewöhnlich nicht daran, daß noch im Beginne des 17. Jahrhunderts nicht nur Laien, sondern auch die Gelehrsamkeit geglaubt hat, daß sich niedere Tiere einfach aus Flußschlamm entwickeln. Das beruht auf ungenauer Beobachtung; und es war der große Naturforscher *Francesco Redi*, welcher im 17. Jahrhundert zuerst den Satz vertreten hat: Lebendiges kann nur aus Lebendigem kommen. – Wohlgemerkt, mit all den Einschränkungen, wie es heute gemeint ist, sei dieser Satz hier angeführt. Selbstverständlich ist es so, daß heute niemand glauben wird, irgendein niederes Tier, ein Regenwurm, könne aus Flußschlamm wachsen, sondern das ist ungenau beobachtet. Wenn ein Regenwurm entstehen soll, so muß ein Regenwurm-Keim da sein. Dennoch konnte im 17. Jahrhundert Francesco Redi nur mit genauer Not dem Schicksal des *Giordano Bruno* entgehen. Denn er war durch diesen Satz ein gewaltiger Ketzer geworden. Nun, heute ist es nicht üblich, daß man Ketzer so behandelt wie dazumal, wenigstens nicht in allen Gegenden der Erde; aber etwas anderes ist modern geworden dafür. Man betrachtet diejenigen, die heute etwas, was augenblicklich widerspricht dem Glauben jener, die in ihrem Hochmut den Gipfel aller Weltanschauung errungen zu haben vermeinen, als Phantasten, als Träumer, wenn nicht als noch Schlimmeres. Das ist die heutige Art von Inquisition in unseren Gegenden. Mag es sein. Es wird doch demjenigen, was Geisteswissenschaft in bezug auf Erscheinungen auf höheren Gebieten ganz ähnlich wie Francesco Redi auf niederem Gebiet behauptet, ebenso ergehen wie jener Behauptung Redis. So wie er den Satz vertreten hat: Lebendiges kann nur aus Lebendigem kommen! – so hat Geisteswissenschaft den Satz vertreten: Geistig-Seelisches kann nur aus Geistig-Seelischem entstehen! Und nichts anderes als eine Folge dieses Satzes ist dasjenige, was man öfters heute belächelt als den Ausfluß einer tollen Phantasie: Das Gesetz von der Wiederverkörperung. Heute glauben zahlreiche Menschen noch, wenn sie sehen, was als Seelisch-Geistiges vom ersten Tag der Geburt an sich herausentwikkelt aus der Körperlichkeit, wenn sie sehen, wie aus der ersten verwischten Physiognomie sich immer bestimmtere Gesichtszüge herausentwickeln, wie die Bewegungen immer individueller und individueller werden, wie immer mehr und mehr die Fähigkeiten herausquellen – sie glauben, das sei eine Folge dessen, was physisch gegeben ist als Vater, Mutter, Großeltern, kurz, als physische Ahnenreihe.

Eine ungenaue Beobachtung ist das, wie es eine ungenaue Beobachtung war, als man geglaubt hat, daß der Regenwurm und andere niedere Lebewesen aus Schlamm entstünden. Nur weil man nicht zurückzugehen vermag mit der heutigen sinnenfälligen Anschauung auf das Geistig-Seelische, aus dem dasjenige heraus sich entwickelt hat, was wir heute als Geistig-Seelisches vor uns haben, nur deshalb hält man das, was man auf physische Vererbungsgesetze zurückführt, für etwas, was aus dem dunklen Untergrund des Physischen sich heraushebt. Wir sehen in der Geisteswissenschaft zurück zu früheren Erdenleben, in denen der Mensch die Anlagen zu den Fähigkeiten gelegt hat, die jetzt, in dieser Verkörperung, herauskommen. Und wir betrachten das heutige Leben zwischen Geburt und Tod als neue Ursache von künftigen Erdenleben. Seelisch-Geistiges entsteht nur aus Seelisch-Geistigem. Es wird die Zeit nicht ferne sein, in der dieser Satz so selbstverständliche Wahrheit sein wird, wie der Satz des Francesco Redi: Lebendiges kann nur aus Lebendigem kommen – es seit dem 17. Jahrhundert geworden ist. Nur ist jener Satz des Francesco Redi eines eingeschränkten Interesses fähig; der Satz aber, den die Geisteswissenschaft heute zu vertreten hat: Geistig-Seelisches entwickelt sich aus Geistig-Seelischem – der Mensch lebt nicht einmal, sondern in wiederholten Erdenleben, und jedes Erdenleben ist die Wirkung der früheren Erdenleben und der Ausgangspunkt zahlreicher folgender Leben – der Satz hat Interesse für jeden Menschen. Alle Zuversicht des Lebens, alle Sicherheit in unserer Arbeit, die Lösung alles dessen, was als Rätsel uns entgegentritt, hängt an dieser Erkenntnis. Der Mensch wird immer mehr und mehr aus dieser Erkenntnis Kraft saugen für alles Dasein, Zuversicht und Hoffnung für dasjenige, was in die Zukunft hinein wirken soll. Daher interessieren diese Sätze jeden Menschen.

Was ist es nun, was von Dasein zu Dasein arbeitet, was in früheren Erdenleben seinen Anfang genommen hat, und was sich durch all die Erdenleben hindurchwindet? Das ist das menschliche Ich, das mit jenem für äußere Wesen unaussprechlichen Namen in unserer Sprache bezeichnet wird. Das Ich des Menschen geht von Leben zu Leben, und so, indem es von Leben zu Leben geht, vollzieht es die Entwickelung.

Wie geschieht diese Entwickelung? Dadurch geschieht diese Entwickelung, daß die drei niederen Glieder der menschlichen Wesenheit von dem Ich aus bearbeitet werden. Da haben wir den astralischen Leib, den Träger von Lust und Leid, von Freude und Schmerz, von Trieb, Begierde und Leidenschaft. Betrachten wir einen auf niedriger Stufe stehenden Menschen, dessen Ich noch wenig gearbeitet hat zur Reinigung des astralischen Leibes: er folgt mit seinem Ich als ein Sklave den Trieben, Begierden und Leidenschaften. Vergleichen wir einen solchen Menschen mit einem andern, höherstehenden, dessen Ich so gearbeitet hat am astralischen Leib, daß es umgewandelt hat die niederen Triebe, Begierden und Leidenschaften in sittliche Ideale, in ethische Urteile, dann haben wir zunächst ein Anfangsbild von der Arbeit des Ich an dem astralischen Leib des Menschen.

So sehen wir das Ich von innen heraus arbeiten an den Hüllen des Menschen, zunächst an der astralischen Hülle, an der Bewußtseinshülle. Wir können also sagen: An jedem Menschen, der heute vor uns steht, können wir unterscheiden dasjenige, was sozusagen ohne seine Arbeit ihm mitgegeben ist im Dasein – denjenigen Teil des astralischen Leibes, an dem das Ich noch nicht gearbeitet hat, und denjenigen Teil, den das Ich bewußt schon umgearbeitet hat. Denjenigen Teil des astralischen Leibes, den das Ich schon verwandelt hat, den bezeichnen wir mit Geistselbst oder Manas. Dann kann das Ich stärker und stärker werden, und es wandelt dann auch den Äther- oder Lebensleib um. Dasjenige, was das Ich umgewandelt hat am Äther- oder Lebensleib, das bezeichnen wir als Lebensgeist. Und wenn das Ich immer stärker und stärker wird, so daß es die Kraft gewinnt, bis in den physischen Leib hinein umgestaltend zu wirken, so bezeichnen wir den Teil des physischen Leibes, der dann umgearbeitet ist, der aber nicht gesehen werden kann mit den gewöhnlichen Augen, weil er übersinnlich ist, als eigentlichen Geistesmenschen.

So sehen wir, wie die Entwickelung geschieht. Die äußeren Glieder des Menschen, die er ohne sein Zutun erhalten hat, die gestaltet das Ich um.

Wir haben bis jetzt gesprochen von der bewußten Umgestaltung des astralischen Leibes. Aber bevor das Ich fähig geworden ist, so bewußt zu arbeiten, hat es schon seit grauer Vorzeit unbewußt oder – besser gesagt – unterbewußt gearbeitet an seinen drei äußeren Gliedern; und zunächst an dem astralischen Leibe, an dem Träger von Lust und Leid, von Freude und Schmerz, von Trieben, Begierden und Leidenschaften. Und den Teil des astralischen Leibes, den das Ich unbewußt umgearbeitet hat, den wir also heute schon als umgewandelten astralischen Leib in uns tragen, den bezeichnen wir als das erste seelische Glied des Menschen, als die Empfindungsseele. So also lebt das Ich im Innern des Menschen, und es hat sich, bevor der Mensch so weit zum Bewußtsein gekommen ist, daß er bewußt umarbeiten kann seine Triebe, Begierden und so weiter, in dem astralischen Leibe die Empfindungsseele geschaffen. In dem Äther- oder Lebensleibe hat das Ich geschaffen, ohne daß es bewußt arbeiten konnte, im vorbewußten Zustande dasjenige, was wir bezeichnen als die Verstandes- oder Gemütsseele. Wiederum in dem physischen Leib hat das Ich sich geschaffen das Organ eines inneren Seelengliedes, das wir bezeichnen als die Bewußtseinsseele. So daß wir drei Seelenglieder, innerhalb derer das Ich wirkt, im Menschen zu unterscheiden haben: wir haben die Empfindungsseele, die Verstandes- oder Gemütsseele und die Bewußtseinsseele. Nicht ein Verschwommenes, Nebuloses ist für die Geisteswissenschaft diese menschliche Seele, sondern sie ist uns ein inneres Wesensglied des Menschen, bestehend aus Empfindungsseele, Verstandes- oder Gemütsseele und Bewußtseinsseele.

Nun wollen wir uns einmal, da alle diese Betrachtungen sich auf diese drei Seelenglieder und die Arbeit des Ich innerhalb derselben beziehen, vorhalten, wie wir uns einen Begriff machen können von demjenigen, was diese drei Seelenglieder sind, wie sie uns entgegentreten. Der Geistesforscher kennt sie aus der unmittelbaren Anschauung; aber auch durch die Vernünftigkeit können wir uns einen Begriff davon machen. Da brauchen wir uns zum Beispiel nur zu denken: die Rose sei vor uns. Wir nehmen sie wahr. Solange wir sie wahrnehmen, bekommen wir von außen einen Eindruck. Wir nennen das die Wahrnehmung der Rose. In dem Augenblick nun, wo wir den Blick abwenden von der Rose, behalten wir ein inneres Bild von ihr. Da bleibt etwas, was wir nun mit uns herumtragen können, ein Bild der Rose. Wir müssen unterscheiden diese zwei Momente, den Moment, wo wir der Rose gegenüberstehen, und den, durch welchen wir das Bild der Rose, ohne daß sie vor uns steht, in der Vorstellung, als inneres Besitztum der Seele mit uns herumtragen können. Es ist notwendig, gerade dieses hervorzuheben, weil die Philosophie des 19. Jahrhunderts gerade hier die unglaublichsten Vorstellungen hervorgerufen hat. Wir brauchen nur zu denken an die *Schopenhauer*sche Philosophie, deren erster Satz ist: «Die Welt ist meine Vorstellung.» Man braucht sich nur klar einen Begriff zu machen von demjenigen, was Wahrnehmung ist, und von demjenigen, was Vorstellung ist. Vorstellung unterscheidet sich von der Wahrnehmung. Das sieht der denkende Mensch ein, wenn er sich nur vorhält die Vorstellung eines recht heißen, eines furchtbar heißen Stahles, eines Stahles meinetwillen von noch soviel Grad Celsius. Der unterscheidet sich, wenn wir ihn uns nur in der Vorstellung gegeben sein lassen, von dem Stahl der Wahrnehmung. Der Stahl der Wahrnehmung in unserem Falle brennt; der vorgestellte Stahl brennt nicht, und wenn er auch noch so heiß vorgestellt wird. Für die Wahrnehmung müssen wir mit der Außenwelt in Korrespondenz treten; die Vorstellung ist Besitztum der Seele. Wir können genau die Grenze ziehen zwischen demjenigen, was wir innerlich erleben, und der Außenwelt. In dem Augenblick, wo wir anfangen, innerlich zu erleben, da beginnt dasjenige, was wir nennen Empfindungsseele gegenüber demjenigen, was Empfindungsleib ist, der uns zum Beispiel Wahrnehmung vermittelt, der es möglich macht, daß wir empfinden können die Farbe der Rose. In der Empfindungsseele liegen also die Vorstellungen, liegt aber auch alles dasjenige, was wir nennen können unsere Sympathien und Antipathien, unsere Gefühle, unsere Empfindungen, die wir erleben den Dingen gegenüber. Wenn wir die Rose schön nennen, so ist dieses innere Erlebnis ein Gut der Empfindungsseele. Wer nicht unterscheiden will zwischen Wahrnehmung und Vorstellung, dem inneren Besitztum der Vorstellung, die in der Empfindungsseele wurzelt, der möge sich klarmachen eben, daß ein glühender wirklicher Stahl brennt, ein vorgestellter aber nicht. Als ich das auch einmal gesagt hatte, da entgegnete man mir: Ja, es könne jemand so lebendig sich selber eine Art von Suggestion geben, daß er zum Beispiel, wenn er nur denke an eine Limonade, er auch schon einen Limonadengeschmack habe, so daß wir nicht ganz unterscheiden können zwischen innerem Erlebnis und äußerer Welt. Ich antwortete ihm: So weit kann es allerdings jemand bringen, daß er ohne äußere Limonade den Geschmack der Limonade sich vielleicht vergegenwärtigen kann; ob ihm aber diese vorgestellte Limonade auch den Durst löscht, das ist eine andere Frage. Man wird schon die Grenze angeben können zwischen demjenigen, was wirklich draußen ist, und demjenigen, was innerlich erlebt wird. Genau da, wo das innere Erlebnis beginnt, da beginnt die Empfindungsseele gegenüber dem Empfindungsleib.

Ein höheres Glied nun, durch Arbeit des Ich am Ätherleib hergestellt, ist dasjenige, was wir die Verstandes- oder Gemütsseele nennen. Wir werden im Vortrag über die «Mission der Wahrheit» von dieser Verstandes- oder Gemütsseele zu sprechen haben, wie wir heute insbesondere von der Empfindungsseele sprechen müssen. Durch die Verstandes- oder Gemütsseele erlebt der Mensch dasjenige, was er nun nicht bloß als etwas hat, was durch die Außenwelt angeregt und in ihm fortgetragen wird, sondern durch sie erlebt der Mensch in sich dasjenige, was er vielleicht auf Grund der Außenwelt erlebt, aber nur dann, wenn er in seinem Innern sozusagen die äußere Anregung fortsetzt. Wenn wir nicht nur äußere Wahrnehmungen machen und sie in unserer Empfindungsseele wieder aufleben lassen, sondern wenn wir nachdenken darüber, wenn wir uns ihnen hingeben, wenn wir weiteres erleben, dann bauen sie sich auf, dann gestalten sie sich uns zu Gedanken, zu Urteilen, zum ganzen Inhalt unseres Gemüts. Was wir da innerlich erleben nur dadurch, daß unsere Seele weiterlebt die Anregungen der Außenwelt, das nennen wir Verstandes- oder Gemütsseele.

Dann haben wir ein Drittes dadurch, daß das Ich in dem physischen Leib sich die Organe geschaffen hat, um wieder herauszugehen aus sich und das, was es erlebt hat an Urteilen, Begriffen, Ideen im Gemüt, wieder zusammenzubringen mit der Außenwelt. Wenn in der Seele das Ich dieses dritte Glied entwickelt, so nennen wir das Bewußtseinsseele, weil die Seele nicht bloß Erlebnisse hat auf Grund der Anregungen, die von außen kommen, weil sie dasjenige, was sie innerlich erlebt, zum Wissen macht über die Außenwelt. Wenn wir unsere Gefühle, die wir in uns erleben, so gestalten, daß sie uns aufklären über den Inhalt der Welt, dann wird unser Denk-, Urteils-, Gemüts-Inhalt zum Wissen von der Außenwelt. Wir sprechen von einer Bewußtseinsseele, durch die wir die Geheimnisse der Außenwelt ergründen; wir sprechen von einer Bewußtseinsseele, durch die wir wissende, erkennende Menschen sind.

Das Ich ist es aber, das in diesen drei Gliedern der menschlichen Seele unablässig arbeitet, an den drei Seelengliedern des Menschen, an der Empfindungsseele, Verstandes- oder Gemütsseele und Bewußtseinsseele. Und je mehr es arbeitet, innerlich gebundene Kräfte loslöst, je fähiger und fähiger es diese drei Seelenglieder macht, desto weiter schreitet der Mensch in seiner Entwickelung. Das Ich ist der Akteur, das tätige Wesen, durch das der Mensch Entwickelung nicht bloß erkennen, sondern Entwickelung machen kann, durch das er fortschreitet, immer weiter und weiter, so daß seine früheren Verkörperungen diese drei Seelenglieder innerlich unvollkommen zeigten und mit jedem neuen Leben der Inhalt, das Leben von Empfindungsseele, Verstandes- oder Gemütsseele und Bewußtseinsseele immer reicher und reicher, immer umfassender und umfassender wird. Das ist menschliche Entwickelung von Leben zu Leben, Arbeit des Ich zunächst an den drei Seelengliedern, an der Empfindungsseele, der Verstandes- oder Gemütsseele und an der Bewußtseinsseele. Indem dieses Ich so arbeitet, müssen wir uns klar sein, daß dieses Ich selber sozusagen darstellt eine Art «zweischneidigen Schwertes». Oh, dieses Ich des Menschen, es ist auf der einen Seite dasjenige in des Menschen Wesenheit, durch das er allein im wahren Sinne des Wortes Mensch sein kann. Wir würden ein Wesen sein, das sozusagen untätig mit der Außenwelt verschmolzen wäre, wenn wir diesen Mittelpunkt nicht hätten. Unsere Begriffe und Ideen müssen in diesem Mittelpunkt gefaßt sein; immer mehr und mehr Begriffe und Ideen müssen in diesem Ich sich erleben; immer reichere Gemütsinhalte, immer reichere Anregungen müssen wir von der Außenwelt erhalten. Wir sind um so mehr Mensch, je voller, je reicher, je umfänglicher dieses unser Ich wird. Daher muß durch die verschiedenen Leben hindurch dieses Ich sich immer mehr und mehr bereichern, ein Mittelpunkt werden, durch den der Mensch sich nicht nur in die Außenwelt hineingliedert, sondern durch das er Anreger ist. Der Mensch ist um so mehr Mensch, je mehr wir spüren, daß im Punkte seines Ich eine reiche Summe von Impulsen liegt. Je mehr er ausstrahlt von seiner Eigenheit, je mehr er aufgenommen hat, desto mehr ist er Mensch. Je reicher die Ichheit ist, desto vollkommener ist der Mensch als Mensch.

Das ist die eine Seite des Ich, die uns die Entwickelungsverpflichtung auferlegt, alles zu tun, um es so reich, so vielseitig als möglich zu machen. Aber es gibt auch eine Kehrseite für diesen Fortschritt des Ich zu immer reicherem und vollerem Inhalt. Das ist dasjenige, was wir bezeichnen als Selbstsucht oder Egoismus. Würde der Mensch das Wort Selbstsucht oder Egoismus nur als ein Schlagwort nehmen und sagen, man muß selbstlos werden, dann wäre das natürlich schlimm, wie jeder Gebrauch eines Schlagwortes als Schlagwort schlimm ist. Des Menschen Aufgabe ist es in der Tat, sich reicher und reicher zu machen; das ist nicht dasselbe, wie selbstsüchtig werden, wenn diese Bereicherung des Ich verknüpft ist damit, daß das Ich sich verhärtet in sich selber, daß es sich abschließt mit seiner Bereicherung. Da wird der Mensch zwar reicher und reicher, aber er wird zugleich den Zusammenhang mit der Welt verlieren, und seine Bereicherung würde bedeuten, daß ihm die Welt und er der Welt nichts mehr geben kann, daß er doch mit der Zeit vergehen würde, weil er, indem er strebt, sein Ich zu bereichern, alles im Ich behält und damit den Zusammenhang mit der Welt verliert. Der

Mensch würde durch diese Karikatur seiner Ich-Entwikkelung zu gleicher Zeit verarmen. Selbstsucht verarmt und verödet den Menschen. So ist das Ich ein zweischneidiges Schwert, indem es arbeitet an den drei Seelengliedern. Es muß auf der einen Seite so arbeiten, daß es immer reicher und reicher wird, voller und voller sich gestaltet, daß es ein kräftiger Mittelpunkt wird, von dem viel ausstrahlen kann; aber es muß alles dasjenige, was es in sich aufnimmt, wiederum in Harmonie bringen mit dem, was in der Umgebung lebt. Es muß eben in demselben Maße, in dem es sich in sich hineinentwickelt, zu gleicher Zeit aus sich herausgehen, mit allem Dasein zusammenfließen. Es muß zu gleicher Zeit eine selbsteigene Wesenheit werden und auf der anderen Seite selbstlos werden. Nur wenn das Ich nach diesen beiden Seiten hin, die sich scheinbar widersprechen, arbeitet, indem es sich immer mehr und mehr bereichert und auf der andern Seite selbstlos wird, dann kann die Entwickelung des Menschen so vorwärts gehen, daß er zu seiner eigenen Befriedigung und zum Heil und Fortschritt des Daseins sich entwickelt. Nur muß das Ich an jedem der drei Seelenglieder so arbeiten, daß nach diesen beiden Seiten hin der menschlichen Entwickelung Rechnung getragen wird.

Nun aber, wenn das menschliche Ich arbeitet an den drei Seelengliedern, so erwacht es selber nach und nach. Es ist ja in allem Leben Entwickelung; und wir sehen, daß die verschiedenen Glieder der menschlichen Seele in verschiedenem Grade beim heutigen Menschen entwikkelt sind. Am stärksten ist die Empfindungsseele entwikkelt. Und in dieser Empfindungsseele ist alles dasjenige, was innerlich erlebt wird an Lust und Leid, Freude und Schmerz, Trieben, Begierden und Leidenschaften, an allen Stimmungen und Affekten, an demjenigen, was unter unmittelbarer Anregung in der Wahrnehmungswelt erwacht in der Seele. Das erlebt der Mensch auf gewissen untergeordneten Stufen der Entwickelung in seiner Empfindungsseele sozusagen dumpf. Da ist das Ich noch nicht zum vollen Dasein erwacht. Erst wenn das Seelenleben sich fortsetzt in sich selber, wenn der Mensch in sich arbeitet, dann wird das Ich deutlicher und deutlicher, dann wird es sich immer mehr und mehr bewußt. Eigentlich ist das Ich, sofern die Empfindungsseele erwacht, etwas, was dumpf brütet. Immer klarer und klarer wird sich das Ich erst, indem der Mensch sich heraufentwickelt zu einem reicheren Leben in der Verstandesseele; und am klarsten erscheint sich das Ich, wenn es sich in der Bewußtseinsseele unterscheidet von der Außenwelt, indem der Mensch ein wissendes Wesen wird und sich als eine Ichheit unterscheidet von der Außenwelt. Das kann er nur in seiner Bewußtseinsseele.

So haben wir das Ich dumpf brütend in der Empfindungsseele. Da drinnen sind die Wogen von Lust und Leid, von Freude und Schmerz; da kann das Ich kaum wahrgenommen werden, da wird es fortgerissen in diesem Wogen von Affekten und Leidenschaften und so weiter. Erst indem das Ich dazu kommt, die Verstandesseele weiter auszubilden zu klar umrissenen Begriffen und Ideen, wenn es zu klaren Urteilen kommt, erst dann wird es immer in sich selber voller und klarer, und am klarsten wird es eben erst in der Bewußtseinsseele. So müssen wir sagen: Der Mensch soll sich durch sein Ich erziehen, der Mensch soll durch sein Ich die Möglichkeit haben, sich vorwärts zu entwickeln; aber dieses Ich erwacht in einem Zustande, wo es noch ganz hingegeben ist an die Wogen, die eben als Lust und Leid, Freude und Schmerz, als Triebe, Begierden und Leidenschaften in dieser Empfindungsseele sind. Ist nun etwas in dieser Empfindungsseele, was in gewisser Weise Erzieher des Menschen sein kann, da das Ich noch selber unbeholfen ist?

Wir werden sehen, wie in der Verstandesseele etwas Platz greift, was das Ich in die Lage versetzt, seine Erziehung selbst in die Hand zu nehmen. Bei der Empfindungsseele ist das noch nicht vorhanden. Da muß es geleitet werden von demjenigen, was ohne sein Zutun in der Empfindungsseele Platz greift. Eine Kraft, ein Element der Empfindungsseele soll nun heute herausgehoben werden und in seiner Bedeutung, in seiner Mission für die Erziehung des Ich nach zwei Seiten hin betrachtet werden, und das ist, was vielleicht am meisten Anstoß in diesem Zusammenhang erregen kann, dasjenige, was wir den Zorn nennen. Der Zorn gehört zu demjenigen, was in der Empfindungsseele auflebt, in der das Ich noch dumpf darinnen brütet. Oder stehen wir in einer selbstbewußten Beziehung zu irgendeinem Wesen der Außenwelt, über das wir wegen seiner Handlungsweise in Zorn erglühen? Vergegenwärtigen wir uns einmal den Unterschied zwischen zwei Menschen, die, sagen wir, Erzieher sind. Der eine ist bereits so abgeklärt, daß er zu lichtvollen inneren Urteilen gekommen ist. Er sieht in völliger Gelassenheit, was sein Zögling an verkehrter Handlungsweise vollbringt, weil seine Gemütsseele zur Entwickelung gekommen ist. Und auch seine Bewußtseinsseele sieht voll Gelassenheit die Fehler seines Kindes an, und er kann, wenn dies nötig ist, die angemessene Strafe ausdenken. Ohne daß ihn durchzuckt irgendeine Leidenschaft, geht er über zu der betreffenden Strafe, die bemessen ist nach den Gründen des ethischen Urteils, des pädagogischen Urteils, die angemessen ist dem Vergehen des Kindes. Anders ist es bei demjenigen Erzieher, der sein Ich noch nicht so weit gebracht hat, daß er ruhig bleibt, der noch nicht zur inneren Klarheit gekommen ist, der nicht in sich ausdenken kann, was zu geschehen hat, wenn das Kind dieses oder jenes gemacht hat; er kann aber im Zorn erglühen über die verkehrte Handlungsweise des Kindes. Ist dieser Zorn immer unangemessen dem Ereignisse der Außenwelt? Nein, das ist er nicht immer. Und das ist es, was wir festhalten müssen. Gewissermaßen hat die Weisheit unserer Entwickelung vorgesorgt, daß, ehe wir imstande sind, mit unserem Urteil aus Verstandes- und Bewußtseinsseele heraus das Angemessene für ein Ereignis der Außenwelt zu finden, uns das Gefühl, der Affekt übermannt. Etwas in unserer Empfindungsseele tritt auf als eine Folge der Tat in der Außenwelt. Wir sind noch nicht reif, im Urteil zu finden, was der Außenwelt angemessen ist; wir sind aber fähig, in unserer Empfindungsseele aus der Summe unserer Empfindungen heraus zu reagieren auf dasjenige, was uns entgegentritt von der Umwelt.

Von all dem, was die Empfindungsseele durchlebt, sei also der Zorn herausgehoben. Der ist ein Vorbote von demjenigen, was einmal dasein wird. Erst urteilen wir aus unserem Zorn heraus über ein Ereignis der Außenwelt; dann werden wir, indem wir erst unbewußt lernen, nicht übereinzustimmen mit demjenigen, was nicht sein soll – unbewußt lernen durch den Zorn –, gerade durch dieses Urteilen immer reifer und reifer werden zum lichterfüllten Urteilen in der höheren Seele. So ist der Zorn in gewissem Gebiete ein Erzieher des Menschen. Er ist da als ein inneres Erlebnis, bevor wir so reif sind, ein lichterfülltes Urteil zu fällen über dasjenige, was nicht sein soll. So müssen wir jenen Zorn ansehen, der den Jüngling überkommt mit seinem noch nicht herangereiften Urteil, welcher sich noch nicht ein gelassenes Urteil bilden kann, der aber im Zorn erglühen kann, wenn er in seiner Umgebung eine Ungerechtigkeit oder Torheit sieht, was seinem Ideale nicht entspricht. Und wir sprechen dann mit Recht von einem edlen Zorn. Dieser Zorn ist ein dumpfes Urteil, das in der Empfindungsseele gefällt wird, ehe denn wir reif sind, in lichter Klarheit das Urteil zu fällen. Ja, der Zorn ist der Erzieher zu dieser lichten Klarheit. Denn niemand wird besser zu einem in sich selber sicheren Urteil geführt als derjenige, der aus einer alten edlen Seelenanlage heraus sich so entwickelt hat, daß er über das Unedle, Unmoralische, Törichte hat erglühen können in edlem Zorn. Und der Zorn hat die Mission, des Menschen Ich heraufzuheben in die höheren Gebiete. Das ist seine Mission. Er ist ein Lehrer in uns selber. Bevor wir uns führen können, bevor wir in lichtvoller Klarheit urteilen können, führt er uns in dem, was wir schon können. Es muß natürlich alles beim Menschen ausarten können, da er ein freies Wesen werden soll. Daher kann dasjenige, was für ihn ein Erzieher sein kann zur Freiheit und Selbständigkeit des Urteils, ausarten. Der Zorn kann in Wut ausarten, so daß der ärgste Egoismus befriedigt wird. Aber so muß es sein, wenn der Mensch sich zur Freiheit entwickeln können soll. Dabei darf nicht verkannt werden, daß dasjenige, was zum Bösen werden kann, da wo es auftritt in seiner rechten Bedeutung, gerade die Mission haben kann, den Menschen vorwärts zu bringen. Weil der Mensch das Gute in Böses verkehren kann, deshalb wird dasjenige, was als Eigenschaft im guten Sinne sich ausbildet, gerade das Eigentum des menschlichen Ich sein können. So ist der Zorn aufzufassen als Morgenröte dessen, was den Menschen zur Gelassenheit erheben kann.

Aber dieser Zorn, wenn er auf dieser einen Seite der Erzieher des Ich ist, ist auf der andern Seite auch dasjenige, was uns merkwürdigerweise zeigt, daß er die andere Eigenschaft des Ich, die Selbstlosigkeit des Ich, ausprägt. Was kommt denn aus diesem Ich heraus, indem der Zorn uns übermannt bei einer ungerechten oder törichten Handlung in der Umgebung? Stellen wir uns einer solchen Tatsache gegenüber: der Zorn übermannt uns. In uns ist etwas, was anders spricht als das, was da vor uns steht. Die Tatsache des Zorns drückt sich so aus, daß in uns etwas ist, was sich stellt gegen die Außenwelt; das heißt, es kündigt sich der Zorn an; das Ich will sicher werden gegenüber demjenigen, was da draußen steht. Das Voll-Inhaltliche des Ich wird da herangezogen. Würden wir eine Torheit sehen oder eine Ungerechtigkeit, und dabei nicht in edlem Zorn erglühen können, dann würde die Außenwelt mit diesen Tatsachen gleichgültig an uns vorübergehen; das heißt, wir würden mit der Außenwelt zusammenfließen, wir würden nicht spüren den Stachel unseres eigenen Ich; wir würden das Ich nicht spüren in seiner Entfaltung. Der Zorn aber macht es wach, ruft es heraus, damit es sich der Außenwelt gegenüberstellen kann. Aber auf der anderen Seite erzieht der Zorn auch das andere im Ich, die Selbstlosigkeit. Wenn dieser Zorn dasjenige ist, was wir als edlen Zorn bezeichnen können, dann wirkt er so, daß der Mensch da, wo er den Zorn erlebt, zu gleicher Zeit eine Herabdämpfung seines Ich-Gefühles hat. Es ist etwas wie eine Seelen-Ohnmacht, was durch den Zorn in uns erwacht, wenn wir ihm nicht hingegeben sind in Wut.

Wenn wir unsere Seele mit diesem Zorn durchfühlen, dann kommt so etwas zustande wie eine Seelen-Ohnmacht, dann wird das Ich dumpfer und dumpfer. Indem es sich herausstellt im Gegensatz zur Außenwelt, löscht es sich auf der anderen Seite wieder aus. Der Mensch kommt durch die Heftigkeit des Zorns, den er in sich verbeißt, zu gleicher Zeit zur Entwickelung der Selbstlosigkeit. Beide Seiten des Ich werden durch den Zorn zur Entwickelung gebracht. Der Zorn hat die Mission, Selbsteigenheit in uns entstehen zu lassen, und zu gleicher Zeit wird diese Selbsteigenheit in Selbstlosigkeit umgewandelt. Derjenige, der den Zorn in sich selber erlebt, erlebt etwas, was die Volksphantasie wunderbar zur Darstellung bringt. Sie kennen vielleicht alle den Volksausdruck «sich giften». Man nennt Zornigsein «giften», indem unsere Volksphantasie gerade wunderbar dasjenige an solchen Lehren hier erlebt, was manchmal Gelehrsamkeit nicht fühlen kann. Der Zorn, der in die Seele sich hineinfrißt, ist ein Gift, das heißt etwas, was dämpfend für die Selbsteigenheit des Ich wirkt. Indem man sagt: er giftet sich, weist man auf diese andere Erziehungsmethode des Zornes hin, auf die Ausbildung der Selbstlosigkeit. So ist der Zorn in der Tat etwas, was nach diesen zwei Seiten der menschlichen Erziehung eine Mission hat, und wir sehen, wie er der Vorbote unserer Selbständigkeit und Selbstlosigkeit wird, solange das Ich nicht selber eingreifen kann in seine eigene Erziehung. Wir würden zerfließen, wenn alles um uns her uns gleichgültig bleiben würde, wenn wir noch nicht ein gelassenes Urteil fällen können. Wir würden nicht selbstlos werden, sondern im schlechten Sinne unselbständig, ohne Ichheit, wenn nicht, bevor wir unser Ich zum klaren lichtvollen Urteil herauf entwickelt haben, wir uns selbständig machen können durch den Zorn, da wo die Außenwelt unserem eigenen Innern nicht angemessen ist. Und dieser Zorn ist für den Geisteswissenschafter wirklich eine Morgenröte für etwas ganz anderes noch.

Wer das Leben betrachtet, der wird sehen, daß derjenige, der nicht in edlem Zorn erglühen kann über ein Unrecht oder eine Torheit, auch niemals zur wahren Milde und Liebe kommen kann. Wenn Sie das Leben betrachten, so werden Sie sehen, daß derjenige, solange er nötig hat, sich in der Weise zu erziehen, daß er einem Unrecht oder einer Torheit gegenüber in edlem Zorn erglühen kann, im schönsten Sinne auch sich ausbildet jenes liebedurchglühte Herz, das aus der Liebe heraus das Gute tut. Liebe und Milde sind die andere Seite des edlen Zornes. Überwundener Zorn, geläuterter Zorn wandelt sich in Liebe und Milde. Eine liebende Hand, sie wird selten in der Welt zu finden sein, wenn sie nicht auch in der Lage war, in gewissen Zeiten sich zur Faust zu ballen über dasjenige, was in edlem Zorn über ein Unrecht oder eine Torheit gefühlt werden kann. Das sind Dinge, die zusammengehören.

In einer phrasenhaften Theosophie könnte man sagen: Ja, der Mensch muß seine Leidenschaften überwinden. Er muß sie läutern und reinigen. «Überwinden» heißt nicht, sich um eine Sache herumschleichen, ihr hübsch ausweichen. Das ist ein sonderbares Opfer, das manche bringen wollen, indem sie den leidenschaftlichen Menschen ablegen wollen dadurch, daß sie sich um ihn herumschleichen, ihm ausweichen. Opfern kann man nur dasjenige, was man erst hat; und was man nicht hat, kann man nicht opfern. Überwinden kann den Zorn nur derjenige, der zuerst im Zorn erglühen konnte; denn erst muß man dasjenige haben, was man überwinden soll. Man muß sich nicht vorbeischleichen, sondern solche Eigenschaften muß man in sich verwandeln. Dazu müssen sie aber erst da sein.

Wenn wir den Zorn verwandeln, wenn wir heraufsteigen von demjenigen, was in der Empfindungsseele als edler Zorn erglüht bis in die Verstandes- und Bewußtseinsseele, dann wird Liebe und Milde und eine segnende Hand aus dem Zorn heraus sich entwickeln.

Verwandelter Zorn ist Liebe im Leben. So sagt es uns die Realität. Daher hat der Zorn, der in sich selber maßvoll auftritt im Leben, die Mission, den Menschen zur Liebe zu führen; wir können ihn bezeichnen als den Erzieher zur Liebe. Und nicht umsonst nennt man das, was sich in der Welt zeigt wie ein Unbestimmtes, aus der Weisheit der Welt Herausfließendes, das ausgleicht, was nicht sein soll, den «göttlichen Zorn» im Gegensatz zur «göttlichen Liebe». Aber wir wissen auch, daß diese beiden Dinge zusammengehören, daß das eine ohne das andere nicht bestehen kann. Im Leben bedingen und bestimmen sich diese Dinge.

Nun sehen wir, wie die Kunst, die Dichtung, da, wo sie größer wird, uns zeigt dasjenige, was Urweltweisheit ist. Und so wie wir, wenn wir über die Mission der Wahrheit zu sprechen haben, zeigen können, wie *Goethe* in einer seiner größten Dichtungen – wenn sie auch äußerlich klein vor uns auftritt –, in seiner «Pandora», uns klar zum Ausdruck bringt, was er über die Mission der Wahrheit gedacht hat, so können wir, wenn auch nicht so deutlich wie dort, sehen, wie an einer gewaltigen Weltdichtung, an dem «Gefesselten Prometheus» des *Äschylos* uns sozusagen das welthistorische Phänomen des Zornes entgegentritt.

Sie kennen wohl wahrscheinlich den Inhalt jener Sage, welche dem Drama des Äschylos zugrunde liegt. Prometheus ist ein Sprößling des alten Titanengeschlechtes, welches ablöst das erste Göttergeschlecht, das die griechische Sage hineinstellt in die Entwickelung der Erde und der Menschheit. Uranos und Gäa sind diejenigen, die zur ersten Göttergeneration gehören. Uranos wird abgelöst durch Kronos oder Saturn. Dann wiederum werden die Titanen gestürzt von dem dritten Göttergeschlecht, das seinen Anführer in Zeus hat. Prometheus war ein Sprößling der Titanen; er hat aber doch im Kampf gegen die Titanen an der Seite des Zeus gestanden, so daß er in gewisser Beziehung ein Freund des Zeus genannt werden kann; aber er ist dem Zeus doch nur ein halber Freund. Als auf der Erde, so erzählt die Sage weiter, Zeus die Herrschaft angetreten hat, da war das Menschengeschlecht so weit, daß es in einen anderen Gang kam, daß die alten Fähigkeiten, die die Menschen der Urzeit hatten, immer dumpfer und dumpfer wurden. Zeus wollte die Menschen ausrotten, wollte ein anderes Geschlecht auf die Erde bringen. Prometheus aber beschloß, den Menschen ihre Fortentwickelung möglich zu machen. Prometheus brachte den Menschen die Möglichkeit der Sprache, der Erkenntnis der äußeren Welt, der Schrift und endlich auch des Feuers, so daß das Menschengeschlecht durch die Handhabung von Schrift und Sprache, durch die Handhabung des Feuers aus seinem Niedergange sich wieder erheben konnte.

Nun steht mit all dem, was dargestellt wird als der Menschheit Geschenk durch Prometheus, in Verbindung, wenn wir die Sache tiefer betrachten, das menschliche Ich. Und verstehen wir die griechische Sage richtig, so müssen wir sagen: da wird uns Zeus vorgeführt als eine göttliche Kraft, welche beseelt und durchgeistigt solche Menschen, bei denen das Ich noch nicht zum Ausdruck gekommen ist. Wenn wir zurückgehen in der Entwickelung unserer Erde, so finden wir eine Menschheit, in der das Ich noch dumpf brütet. Dieses Ich mußte besondere Fähigkeiten bekommen, um sich zu erziehen. Die Gaben, die Zeus zunächst verleihen konnte, waren nicht geeignet, den Menschen weiter zu bringen. In bezug auf seinen Astralleib, in bezug auf dasjenige, was ohne das Ich im Menschen ist, da ist Zeus der Schenker, der Geber. Er beschloß, das Menschengeschlecht auszurotten, weil er nicht fähig war, das Ich zur Entwickelung zu bringen. Prometheus bringt mit all den Gaben, die er gibt, die Fähigkeit, zum Ich sich zu erziehen.

Das ist der tiefere Sinn dieser Sage. Prometheus also ist derjenige, der den Menschen es möglich macht, das Ich auf sich selbst zu stellen, es immer reicher und voller zu machen. Gerade das verstand man in Griechenland unter der Gabe des Prometheus: die Fähigkeit des Ich, sich immer reicher und reicher, sich immer voller und voller zu machen.

Nun haben wir aber gerade heute gesehen: wenn das Ich nur diese eine Eigenschaft ausbilden würde, dann würde es mit der Zeit doch verarmen; denn es würde sich abschließen von der Außenwelt. Das ist nur die eine Seite des Ich, sich immer reicher und reicher zu machen. Diesen Inhalt muß das Ich wieder heraustragen, das Ich muß sich in Einklang versetzen mit aller Umwelt, wenn es nicht verarmen will. Prometheus konnte den Menschen nur die eine Gabe bringen, die das Ich immer voller und voller, immer inhaltsreicher und inhaltsreicher machte. Dadurch mußte Prometheus herausfordern gerade diejenigen Mächte, welche aus dem ganzen Weltendasein heraus das Ich in der richtigen Weise dämpfen, damit es selbstlos werden kann, damit es auch die andere Seite ausbilden kann. Was beim einzelnen Menschen der Zorn wirklich bewirkt auf der einen Seite, daß er das Ich auf sich selbst stellt, daß er den Stachel aus ihm ersprießen läßt, der es entgegenstellt einer ganzen Welt, und was der Zorn auf der andern Seite bewirkt dadurch, daß er das Ich zu gleicher Zeit herabdämpft, der Mensch durch diesen Affekt sozusagen in sich selber den Zorn hineinfrißt, das Ich dumpfer wird, das wird weltgeschichtlich dargestellt in dem Kampf zwischen Prometheus und Zeus. Prometheus bringt dem Ich die Fähigkeiten, durch die es immer reicher und reicher wird. Dasjenige, was Zeus nun zu tun hat, das ist zu wirken so, wie im einzelnen Menschen der Zorn wirkt. Daher kommt über das, was Prometheus wirkt, der Zorn des Zeus und löscht die Macht des Ich in Prometheus aus. Die Sage erzählt weiter, daß Prometheus bestraft wird von Zeus für seine Tat, weil er die Menschheit unzeitig in der Ich-Förderung vorwärtsgebracht hat. Er wird an einen Felsen angeschmiedet. Dasjenige, was da dieses Menschheits-Ich aussteht, angeschmiedet an den Felsen, was es erlebt an innerem Aufruhr, das kommt so grandios in der Dichtung des Äschylos zum Ausdruck.

So sehen wir durch den Zorn des Zeus niedergedämpft den Repräsentanten des menschlichen Ich. So wie das einzelne Ich des Menschen herabgedämpft wird, in sich selber hineingebracht wird, wenn es diesen Zorn in sich selber verbirgt, wie es dadurch auf das richtige Maß heruntergebracht wird, so wird Prometheus durch den Zorn des Zeus angeschmiedet, das heißt, in seiner Tätigkeit auf das richtige Maß zurückgeführt. Es wird, wie der Zorn flutet durch die einzelne Seele, das Ich angekettet, wenn es ganz in der Ichheit sich ausleben will. Wie es angeschmiedet wird, indem der Zorn das Ich-Bewußtsein hinunterdrängt, so wird das Ich des Prometheus am Felsen angeschmiedet. Das ist das Eigentümliche der umfassenden Sage, daß sie solch umfassende Wahrheiten, die für den einzelnen Menschen sowohl wie für die ganze Menschheit gelten, in gewaltigen Bildern hinstellt. Das ist das Eigentümliche der Sage, daß sie den Menschen in Bildern anschauen läßt dasjenige, was in der eigenen Seele erlebt werden soll. Und so blicken wir hin nach dem am Kaukasus-Felsen angeschmiedeten Prometheus und sehen in ihm einen Repräsentanten des menschlichen Ich, das vorwärtskommen will, wenn es noch in der Empfindungsseele dumpf brütet, das angeschmiedet wird, damit es sich nicht ins Maßlose austoben kann.

Und dann hören wir weiter, wie Prometheus weiß, daß Zeus wird verstummen müssen mit seinem Zorn, wenn er gestürzt wird durch den Sohn einer Sterblichen. Das wird Zeus in seiner Herrschaft ablösen, was da geboren wird aus einer Sterblichen heraus. Aus dem sterblichen Menschen heraus wird geboren werden – wie das Ich entfesselt wird durch die Mission des Zornes auf einer unteren Stufe – das Ich auf einer höheren Stufe, das unsterbliche Ich. Auf einer höheren Stufe wird herausgeboren aus dem sterblichen Menschen die unsterbliche Seele. Und wie Prometheus hinschaut auf einen, der die Herrschaft des Zeus ablösen wird, die Herrschaft jenes Gottes, der den Zorn über Prometheus, das heißt über das menschliche Ich gießen kann, damit dieses Ich nicht maßlos über sich hinausschreitet, wie Zeus abgelöst wird durch Christus Jesus, so wird das einzelne Ich, das gefesselt wird durch den Zorn, nach dem umgewandelten Zorn in das liebende Ich verwandelt, in die Liebe, die der verwandelte edle Zorn ist. Wir sehen jenes Ich, das segnend milde und liebevoll in die Außenwelt eingreift, sich herausentwickeln aus dem durch den Zorn gefesselten Ich, wie wir heraus sich entwickeln sehen einen Gott der Liebe, der das Ich hegt und pflegt, das zunächst in einer älteren Zeit durch den Zorn des Gottes Zeus gefesselt werden mußte, um nicht hinauszugreifen über sein Maß.

So sehen wir auch in der Fortsetzung dieser Sage ein Außentableau der Menschheitsentwickelung. Wir müssen dieses Außentableau dieser Mythe selber so ergreifen, daß es uns lebendig für das ganze Erdenwesen gibt dasjenige, was der einzelne Mensch in sich selber erlebt aus dem durch die Mission des Zornes erzogenen Ich zum befreiten Ich, das die Liebe entfaltet.

Wenn wir das so nehmen, dann verstehen wir, was da gewirkt hat, was diese Sage herausgestaltet hat, und was Äschylos aus diesem Stoffe gemacht hat. Wir fühlen wahrhaftig seelisches Blut, das in uns pulsiert; wir fühlen es im Fortgang der Prometheus-Sage; wir spüren es in der dramatischen Gestaltung dieses Stoffes durch Äschylos.

So finden wir förmlich etwas wie eine Nutzanwendung dessen, was wir in der Seele erleben können, in diesem griechischen Drama. So ist es mit allen großen Dichtungen, mit allen großen Kunstwerken überhaupt, daß sie aus den großen typischen Erlebnissen der Menschenseele hervorgehen.

So haben wir heute gesehen, wie aus einem Affekt heraus durch die Läuterung dieses Affektes das Ich erzogen wird. So werden wir im nächsten Vortrag sehen, wie das Ich reif wird, sich selbst zu erziehen in der

Verstandes- oder Gemütsseele, indem es ergreift die Mission der Wahrheit auf einer höheren Stufe.

So hat uns unsere Betrachtung gezeigt, wie auch aus demjenigen, was wir als Nutzanwendung gesehen haben, sich uns bewahrheitet das Wort des großen griechischen Weisen Heraklit: Der Seele Grenzen kannst du nimmer ergründen, und wenn du auch alle Straßen abliefest; so umfassend ist der Seele Wesen.

Ja es ist so, daß die Seele ein so umfassendes Wesen hat, daß wir es nicht ergründen können unmittelbar. Geisteswissenschaft aber mit dem geöffneten Auge des Sehers führt doch hinein in die Seelensubstanz, und wir kommen weiter und weiter im Ergründen jenes geheimnisvollen Wesens, das unsere Seele darstellt, wenn wir sie mit den Augen des Geisteswissenschafters betrachten. Wahrhaftig, wir können sagen auf der einen Seite: die Seele ist abgrundtief; aber wir wenden uns ein, wenn wir diesen Ausspruch selber in seinem Ernst ergreifen: sind der Seele Grenzen so weit, daß wir alle Straßen durchlaufen müssen, so können wir auch Hoffnung haben, wenn wir diese Grenzen der Seele selber erweitern, wenn wir das benützen, daß dieser Seele Grenzen weit sind, daß wir mit der Seele immer weiter und weiter kommen.

Dieser Hoffnungsstrahl gerade ergießt sich in unser Erkenntnisstreben, wenn wir nicht bloß mit Resignation, sondern mit Zuversicht den wahren Ausspruch des Heraklit aufnehmen, nämlich: Der Seele Grenzen sind so weit, daß du alle Straßen durchlaufen mögest, und du wirst sie doch nicht ergründen; so umfassend ist ihr Wesen.

Ergreifen wir dieses umfassende Wesen; es wird uns führen immer mehr und mehr in die Lösung der Rätsel des Daseins.

DIE MISSION DER WAHRHEIT

Goethes «Pandora» in geisteswissenschaftlicher Beleuchtung

Berlin, 22. Oktober 1909

Unseren Vortrag über die Mission des Zornes – der gefesselte Prometheus – konnten wir schließen mit dem Ausspruch *Heraklits:* Die Grenzen der Seele zu finden, ist schwer, und wenn man alle Straßen durchwandeln würde; denn unendlich tief ist der Seele Grund! – Wir haben diese Tiefe innerhalb der Wirkung und im Ineinanderspielen der Seelenkräfte kennengelernt. Es tritt uns die Wahrheit dieses Ausspruches gerade dann ganz besonders vor die Seele, wenn man aufbaut auf dem, was gestern unsern Ausgangspunkt bildete, wenn man ins Auge faßt des Menschen tief innerstes Wesen. Im Ich ist er sozusagen am geistigsten, und davon sind wir ausgegangen. Das Ich ist dasjenige Glied seiner Wesenheit, welches hinzukommt zu denen, die er mit den drei unteren Reichen der Mineral-, Pflanzen- und Tierwelt gemeinsam hat.

Seinen physischen Leib hat er ja gemeinsam mit den Mineralien, Pflanzen und Tieren, den Ätherleib nur mit den Pflanzen und Tieren, den Astralleib endlich nur mit den Tieren. Durch das Ich kann der Mensch erst eigentlich Mensch sein, kann er sich von Stufe zu Stufe weiterentwickeln. Dieses Ich arbeitet an seinen übrigen Gliedern, läutert und reinigt die Triebe, Neigungen, Begierden und Leidenschaften des Astralleibes und wird den ätherischen und physischen Leib auf immer höhere und höhere Stufen führen. Aber gerade wenn man dieses

Ich ins Auge faßt, dann zeigt sich, daß dieses menschliche Ich, dieses hohe und würdige Glied der menschlichen Wesenheit, wie eingeklemmt ist zwischen zwei Extremen. Der Mensch soll durch das Ich immer mehr und mehr ein Wesen werden, das seinen Mittelpunkt in sich selber hat. Aus dem Ich heraus müssen die Gedanken, Gefühle und Willensimpulse entspringen. Je mehr der Mensch den festen und inhaltsvollen Mittelpunkt in sich hat, desto mehr strahlt aus von seiner Wesenheit, desto mehr vermag er der Welt zu geben, desto inhaltsvoller und stärker wird sein Wirken und alles, was von ihm ausgeht. Falls der Mensch nicht in der Lage ist, diesen Mittelpunkt in sich zu finden, ist er der Gefahr ausgesetzt, sich zu verlieren in einer falsch verstandenen Betätigung seines Ich. Er würde zerfließen in der Welt und wirkungslos durch das Leben gehen. Auf der anderen Seite kann er einem andern Extrem verfallen. So wie der Mensch sich auf der einen Seite verlieren kann, wenn er nicht alles tut, um sein Ich inhaltsvoller und kräftiger zu machen, so kann er, wenn er nur bestrebt ist, das Ich zu erhöhen, diesem Ich immer mehr und mehr zuzuführen, so kann er in das andere verderbliche Extrem verfallen, das in die von aller menschlichen Gemeinsamkeit abführende Selbstsucht führt. Auf der andern Seite steht also die Selbstsucht, der in sich verhärtende und verschließende Egoismus, der das Ich vom Wege seiner Entwickelung abbringen kann. In diese zwei Dinge ist das Ich eingeschlossen. Wenn wir nun die menschliche Seele betrachten, so zeigt sich uns, daß der Mensch zunächst in sich hat, was wir bereits Empfindungs-, Verstandes- und Bewußtseinsseele nannten. Wir haben nun zunächst eine Seeleneigenschaft kennengelernt, welche – für manchen vielleicht in überraschender Weise –

eine Art Erzieher der Empfindungsseele ist: den Zorn. Wer den Vortrag über die Mission des Zornes einseitig betrachtet, wird vieles dagegen einzuwenden haben. Wenn man jedoch auf die eigentlichen Untergründe der Sache mehr und mehr eingeht, werden sich wichtige Rätsel des Lebens lösen.

In welcher Beziehung ist der Zorn eine Art Erzieher der Seele – speziell der Empfindungsseele – und der Vorläufer der Liebe? Man kann fragen: Führt nicht der Zorn dazu, daß der Mensch sich verlieren kann oder zu wilden, unmoralischen und lieblosen Handlungen hingerissen wird? Wenn man nur die wilden und ungerechtfertigten Ausbrüche des Zornes ins Auge faßt, hat man eine falsche Anschauung dessen, was über die Mission des Zornes angeführt wurde. Nicht dadurch, daß er zu ungerechtfertigten Ausbrüchen führt, wird er der Erzieher der Seele, sondern durch das, was er im Innern der Seele tut. Um uns die Arbeit des Zornes an der Seele zu vergegenwärtigen, nehmen wir an, zwei Menschen stünden vor einem zu erziehenden Kinde, das etwas Unrechtes begeht. Der eine Erzieher wird aufwallen und sich zu Handlungen der Strafe hinreißen lassen; der zweite Erzieher sei eine Seele, die nicht aufwallen kann im Zorn, die aber in dem Sinne, wie wir das gestern gemeint haben, noch nicht in der Lage ist, wirklich mit voller Gelassenheit aus dem Ich heraus das Rechte zu tun. Was wird für ein Unterschied sein in den Handlungen zweier solcher Erzieher? Ein Aufwallen des Zornes wird nicht nur zur Folge haben eine Strafhandlung, die man dem Kinde zufügt, sondern der Zorn ist etwas, was in der Seele wühlt, was in der Seele des Menschen wirkt und gerade so wirkt, daß es die Selbstsucht tötet. Wie ein Gift wirkt der Zorn auf die Selbstsucht der Seele. Und wenn wir abwarten, wird sich uns zeigen, daß er allmählich die Kräfte der Seele umwandelt und der Liebe fähig macht. Derjenige dagegen, der nicht reif ist für Gelassenheit und doch aus kalter Berechnung heraus die Strafhandlung ausführt, wird, weil der Zorn nicht als Gift in ihm wirkt, immer mehr und mehr ein kalter Egoist werden. Der Zorn wirkt eben innerlich, und als solcher ist er als Seeleneigenschaft zu bezeichnen. Überall wo der Zorn auftritt, ist er als ein Regulator für die Ausbrüche der menschlichen Selbstsucht anzusehen, welche unberechtigt sind. Der Zorn muß da sein, sonst müßte er nicht bekämpft werden. In der Überwindung des Zornes wird die Seele immer besser und besser. Wenn der Mensch etwas durchsetzen will, was er für das Rechte hält und zornig wird, so ist dieser Zorn ein Verminderer der selbstsüchtig wirkenden Kräfte. Er dämpft sie und treibt sie herunter in bezug auf ihre Wirksamkeit. Im Zorne haben wir eine Seeleneigenschaft, welche gerade dadurch, daß sie überwunden wird und der Mensch sich von ihr befreit und immer mehr sich über sie erhebt, die Selbstlosigkeit im Menschen heranzieht und durch dieses Heranziehen der Selbstlosigkeit das Ich immer stärker und stärker macht. Dieses Spiel des Ich mit dem Zorn, das spielt sich ab in der menschlichen Empfindungsseele.

Ein anderes Spiel zwischen der Seele und anderen Seelenerlebnissen spielt sich ab in dem, was wir Verstandes- oder Gemütsseele nennen. So wie die menschliche Seele Eigenschaften hat, die sie überwinden muß, um immer höher zu steigen, so muß sie auch in sich Kräfte ausbilden, die sie sozusagen pflegen und lieben darf, trotzdem sie in ihr aufsteigen. Sie muß Kräfte haben, denen sie sich hingeben darf, so daß sie sich, wenn sie sich durchsetzt, nicht schwächt, sondern stärkt. [. . .] Er wird sich gerade dadurch in der Stärke seiner Seele erhöhen, daß er sich so recht liebend in sie hinein versenkt; er wird sich gerade dadurch zu hohen Stufen des Ich hinaufleben; und das Ausgezeichnete, das, was die Seele in sich selbst lieben darf, dasjenige, wodurch sie sich nicht zur Selbstsucht, sondern zur Selbstlosigkeit erzieht, wenn sie es liebt – das ist die Wahrheit. Die Wahrheit erzieht die Verstandes- oder Gemütsseele. Wie der Zorn eine Eigenschaft der Seele ist, die überwunden werden muß, wenn der Mensch höher steigen will, so ist die Wahrheit, obwohl sie eine Eigenschaft der Seele sein soll, etwas, was der Mensch von vornherein lieben soll. Eine innere Pflege der Wahrheit ist absolut notwendig, um die Seele höher und höher steigen zu lassen.

Welche Eigenschaft der Wahrheit ist es, die den Menschen weiter und weiter führt und von Stufe zu Stufe höher bringt, wenn er sich der Wahrheit bedient? Die Wahrheit hat zu ihrem Gegenteil, als Gegenüberstehendes, die Lüge und den Irrtum. Wir wollen sehen, wie der Mensch vorwärts kommt durch die Überwindung von Irrtum und Lüge, indem er die Wahrheit zu seinem großen Ideal macht und ihm nachstrebt.

Eine höhere Wahrheit soll er anstreben, wie er andererseits den Zorn zu etwas machen muß, was sein Feind ist, den er immer mehr und mehr beseitigen muß. Wahrheit soll für ihn etwas werden, was er lieben und mit dem Innersten der Seele verbinden soll, um zu immer höheren und höheren Stufen zu gelangen. Trotzdem haben ausgezeichnete Dichter und Denker mit Recht davon gesprochen, daß der volle Besitz der Wahrheit für den Menschen gar nicht zu erreichen sein soll. *Lessing* zum Beispiel sagt, die reine Wahrheit sei nicht für den Menschen, sondern nur das ewige Streben nach Wahrheit. Man wird von Lessing darauf hingewiesen, daß die Wahrheit eine ferne Göttin ist, der sich der Mensch nur nähern kann, die aber im Grunde genommen nie zu erreichen ist. In dem Aufrücken der Natur der Wahrheit, in dem, daß die Seele ein höheres Streben nach Wahrheit in sich wach werden läßt, liegt, was die Seele immer weiter und weiter steigen läßt. Da es ein ewiges Streben nach der Wahrheit gibt und das Wort Wahrheit etwas so Mannigfaltiges bedeutet und ist, so wird man vernünftigerweise nur davon sprechen können, daß der Mensch die Wahrheit erfassen soll, daß er eigentlichen Wahrheitssinn entwickeln soll. Man wird daher nicht sprechen von einer einzigen umfassenden Wahrheit.

In diesem Vortrage soll nun die Idee der Wahrheit im rechten Sinne betrachtet werden; und es wird sich uns in klarer Weise zeigen, daß der Mensch durch die Entwickelung des Wahrheitssinnes in seinem Innern erfüllt wird von einer vorwärtstreibenden Kraft, die ihn zur Selbstlosigkeit führt.

Der Mensch strebt nach Wahrheit. Da wo die Menschen aus dem Bestehenden heraus versuchten, sich über die Dinge eine Anschauung zu machen, kann man auf den allerverschiedensten Gebieten des Lebens finden, daß sie da oft in der entgegengesetzten Weise sich aussprechen. Wenn man sieht, was der eine und demgegenüber der andere für Wahrheit hält, so könnte man glauben, daß das Wahrheitsstreben die Menschen zu den entgegengesetztesten Anschauungen und Meinungen bringt. Wenn man jedoch unbefangen beobachtet, wird man die Leitfäden finden können, die uns zeigen, wie es eigentlich kommt, daß die Menschen zu so verschiedenen Meinungen kommen, trotzdem sie die Wahrheit suchen.

Ein Beispiel möge uns das erläutern. Vor kurzer Zeit ist der bekannte amerikanische Multimillionär *Harriman* gestorben. Er ist einer von den wenigen Millionären, die sich mit allgemein menschlichen Gedanken beschäftigen. In Aphorismen, die nach seinem Tode gefunden wurden, ist ein merkwürdiger Ausspruch dieses Wahrheitssuchers enthalten. Er sagt: Kein Mensch ist in dieser Welt unersetzlich, und ein jeder kann, wenn er aus dieser Welt verschwindet, durch einen andern an seinem Platze ersetzt werden. Wenn ich meine Arbeit aus der Hand legen werde, so wird ein anderer Mensch kommen, der meine Arbeit aufnehmen wird. Die Eisenbahnen werden genau so fahren wie früher, die Dividenden werden ebenso verteilt werden, und so ist es im Grunde genommen mit jedem Menschen. – So ist dieser Mensch aufgestiegen zu einer allgemein geltenden Wahrheit: Kein Mensch ist unersetzlich!

Stellen wir neben diesen Ausspruch den eines andern Mannes, der hier in Berlin lange Zeit gewirkt hat in außerordentlicher Weise durch seine verschiedenen Vorlesungen über das Leben Michelangelos und Raffaels und Goethes, einen Ausspruch des Kunsthistorikers *Herman Grimm.* Als *Treitschke* gestorben war, hat Herman Grimm ungefähr folgenden Ausspruch in einem seiner Aufsätze getan: Nun ist Treitschke auch dahingegangen, und man merkt gerade jetzt, was er geleistet hat. Niemand kann an seinen Platz treten und seine Arbeit in der Weise fortsetzen, wie dieser Mann sie geleistet hat. Man hat das Gefühl, daß in dem Umkreis, in dem Treitschke lehrte, alles anders vor sich geht. – Interessant ist es dabei zu beobachten, daß Herman Grimm nicht an die Worte anknüpft: und so ist es bei allen Menschen.

Hier haben wir zwei Leute, den amerikanischen Multimillionär und Herman Grimm, die aus ihren Betrachtungen zu genau den entgegengesetzten Wahrheiten kommen. Woran liegt das nun? Wenn wir die zwei Betrachtungsweisen sorgfältig vergleichen, so finden wir einen Leitfaden. Bedenken Sie, daß Harriman ausgeht davon, daß er sagt: wenn ich meine Arbeit aus den Händen lege, so wird sie ein anderer fortsetzen; daß er gar nicht loskommt von sich selber. Der andere Mensch bringt sich selber gar nicht ins Spiel; er spricht gar nicht von sich, frägt gar nicht, was man von ihm für Meinungen und Wahrheiten gewinnen könnte. Er geht auf in der Betrachtung des anderen. Wer ein Gefühl dafür hat, wird ohne Zweifel herausfinden, welcher von beiden das Richtige gesagt hat. Man braucht sich nur einmal die Frage vorzulegen: Wer hat denn Goethes Arbeit fortgesetzt, als er sie aus der Hand gelegt hat? Wer ein Gefühl dafür hat, wird wissen, daß Harriman in seiner Betrachtung daran krankt, daß er nicht von sich losgekommen ist. Daraus schon können Sie ein wenig den Schluß ziehen, daß es der Wahrheit geradezu schädlich ist, wenn man sie sucht und nicht von sich loskommen kann. Der Wahrheit dient es gerade, wenn man von sich loskommen kann.

Kann Wahrheit schon dasjenige sein, was *eine* Ansicht über die Dinge gibt? – Eine Ansicht ist eine Art gedankliches Spiegelbild der Außenwelt. Muß deshalb, weil wir irgend etwas denken, weil wir bei einer Betrachtung dieses oder jenes festsetzen, das ein *richtiges* Bild sein?

Nehme man einen photographischen Apparat zur Aufnahme eines merkwürdigen Baumes. Man stellt sich in eine Ecke und macht mit dem Apparat ein Bild des Baumes. Wenn wir dieses eine Bild an einem fremden

Orte zeigen, gibt das ein wirkliches Bild des Baumes? Es gibt ein Bild von einer Seite; es gibt nicht die Wahrheit über den Baum. Kein Mensch wird sich auf Grund des Bildes den Baum vorstellen können, wenn er nur das eine Bild ins Auge faßt. Wodurch könnte man über die Wahrheit des Baumes mehr erfahren, wenn man ihn nicht gesehen hat? Wenn man ihn von vier Seiten photographieren würde, dann würde man um den Baum herumgegangen sein, und durch Vergleichen der Bilder würde man schließlich etwas bekommen, was ein wahres Bild des Baumes gibt. Man hat die dadurch gewonnene Vorstellung von dem Baume unabhängig gemacht vom eigenen Standorte. Wenden wir diesen Vergleich auf den Menschen an. Was hier durch äußere Vorgänge bewirkt wird, das tut der Mensch, der bei seiner Betrachtung der Dinge von sich selber loskommt. Sich ausschalten bei der Betrachtung der Dinge, das wird er durch seine eigene Persönlichkeit machen. Wird sich der Mensch bewußt, daß, wenn er eine Meinung faßt, wenn er dieses oder jenes in einer Weise anschaut, er vor allen Dingen wissen muß, daß alle gefaßten Meinungen abhängig sind von unserem eigenen Standpunkte, von unseren eigenen Eigenschaften und von unserer eigenen Individualität; wird man sich dessen bewußt und versucht man, alles das abzuziehen von dem, was man Wahrheit nennen will – dann führt man das aus, was in unserem Vergleiche der Photograph ausgeführt hat. Die erste Anforderung an den wirklichen Wahrheitssinn ist, loszukommen von sich selber; ins Auge zu fassen, was von unserem Standpunkte abhängt.

Würde der amerikanische Multimillionär von sich losgekommen sein, so würde er gewußt haben, daß ein Unterschied ist zwischen ihm und anderen Menschen.

Wir haben an einem Beispiele, das uns die alltäglichen Verhältnisse zeigt, gesehen, wie dann, wenn der Mensch nicht von sich loskommen kann, wenn er sich nicht bewußt wird, was er zu den Dingen hinzubringt durch seinen Standpunkt oder Ausgangspunkt, wie dann notwendigerweise eine eingeschränkte Meinung, aber keine Wahrheit entstehen kann. Das zeigt sich auch im Großen. Wer ein wenig hineinschaut in die wirkliche geistige Entwickelung der Menschen und vergleicht, was alles als Wahrheit auftritt, der wird bei einer tiefergehenden Betrachtung finden, daß die Menschen, wenn sie eine Wahrheit aussprechen, zunächst loskommen sollten von ihrer eigenen Individualität. Man wird begreifen, daß die verschiedensten Ansichten über die Wahrheit herauskommen, weil die Menschen sich nicht bewußt geworden sind, was sie selber durch ihren Standpunkt an Einschränkungen in bezug auf ihre Auffassungen gemacht haben. – Habe ich Ihnen vorhin ein naheliegendes Beispiel gegeben, so soll uns weiter auch ein fernliegendes Beispiel zu einem tieferen Verständnis führen. Wenn man Aufschluß bekommen will über die Schönheit, so beschäftigt man sich mit der Ästhetik, das heißt mit dem, was uns die Formen des Schönen lehren. Was das Schöne ist, das tritt uns in der Außenwelt entgegen. Wie erfahren wir nun, was wahr ist über das Schöne? Da müssen wir uns auch klar sein darüber, daß wir auch loskommen müssen von dem, was wir durch unsere eigene Individualität und durch unsere Eigenart eingeschränkt haben an dem Schönen. Da ist zum Beispiel ein Ästhetiker des 19. Jahrhunderts – der deutsche Ästhetiker *Solger;* der wollte das Wesen des Schönen seiner Wahrheit nach erforschen. Das Schöne tritt uns in der äußeren physischen Welt entgegen. Das konnte auch

Solger nicht ableugnen. Er war aber ein Mensch, der eine einseitige theosophische Anschauung hatte; und deshalb hat er auch eine einseitige theosophische Ästhetik geliefert. Daher konnte ihn auch an dem schönen Bilde nur dasjenige interessieren, was durchscheint aus dem schönen Bilde von der für ihn einzig bestehenden Geistigkeit. Nur insofern an einem schönen Produkte das Geistige erscheint, ist es für ihn schön. Solger war ein einseitiger Theosoph, der die sinnlichen Erscheinungen erklären wollte aus dem Übersinnlichen, aber dabei vergaß, daß das sinnlich Wirkliche auch eine Daseinsberechtigung hat, weil er nicht loskommen konnte von seinem Vorurteil und sogleich durch eine mißverstandene Theosophie ins Geistige hinaufsteigen wollte.

Ein anderer Ästhetiker, *Robert Zimmermann,* kam dazu, gerade das Gegenbild zu begründen. Man kann sagen, daß Solger eine mißverstandene theosophische Ästhetik begründen wollte; ebenso kann man mit Recht sagen, Zimmermann begründete eine mißverstandene antitheosophische Anschauungsweise in seiner Ästhetik. Er hatte nur einen Sinn für das, was sich ergab an Symmetrie und Antisymmetrie, an Einklang und Mißklang. Er hatte keinen Sinn dafür, von dem Schönen zurückzugehen auf dasjenige, was in dem Schönen erscheint. So wurde seine Ästhetik ebenfalls einseitig, ähnlich der Ästhetik Solgers. Alles Wahrheitsstreben kann leiden dadurch, daß der Mensch nicht Rücksicht nimmt darauf, daß er zum Wahrheitsstreben von sich loskommen muß. Von sich loskommen kann der Mensch nur nach und nach. Aber das ist das Auszeichnende der Wahrheit, daß sie im strengsten Sinne fordert, daß man von sich ganz absieht und alles vergißt, wenn man durch sie weiterrücken will. Sie hat also eine Eigenschaft, welche sie unterscheidet von allem übrigen, nämlich die, daß man ganz in sich sein kann, in seinem Ich leben kann, in seinem Wahrheitsstreben, und dennoch etwas gewinnt in seinem Ich – wenn man dieses Leben im Ich durchmacht –, was im Grunde genommen mit dem egoistischen Ich nichts zu tun hat.

Wenn der Mensch in seinem Streben in der Welt etwas hat, wo er sich durchsetzen will, dann ist es sein Egoismus. Wenn er etwas tun will, was er für das Richtige hält und das gegen jemand durchsetzen will und dabei in Zorn entflammt, dann ist das ein Ausdruck der Selbstsucht. Dieser Ausdruck der Selbstsucht muß gebändigt werden, wenn er zur Wahrheit aufsteigen will. Wahrheit ist also etwas, was wir im Innersten erleben. Und dennoch, obwohl wir sie in uns selbst erleben, kommen wir dadurch immer mehr und mehr los von unserem Selbste durch sie. Dazu ist allerdings nötig, daß in das Streben nach Wahrheit sich wirklich nichts anderes hineinmischt als die Liebe zur Wahrheit selber. Wenn sich Leidenschaften, Triebe und Begierden, von denen die Empfindungsseele erst geläutert und gereinigt werden muß, bevor die Verstandesseele nach Wahrheit streben kann, hineinmischen, so kann der Mensch nicht los von sich; denn diese machen es, daß sein Ich sich auf einen bestimmten Gesichtspunkt stellt. Daher wird sich die Wahrheit nur dem ergeben, der versucht, bei ihrer Auffindung Leidenschaften, Begierden und Triebe in sich zu überwinden und sie nicht mitsprechen zu lassen. Liebe darf die einzige Leidenschaft sein, die beim Aufsuchen der Wahrheit nicht abgestreift werden muß. Die Wahrheit ist ein hohes Ziel. Das zeigt sich daran, daß sie sich dem Menschen heute in der eben geforderten Form nur ergibt auf einem eingeschränkten äußeren Gebiete.

Nur auf dem Gebiete der Mathematik, des Rechnens und Zählens hat die Menschheit im allgemeinen heute dieses Ziel erreicht, weil dieses das Gebiet ist, wo der Mensch seine Leidenschaften, Triebe und Begierden gezügelt hat und nicht mitsprechen läßt. Warum sind alle Menschen darüber einig, daß drei mal drei gleich neun und nicht gleich zehn ist? Weil sie, wenn sie darüber entscheiden, ihre Leidenschaften, Triebe und Begierden zum Stillstand gebracht haben. Bei dieser einfachen Sache, bei der Mathematik, hat es die Menschheit heute schon dahin gebracht, Leidenschaften, Triebe und Begierden schweigen zu lassen. Wenn sie es nicht dahin gebracht hätte, würde manche Hausfrau recht gerne haben, daß sie neun Groschen für eine Mark geben kann. Da würden die Leidenschaften mitreden. Das ist eben notwendig für jegliches Aufsuchen der Wahrheit, daß wir die Triebe und Begierden schweigen lassen. Die Menschen würden in bezug auf die höchsten Wahrheiten zur Einigkeit kommen, wenn sie in bezug auf diese höchsten Wahrheiten soweit wären, wie sie in bezug auf diese Wahrheit auf dem Gebiete der Mathematik schon sind. Aber diese Wahrheiten sind etwas, was wir in der innersten Seele erfassen, und dadurch, daß wir sie so erfassen, haben wir sie. Wenn hundert oder gar tausend und mehr Menschen uns widersprechen, wir haben sie doch und wissen, daß drei mal drei gleich neun ist, weil wir sie in unserem Innersten erfaßt haben. Würden die hundert und tausend Menschen, welche anderer Meinung sind, sich unabhängig machen von sich selber, so würden sie zu derselben Wahrheit kommen. Was ist also der Weg zum gegenseitigen Verständnis und zur menschlichen Einigkeit? Wir verstehen uns auf dem Gebiete des Rechnens und Zählens, weil wir das Geforderte hier erreicht haben; in demselben Maße, wie wir die Wahrheit finden, herrscht Friede, Eintracht und Harmonie unter den Menschen.

Das ist das Wesentliche, daß wir die Wahrheit als etwas zu erfassen suchen, was sich uns nur in unserem tiefsten Selbste ergibt; und daß die Wahrheit etwas ist, was die Menschen immer wieder zusammenführt, weil sie aus dem Tiefinnersten der Seele jedem Menschen entgegenleuchtet.

So ist die Wahrheit die Führerin der Menschen zur Einigkeit und zum gegenseitigen Verständnis. Damit ist sie auch die Vorbereiterin von Gerechtigkeit und Liebe, eine Vorbereiterin, die wir gerade pflegen sollen; während wir den andern Vorboten, den wir gestern kennengelernt haben, besiegen müssen, wenn er uns über die Selbstsucht hinausführen soll. Das ist die Mission der Wahrheit, daß wir sie immer mehr und mehr lieben und aufnehmen dürfen, und daß wir sie in uns selbst pflegen sollen. Indem wir uns in unserem Selbste der Wahrheit ergeben, wird es selbst immer stärker, und wir werden gerade dadurch loskommen von dem Selbste: Je mehr wir Zorn im Selbste entwickeln, desto schwächer machen wir es, und je mehr wir Wahrheit in dem Selbste entwickeln, um so stärker machen wir das Selbst. Die Wahrheit ist eine strenge Göttin, die deshalb auch fordert, daß sie in den Mittelpunkt einer alleinigen Liebe in unserem Selbst gestellt wird. In dem Moment, wo man nicht loskommt von sich selber und etwas anderes ihr gegenüberstellt, etwas anderes höher stellt als sie, rächt sie sich sofort. Der englische Dichter *Coleridge* hat einen Ausspruch getan, der bezeichnend sein kann dafür, wie der Mensch sich zur Wahrheit zu stellen hat. Er sagt: Wer das Christentum mehr liebt als die Wahrheit, der wird bald sehen, daß er seine christliche Sekte mehr liebt als das Christentum, und er wird sehen, daß er sich mehr liebt als seine Sekte.

In diesem Ausspruche liegt wirklich ungeheuer viel; darinnen liegt vor allem, daß ein der Wahrheit entgegen gerichtetes Streben gerade zum Egoismus, zu einer den Menschen herabdrückenden Selbstsucht führt. Wahrheit, sie kann die einzige Liebe sein, die das Ich von sich losbringt. Und in dem Augenblick, wo man ihr etwas vorzieht, wird man in gleichem Maße finden, daß man der Selbstsucht verfällt. Das ist es, was man zu erwarten hat, wenn man die Wahrheit geringer achtet als etwas anderes. Das ist der strenge Ernst, aber auch das Große und Bedeutsame an der Mission der Wahrheit für die Erziehung der menschlichen Seele. Die Wahrheit richtet sich nach niemand, und finden kann sie nur derjenige, der sich ihr ergibt. Das können wir daran ersehen, daß in dem Augenblick, wo der Mensch nicht um der Wahrheit willen liebt, sondern um seiner selbst willen, weil er sich an seine Meinungen hängt, daß der Mensch in diesem Augenblicke als ein antisoziales Wesen wirkt, das immer fort und fort herausstrebt aus der menschlichen Gemeinsamkeit. Sehen wir einmal hin auf diejenigen, die nicht danach streben, die Wahrheit um der Wahrheit willen zu lieben, die eine bestimmte Anzahl von Ansichten zu ihrer Wahrheit gemacht haben: sie lieben nichts als den Besitz ihrer Seele. Diese Menschen werden die intolerantesten sein. Diejenigen Menschen, die die Wahrheit ihrer eigenen Anschauungen und Meinungen wegen lieben, das sind jene, welche nicht dulden wollen, daß ein anderer zum Wahrheitsuchen auf ganz anderem Wege geht. Daraus ergeben sich dann die Lebenskonflikte. Sie sind diejenigen, die jedem Steine in den Weg werfen, der andere Anlagen hat als sie und daher zu anderen Meinungen kommt, als sie haben.

Führt ehrliches Wahrheitsstreben zu allgemeinem Menschenverständnis, so führt das Umgekehrte, die Liebe zur Wahrheit um der eigenen Persönlichkeit willen, zur Zerstörung der Freiheit, zur Intoleranz der andern Persönlichkeit gegenüber. Wahrheit ergibt sich in dem, was wir die Verstandes- oder Gemütsseele des Menschen nennen.

Wahrheit suchen, Wahrheit durch eigene Arbeit sich erwerben kann nur ein denkendes Wesen. Indem sich der Mensch Wahrheit erwirbt durch sein Denken, muß er sich immer mehr und mehr klar werden, daß dadurch das gesamte Gebiet der Wahrheit in zwei Teile zerfällt. Für die Wahrheit gibt es zwei Formen. Diejenige, die gewonnen wird, indem wir hinschauen auf irgend etwas, was uns in der Außenwelt vorliegt, hinschauen auf die umliegende Natur, Stück für Stück sie erforschen, um ihre Wahrheiten, Gesetze und Weistümer kennenzulernen. Wenn wir also den Blick schweifen lassen über die Welt, über den Umfang des Erlebten, dann kommen wir zu jener Wahrheit, die man nennen kann «die Wahrheit des Nachdenkens». Wir haben gestern gesehen, daß die ganze Natur von Weisheit durchdrungen ist, daß in allen Dingen Weisheit lebt. In der Pflanze lebt dasjenige, was wir nachher als Idee der Pflanze gewinnen. Weisheit lebt in der Pflanze, und wir bemächtigen uns dieser Weisheit. So steht der Mensch der Welt gegenüber, und er kann voraussetzen, daß aus der Weisheit die Welt entsprungen ist, und daß er durch sein Denken dasjenige wiederfindet, was an der Produktion, an der Schöpfung der Welt beteiligt ist. Das ist die Wahrheit, die er durch Nachdenken gewinnt.

Es gibt nun noch andere Wahrheiten. Diese kann der Mensch nicht durch bloßes Nachdenken, sondern sie kann der Mensch nur gewinnen, wenn er hinausgeht über das, was im äußeren Leben gegeben werden kann. Im gewöhnlichen Leben sieht man schon, daß der Mensch, wenn er sich ein Werkzeug oder ein Instrument anfertigt, Gesetze ausdenken muß, die er nicht durch bloßes Nachdenken gewinnen kann. So könnte zum Beispiel der Mensch durch bloßes Nachdenken über die Welt keine Uhr machen; denn die Welt hat nirgends ihre Gesetze so zusammengestellt, daß eine Uhr in der äußeren Natur schon vorhanden wäre. Das ist die zweite Art von Wahrheit, die wir dadurch gewinnen können, daß wir dasjenige vorausdenken, was sich nicht im äußeren Erlebnis und nicht im äußeren Beobachten ergibt. Es gibt also zweierlei Wahrheiten, und das sind zwei streng voneinander geschiedene Gebiete der Wahrheit. Wir haben zu sondern solche Wahrheiten, die durch Nachdenken über die äußere Beobachtung für uns entstehen, und solche, die durch Vordenken entstehen.

Wodurch sind nun die letzteren wahr? Derjenige, der eine Uhr ausdenken würde, der könnte uns lange den Beweis liefern dafür, daß er richtig gedacht hat. Wir werden ihm so lange kein richtiges Vertrauen schenken, solange er nicht zeigen kann, daß die Uhr wirklich dasjenige in der Welt darstellt, was er vorgedacht hat. Dasjenige, was wir vordenken, muß sich realisieren, muß sich in die Wirklichkeit einleben können; es muß dasjenige, was wir vorgedacht haben, uns in der Wirklichkeit draußen entgegentreten können. Solcher Art sind aber auch die geisteswissenschaftlichen oder anthroposophischen Wahrheiten. Sie sind solche, die man nicht an den äußeren Erlebnissen zunächst beobachten kann.

Kein äußeres Erlebnis der Natur kann uns das, was über den ewigen Wesenskern des Menschen schon öfters betont wurde, bestätigen. Wir können unmöglich aus der äußeren Beobachtung heraus die Wahrheit gewinnen, daß das menschliche Ich immer wieder und wieder in neuen Verkörperungen erscheint. Wer zu dieser Wahrheit gelangen will, muß sich über das äußere Erlebnis erheben. Er muß in seiner Seele eine Wahrheit erfassen können, die er nicht im äußeren Erlebnis zunächst hat, aber sie muß sich auch im äußeren Leben realisieren. Man kann eine solche Wahrheit nicht so beweisen wie die erste Art Wahrheit, die wir nachgedachte Wahrheit genannt haben. Man kann sie nur beweisen dadurch, daß man ihre Anwendung im Leben zeigt. Dafür gibt es aber auch keinen anderen Beweis als eine Widerspiegelung im Leben. Wer hineinschaut in das Leben und es betrachtet mit der Erkenntnis, daß die Seele immer wiederkehrt, und betrachtet, was sich abspielt zwischen Geburt und Tod, was da die Seele immer wieder erlebt, und da betrachtet, welche Befriedigung diese Idee gewähren und welche Kraft sie im Leben geben kann, ihre Fruchtbarkeit im Leben verfolgt – und auch noch im anderen Sinne verfolgt, indem er sich zum Beispiel sagt: wie kann ich die Kraft einer Kindesseele entwickeln, wenn ich voraussetze, daß da eine Seele sich herausarbeitet, die schon immer da war? – dem leuchtet diese Wahrheit und Idee in der äußeren Wirklichkeit entgegen, sie erweist sich ihm fruchtbar. Alle anderen Beweise sind unrichtig. Einzig und allein die Bewahrheitung solcher vorgedachter Wahrheiten im Leben ist als ein Beweis ihrer Richtigkeit zu betrachten. Vorgedachte Wahrheiten, die nicht aus der Beobachtung gewonnen werden können, können auch nicht so bewiesen werden wie nachgedachte Wahrheiten. Sie können sich nur an der Wirklichkeit bewähren und fruchtbar erweisen. Es ist ein gewaltiger Unterschied zwischen dem Beweis der ersten und zweiten Art Wahrheit. Die zweite ist eigentlich eine im Geiste erfaßte, die sich bewähren soll in der äußeren Beobachtung, im Leben.

Wie werden nun diese zwei Gebiete der Wahrheit erzieherisch auf die menschliche Seele wirken? Da ist ein großer Unterschied, ob der Mensch bloß sich hingibt den nachgedachten, oder ob er sich hingibt bloß vorgedachten Wahrheiten. Sehen wir uns einmal das an, was der Mensch als nachgedachte Wahrheit gewinnt. Wir sagen mit Recht: Wenn wir uns in die Weisheit der Natur vertiefen und uns in uns selber ein Spiegel- und Wahrheitsbild der Natur verschafft haben, dann haben wir in uns dasselbe, woraus sie entsprossen ist, woraus sie wirkt; wir haben dasjenige, was in der Natur als Schöpferisches wirkt, in unserem Wahrheitsbegriff der Natur. Aber es ist ein gewaltiger Unterschied. Während die Weisheit in der Natur schöpferisch ist, während die volle Wirklichkeit aus ihr heraus sprießt, ist unsere Wahrheit nur ein Spiegelbild, eine nachgedachte und untätige, etwas, was ohnmächtig geworden ist durch unser Naturdenken. So können wir uns ein weitherziges und weites Bild der Wahrheit der Welt schaffen: das Schöpferische, das Produktive ist aus diesem Wahrheitsbild herausgenommen. Daher wirkt auch dieses Wahrheitsbild in bezug auf die Entwickelung unseres Ich zunächst verödend und ausleerend. Die schöpferische Kraft des Ich wird lahm und erstirbt sozusagen; das Selbst wird nicht stark und kann sich gar nicht mehr der Welt gegenüberstellen, wenn es nur nachgedachte Wahrheiten sucht. Nichts wirkt so sehr auf das Vereinsamen, auf das Veröden, auf das Zurückziehen in sein Ich, auf die Verfeindung mit der Welt, als das bloße Nachdenken über die Welt. Kalter Egoist kann der Mensch werden, wenn er bloß erforschen will, was draußen in der Welt ist. Wofür will er eigentlich diese Wahrheit? Will er für die Götter diese Wahrheit verwenden?

Wenn er nur diese nachgedachte Wahrheit erforschen will, so will er für sich etwas haben, und er ist auf dem Wege, durch die Wahrheit ein kalter Egoist und Menschenfeind zu werden im weiteren Verlauf seines Lebens. Er geht hinaus und wird ein Einsiedler oder sondert sich auf andere Weise ab von der Menschheit; denn er will dasjenige, was in der Welt ist, für seine Wahrheit haben. Alles einseitige Einsiedlertum, alles Menschenfeindliche können Sie finden, wenn Sie diesen Weg verfolgen. Die Seele wird immer mehr und mehr austrocknen in bezug auf Gemeinschaftssinn; sie wird immer ärmer, trotzdem die Wahrheit sie reicher machen sollte. Der Mensch hört auf, wenn er bloß diese Art Wahrheit erforscht, im Gemeinsamkeitssinn Mensch zu sein. Er wird Sonderling oder Einseitigkeitsmensch, gleichgültig, ob er hinausgeht oder sich einschließt; verhärten wird die Seele in beiden Fällen. Daher werden Sie sehen, daß je mehr der Mensch zum bloßen Nachdenken kommt, desto unfruchtbarer wird die Seele in diesem Nachdenken. Versuchen wir uns einmal das vorzustellen, wie durch bloßes Nachdenken die Seele verödet. Betrachten wir einmal die Natur draußen: da haben wir eine Summe von Pflanzen vor uns. Aus der lebendigen Weisheit der Welt sind sie gebildet. In ihnen ist produktive Kraft, und diese Weisheit hat sie aus sich selber hervorsprießen lassen. Nun kommt derjenige, der ein Künstler ist. Er stellt sich mit der Seele dem, was ihm das Bild der Natur gibt, entgegen. Er denkt nicht bloß nach, sondern er läßt jene schöpferische, produktive Kraft in sich wirken. Er bringt hervor ein Kunstwerk; aber darinnen ist nicht bloß vorhanden ein Nachgedanke, sondern produktive Kraft. Jetzt kommt aber einer, der versucht, hinter den Gedanken des Bildes zu kommen. Er denkt über das Bild nach. Da ist die Wirklichkeit weiter filtriert, aber sie ist zu gleicher Zeit verödet. Versuchen Sie, den Prozeß weiterzuführen. Wenn die Seele in dieser Weise einen Gedanken aus der Beobachtung herausgeschält hat, dann ist der Abschluß da, und die Seele ist fertig damit. Man müßte nur noch sich Gedanken über den Gedanken machen. Damit kommt man in das Lächerliche hinein. Der begonnene Prozeß dörrt selber aus.

Anders ist es auf dem Gebiete des Vordenkens. Hier ist der Mensch in anderer Lage, da er selber produktiv ist. Da verwirklicht er im Leben seine Gedanken; da ist er etwas, was nach dem Vorbilde der schaffenden Natur selber wirkt. In einem solchen Falle ist der Mensch, wenn er über die bloße Beobachtung hinausgeht, wenn er nicht bloß nachdenkt, sondern in der Seele etwas aufsteigen läßt, was ihm die bloße Beobachtung nicht geben kann. Alle geisteswissenschaftlichen Wahrheiten sind solche, bei denen die Seele produktiv veranlagt sein muß. Hier muß die Seele Vordenker sein. Alles bloße Nachdenken ist bei diesen Wahrheiten vom Übel und führt zur Täuschung in bezug auf die geisteswissenschaftlichen Wahrheiten. Dafür haben die vorgedachten Wahrheiten ein anderes. Der Mensch kann nur auf einem beschränkten Gebiete die Wahrheit vordenken. Er kann nur sozusagen ein Stümper sein gegenüber der schöpferischen Weisheit der Welt. Eine unendliche Menge ist vorhanden von dem, worüber wir unsere nachgedachten Wahrheiten haben, und ein sehr beschränktes Gebiet ermöglicht es uns, vorgedachte Wahrheiten zu haben. Es wird also bei der zweiten Art Wahrheit der Kreis enger, aber die produktiven Kräfte erhöhen sich; die Seele wird frisch und weiter und weiter. Sie wird selbst immer göttlicher und göttlicher in sich, wenn sie das in sich nachbildet, was das Wesentliche ist in der schöpferischen, göttlichen Tätigkeit in der Welt. So stehen sich die beiden Wahrheiten, die vor- und nachgedachten, in der Welt gegenüber. Daher wird die nachgedachte Wahrheit, die auf dem bloßen Erforschen des Gegebenen, auf dem Forschen in dem Erlebten beruht, sie wird immer ins Abstrakte führen; immer trockener wird dabei die Seele werden und wird keine Nahrung finden können. Diejenige Wahrheit aber, die nicht an dem äußeren Erlebnis gewonnen wird, sie ist schöpferisch; und aus ihrer Kraft weist sie dem Menschen eine Stelle im Weltall an, wo er Mittätiger ist an dem, was in die Zukunft hinein entsteht.

Das Vergangene kann im wahren Sinne des Wortes nur Nachgedachtes sein. Das Vorgedachte ist etwas, was ein Anfang ist für ein Hineinwachsen in die Zukunft. So wird der Mensch ein Bürger, ein Schaffender für die Zukunft. Er erstreckt die Kraft seines Ich von dem Punkte der Gegenwart in die Zukunft hinein, indem er nicht bloß das Nachgedachte, sondern auch das Vorgedachte in den Wahrheiten zu seinem Eigentume macht. Das ist das Befreiende der vorgedachten Wahrheiten. Derjenige, der sozusagen selber mittätig ist auf dem Gebiete des Wahrheitsstrebens, der wird bald erfahren, wie ihn das bloße Nachdenken verarmt; und er wird es begreiflich finden, wie der bloße Nachdenker immer öder und abstrakter wird und seinen Geist mit öden Begriffs-Gespinsten und blutleeren Abstraktionen erfüllt. Das kann dazu führen, daß der Geist zum Zweifel darüber kommt, ob er an der Weltengestaltung teilhaben kann. Wie herausgestoßen und zum bloßen Genuß der Wahrheit verurteilt kann sich der Mensch fühlen, wenn er bloß ein Nachdenker der Wahrheit ist. Das aber, was vorgedachte Wahrheit ist und uns als solche im Leben entgegentritt, das erfüllt die Seele und macht sie warm, erfüllt sie mit neuer Kraft auf jeder Stufe des Lebens. Beseligend ist es für den Menschen, wenn er solche vorgedachten Wahrheiten zu erfassen vermag, um dann den Erscheinungen des Lebens gegenüberzutreten und sich zu sagen: jetzt verstehe ich nicht bloß, was da ist, sondern was da ist, wird nun erklärlich, weil ich vorher etwas davon gewußt habe.

Nun können wir mit den geisteswissenschaftlichen Wahrheiten auch an den Menschen herantreten. Unverständlich bleiben uns die Menschen, wenn wir bloß die nachgedachten Wahrheiten kennen. Haben wir dagegen die geisteswissenschaftlichen Wahrheiten, da werden uns die Menschen immer verständlicher, und wir werden auch immer mehr Interesse finden können an der Welt und mit der Welt immer mehr verwachsen. Freude und Genugtuung werden wir empfinden darüber, daß uns die Bestätigung der vorgedachten Wahrheiten in Wirklichkeit entgegentritt. Das ist das Beseligende und Befriedigende an den geisteswissenschaftlichen Wahrheiten, daß sie zuerst erfaßt werden müssen, bevor sie sich im Leben realisieren können, und daß der Mensch dadurch immer reicher und reicher wird. Indem wir mit den nachgedachten Wahrheiten arbeiten und in uns eine abstrakte Ideenwelt pflegen, entfernen wir uns von der Welt;

wenn wir mit den vorgedachten Wahrheiten an die Welt herantreten, werden wir immer reicher und reicher und befriedigter. Wir erleben dadurch allmählich ein völliges Hineinverweben in die Erscheinungen, mit denen wir eins werden. Wir kommen immer mehr los von unserem Selbste, während wir dagegen zum raffinierten Egoisten werden durch die nachgedachten Wahrheiten. Um das Bestehen und die Bewahrheitung der vorgedachten Wahrheiten zu finden, müssen wir sie erst haben, und dazu ist nötig, daß wir aus uns heraustreten und ins Leben hineintreten, um ihre Anwendung auf jedem Gebiete des Lebens zu suchen. So sind es besonders die vorgedachten Wahrheiten, die uns von uns losbringen und uns in hohem Grade mit dem erfüllen, was der Wahrheitssinn in sich haben muß.

Solche Dinge hat ein jeder gefühlt, der ein wirklicher Wahrheitssucher war. Es ruhte tief in *Goethes* Seele diese Meinung von der Wahrheit, als er den herrlichen, grandiosen, weithin leuchtenden Ausspruch tat: «Was fruchtbar ist, allein ist wahr!»

Aber auch das war in Goethes Seele gegenwärtig, daß der Mensch verwachsen sein muß mit der Wahrheit, wenn überhaupt ein Verständnis mit anderen Menschen möglich sein soll. Durch nichts werden die Menschen mehr entfremdet und entfernen sich voneinander, als wenn sie fremd werden dem Wahrheitsstreben und dem Wahrheitssinn. Es ist ebenfalls ein Ausspruch Goethes: «Eine falsche Lehre läßt sich nicht widerlegen, denn sie beruht ja auf der Überzeugung, daß das Falsche wahr sei!» Selbstverständlich kann jetzt gleich jemand einwenden, man könne, wenn man logische Gründe vorbringe, das Falsche widerlegen. Das meint Goethe nicht; er ist eben der Überzeugung, daß eine falsche Anschauung nicht durch logische Schlüsse widerlegt werden kann, und meint, die praktische und fruchtbare Anwendung der Wahrheit im Leben müsse dem Menschen in seinem Wahrheitsstreben alleinige Richtschnur sein. Deshalb, weil Goethe so tief in seiner Seele mit der Wahrheit verwachsen war, konnte er das schöne Wahrheitsdrama skizzieren, das er 1807 in seiner «Pandora» anfing niederzuschreiben. «Pandora» ist Fragment und als solches ein Produkt seines reichen Schaffens. Es ist reifste und süßeste Frucht. Wenn man es auf sich wirken läßt, muß man sich sagen: es ist Fragment geblieben, aber es ist in jeder Zeile so großartig und gewaltig, daß man sagen könnte, es ist reinste und größte Kunst. Man versuche einmal, sich hier einzuleben und den Dialog auf sich wirken zu lassen, und beachte einmal, wie anders die Personen sprechen, die eine Passion, einen treibenden Charakter haben, und die andern, welche einen zurückhaltenden Charakter haben.

«Pandora» zeigt uns, wie Goethe in der Lage war, zum Größten einen Anlauf zu nehmen – um aber dann zu erlahmen. Die Aufgabe war zwar zu groß, um sie zu Ende zu führen, aber es genügt uns, um zu ahnen, wie tief Goethe eingedrungen war in die Probleme der Seelen-Erziehung. Vor seiner Seele stand alles, was die Seele überwinden muß, um aufzusteigen; vor seiner Seele stand alles, was wir gestern über den Zorn, was wir über den gefesselten Prometheus kennengelernt haben, und auch das, was wir über die andere Erzieherin der menschlichen Seele, was wir über den Wahrheitssinn heute gesagt haben.

Wie nahe diese beiden Dinge in ihrer Wirkung auf die menschliche Seele verwandt sind, kann man auch aus den Gesichtsausdrücken, die sie beim Menschen verursachen, ersehen. Man versuche einmal, sich vorzustellen einen Menschen, der in Zorn gerät, und einen Menschen, auf den die Wahrheit wirkt, den die Wahrheit als ein inneres Licht durchdringt. Da sieht man, wie der zornige Mensch seine Stirne runzelt. Warum tut er das? Eine solche Stirne runzelt sich, weil im Innern eine überschüssige Kraft wie ein Gift wirkt, welche niederhalten muß einen überschüssigen Egoismus, der vernichten will dasjenige, was neben ihm ist, was neben dem eigenen Selbste besteht. In der geballten Faust des Zornigen hat man zu sehen das in sich verschlossene, nicht in die Außenwelt eingehen wollende, zornige Selbst. Man vergleiche damit den physiognomischen Ausdruck dessen, der die Wahrheit findet. Wenn jemand das Licht der Wahrheit erblickt, runzelt er auch die Stirne, aber es ist dieses Stirnrunzeln etwas, wodurch sich das Selbst erweitert. Hier wollen die Runzeln in hingebungsvoller Liebe die ganze Welt ergreifen, um sie einzusaugen. Auch leuchten können die Augen dessen, der der Welt ihre Geheimnisse ablauschen will. Leuchtend suchen sie zu umfassen und zu umspannen, was außer uns in der Welt vorhanden ist. Los kommt der Mensch von sich selber, und nicht ballen tut sich die Hand dessen, der vom Lichte der Wahrheit erfüllt ist, sondern seine Hand streckt sich; und in der gestreckten Hand ist vorhanden das Aufsaugen des Wesens der Welt. So zeigt sich physiognomisch der ganze Unterschied zwischen der Wahrheit und dem Zorn. Führt einerseits der Zorn zu einem Hineindrängen des Menschen in sein Selbst, so führt das Streben nach der Wahrheit andererseits zu einem Aufschließen und Hineinwachsen des Menschen in die Außenwelt; und um so mehr wächst der Mensch hinein in die Außenwelt, je mehr er sich aufschwingt von den nachgedachten Wahrheiten zu den vorgedachten. Daher stellt Goethe in seiner «Pandora» einander gegenüber diejenigen Gestalten, welche Repräsentanten sein können für das, was in der Seele wirkt. Sie sollen gleichsam symbolisch die einzelnen Eigenschaften und Fähigkeiten der Seele in ein Spiel treten lassen.

Wenn Sie die «Pandora» aufschlagen, sehen Sie gleich am Anfang etwas höchst Merkwürdiges. Gleich in der Angabe der ersten Szenerie kann Ihnen etwas auffallen, was im höchsten Grade bedeutsam ist. Hier sehen wir auf seiten des Prometheus angegeben eine Szene, die erfüllt ist von Werkzeugen, welche der Mensch selber fabriziert. Überall sind Menschenkräfte tätig gewesen; alles aber ist in gewissem Sinne roh und unbequem. Dem gegenüber ist gestellt die Szene des Epimetheus, des andern Titanen. Dessen Schauplatz ist so, daß alles in gewisser Beziehung vollkommen gemacht ist; denn wir sehen weniger dasjenige, was der Mensch als Schöpfer hervorbringt, sondern alles ist Zusammenstellung dessen, was die Natur schon hervorgebracht hat. Alles ist aus dem Nachdenken hervorgegangen. Hier haben wir ein Zusammenstellen und Zusammenformen, ein symmetrisches Anordnen dessen, was in der Natur da ist. Asymmetrisch und roh ist die Szene des Prometheus; wohlgebildet und symmetrisch sind die Erscheinungen und Formen der Natur bei Epimetheus. Den Abschluß dieser Szene des Epimetheus bildet ein Ausblick in eine wunderbare Landschaft. Warum ist das alles so angeordnet? Wir brauchen nur die beiden Gestalten zu nehmen: Prometheus, der Vordenkende, und Epimetheus, der Nachdenkende. Diese zwei in der Seele wirkenden Kräfte stellte Goethe in den beiden Titanenbrüdern einander gegenüber. Einerseits haben wir dasjenige, was vorzugsweise im Menschen unter dem Sterne des Vordenkens steht, im Prometheus; da ist der Mensch eingeschränkt in ungeschlachte Kräfte, aber er ist produktiv. Er kann noch nicht seine Schöpfungen so vollkommen gestalten wie die Natur die ihrigen. Er kann noch nicht in Harmonie formen, aber alles Geschaffene entspringt aus seinen eigenen Kräften und Werkzeugen. Es fehlt ihm aber auch der Sinn dafür, auf eine große Natur-Szenerie hinauszuschauen.

Wir sehen auf der andern Seite bei Epimetheus, dem Nachdenker, in dem, was er zustande gebracht hat, das, was ihm die Vorzeit überliefert hat, symmetrisch angeordnet. Weil er aber Nachdenker ist, sehen wir bei ihm auch im Hintergrunde eine schöne Landschaft ausgebreitet, die dem Menschen eigenartigen Genuß bietet.

Dann tritt uns Epimetheus entgegen, der uns seine eigenartige Natur enthüllt und uns sagt, wie er dazu da ist, um das Vergangene auf sich wirken zu lassen und über das, was bereits geschehen ist und was dem Auge entgegentritt, nachzudenken. Und er zeigt uns in seiner Rede, was das für eine unbefriedigte Gemütsstimmung zuweilen in der Seele hervorruft. Er empfindet kaum einen Unterschied zwischen Tag und Nacht. Wir können kurz sagen: Das auf die höchste Spitze getriebene Nachdenken wird uns in Epimetheus vorgeführt. Dann aber tritt uns Prometheus entgegen mit der Fackel in der Hand, noch aus der Nacht heraustretend. In seiner Gefolgschaft sehen wir Schmiede, die Hand anlegen an das, was der Mensch selber hervorbringt, und er selber sagt uns etwas sehr Merkwürdiges, das wir, wenn wir Goethe richtig verstehen, nicht mißverstehen werden. Die Schmiede rühmen die Tätigkeit, die zu etwas Produktivem führt. Sie rühmen, daß der Mensch da auch mancherlei zerstören muß. Sie rühmen in einseitiger Weise das Feuer. Der Mensch, der allseitig Nachdenker ist, wird nicht das einzelne auf Kosten des anderen loben. Er wird sich einen Überblick über das Ganze machen. Prometheus aber sagt gleich:

Des tät'gen Manns Behagen sei Parteilichkeit.

Er rühmt gerade die Tatsache, daß man, um tätig zu sein, eingeschränkt sein muß. Es wird sich in der Natur das Richtige dadurch bewähren, daß das Unrichtige sich zerstört. Aber vorwärts mit dem, was man kann, das ist es, was Prometheus den Schmieden einschärft. Er ist der Wirkende, der mit der Fackel aus der Nacht herauskommt, um zu zeigen, wie aus der Tiefe seiner Seele seine vordenkliche Wahrheit herauskommt. Für ihn ist es nicht so, daß er wie Epimetheus in traumhafter Weise keinen Unterschied finden kann zwischen Tag und Nacht und alles in der Welt als Traum empfindet. Denn seine Seele hat gearbeitet, und in ihrer eigenen dunklen Nacht hat sie zuerst die Gedanken erfaßt, die jetzt aus ihr heraustreten. Das sind aber keine Träume, sondern dasjenige, wofür die Seele ihr Blut gegeben hat. Dadurch trägt sie sich in die Welt hinein und kommt los von sich selber. Zugleich läuft sie aber auch Gefahr, sich zu verlieren. Prometheus selbst braucht sich zwar noch nicht zu verlieren, wenn aber etwas Einseitiges in der Welt zustandekommt, dann zeigt sich das in seiner Nachfolgerschaft. Der Sohn des Prometheus, Phileros, ist bereits geneigt, dasjenige, was geschaffen wurde, zu lieben und es genießen zu wollen, während der Vater Prometheus noch in der ganzen Schaffenskraft des Lebens darinnen ist. In Phileros ist die Kraft des Vordenkens in einseitiger Weise ausgebildet. Er stürmt hinaus in das Leben, nicht wissend, wo er seiner Genußsucht eine Befriedigung verschaffen kann. Nicht übergehen kann auf diesen Sohn dasjenige, was Prometheus als befruchtende Kraft des Schaffens in sich hat; und unverständlich muß er daher auch für Epimetheus erscheinen, der aus einer reichen Lebenserfahrung heraus ihm Anleitung geben will in seinem dahinstürmenden Leben.

In grandioser Weise wird uns ferner gezeigt, wie das wirkt, was bloßes Nachdenken gewähren kann. Es wird angeknüpft an den Mythos, daß Zeus, als er Prometheus an den Felsen schlagen ließ, dem Menschen anheftete Pandora, die Allbegabte.

Allschönst und allbegabtest regte sie sich hehr
Dem Staunenden entgegen, forschend holden Blicks,
Ob ich, dem strengen Bruder gleich, wegwiese sie.
Doch nur zu mächtig war mir schon das Herz erregt,
Die holde Braut empfing ich mit berauschtem Sinn.
Sodann geheimnisreicher Mitgift naht' ich mich,
Des irdenen Gefäßes hoher Wohlgestalt.
Verschlossen stand's – – – –

Prometheus hatte seinen Bruder Epimetheus gewarnt, dieses Geschenk der Götter anzunehmen. Der Bruder aber nimmt es doch an. Geöffnet wird dieses Geschenk, weil Epimetheus anders geartet ist als sein Bruder, und alle menschlichen Qualen fallen heraus; nur eines bleibt darinnen – die Hoffnung bleibt darinnen. Was ist Pandora? Was hat man bei dieser Allbegabten zu empfinden? Wahrlich, ein Mysterium der menschlichen Seele verbirgt sich in ihr. Dasjenige, was dem nachdenkenden Menschen in der Welt geblieben ist, ist das tote Produkt, das abstrakte Spiegelbild der von Hephaistos geschmiedeten mechanischen Gedanken. Ein Ohnmächtiges ist diese Weisheit gegenüber der allseitig schaffenden Weisheit, die die Welt aus sich hervorsprießen läßt.

Was kann dieses abstrakte Spiegelbild dem Menschen geben? Wir haben gesehen, wie diese Wahrheit unfruchtbar sein kann, wie sie die menschliche Seele verödet, und begreifen es, daß aus der Pandora-Büchse herausfallen alle Qualen der Menschen, alles, was auf die menschliche Seele verödend wirkt. In Pandora haben wir zu sehen die zur Schöpfung ohnmächtige Wahrheit, die nachgedachte Wahrheit. Sie repräsentiert uns das bloße mechanische Gedankenbild; einen Gedankenmechanismus bildende, nachgedachte Wahrheit im Lebendig-Schöpferischen der Welt. Nur eines bleibt dem bloßen Nachdenker. Während der Vordenker sein Ich verbindet mit der Zukunft und loskommt von sich und in die Zukunft hinein lebt, bleibt dem Nachdenker in bezug auf die Zukunft dieses eine: die Hoffnung, daß die Dinge geschehen werden. Da er nicht selber teilnimmt als Vordenker an dem Wirken in die Zukunft hinein, bleibt ihm bloß die Hoffnung. Goethe faßt den Mythos ganz tief, indem er in seinem Drama «Pandora» aus der Ehe des Epimetheus mit Pandora hervorgehen läßt zwei Kinder. Das eine Kind ist die Hoffnung Elpore, das andere Epimeleia, die Sorgende, diejenige, die bewahrt, was da ist. In der Tat, der Mensch hat in seiner Seele zwei Kinder, zwei Sprößlinge der toten, abstrakten, mechanisch gefaßten Wahrheit. Sie ist unfruchtbar und wirkt nicht in die Zukunft hinein, weil sie nur nachgedachte Wahrheit ist und nur nachdenken kann, was da ist, aber nicht schöpferisch tätig sein kann. Diese Menschen können nur hoffen, daß geschehen wird, was wahr ist. Diese Tatsache stellt Goethe in geradezu grandios realistischer Weise in seiner Elpore dar, indem er zeigt, wie sie dem Menschen, wenn er fragt, ob dieses oder jenes geschehen wird, immer nur die eine Antwort gibt: Ja, ja. Wenn ein prometheischer Mensch vor die Welt träte und von der Zukunft spräche, so würde er sagen: Ich hoffe nichts, aber ich will mit meinen eigenen Kräften auf die Zukunft gestaltend wirken. – Wenn der Mensch aber bloß Nachdenker ist, richtet er seine Gedanken auf das, was geschehen ist, und andererseits hofft er in die Zukunft hinein; denn auf die Frage: wird das oder jenes geschehen? sagt die Elpore immer: Ja, ja! Das hören wir sie immerfort antworten. Damit ist die eine Tochter des nachdenklichen Seelenwesens in ausgezeichneter Weise charakterisiert. Damit ist sie skizziert in ihrer Unfruchtbarkeit. Die andere Tochter dieser Seelenkraft ist jene, welche acht zu geben hat, Sorge zu tragen hat für das, was schon da ist. Sie ordnet in Symmetrie alles Geschaffene, und kann nichts, was aus eigenen Kräften entspringt, hinzufügen zu dem, was da ist durch die lebendig schaffende Weisheit. Diese totbleibende, nachdenkliche Weisheit bringt Epimeleia hervor, indem das, was da ist, einfach geschützt werden soll vor der Zerstörung. Da aber alles, was sich nicht weiter entwikkelt, immer mehr der Zerstörung entgegengehen muß, so sehen wir, wie die Sorge immer größer und größer wird; und wie durch das bloße nachdenkliche Element nicht das Fruchtbare, sondern das Zerstörende selbst eintritt in die Welt. Das charakterisiert Goethe wunderbar, indem er Phileros in Epimeleia sich verlieben läßt. Wir sehen ihn in Eifersucht entbrannt Epimeleia verfolgen, die bei den Titanenbrüdern Schutz gegen ihn findet.

Zu gleicher Zeit sehen wir als Folge eintreten Streit und Zwietracht. Daher tritt uns Epimeleia entgegen, indem sie ankündigt, daß gerade das, was sie liebt, ihr nach dem Leben trachtet. Jedes weitere Wort bei Goethe zeigt, wie tief er in die Seelengeheimnisse des Vor- und Nachdenkens hineingeschaut hat. Wir sehen, wie Goethe in der wunderbarsten Weise kontrastiert hat das Vordenken an den Schmieden und das, was stehen bleibt in der Natur, an den Hirten. Diese nehmen dasjenige, was die Natur von sich selbst bietet, was schon da ist. Die Schmiede aber formen die Natur um. Deshalb sagt Prometheus von den Hirten: Frieden suchen sie, aber Befriedigung in der Seele werden sie nicht finden:

Entwandelt friedlich! Friede findend geht ihr nicht.

Denn in das Unfruchtbare der Natur führt nur hinein alles dasjenige, was bloß das Vorhandene erhalten will.

So stellt uns Goethe die vor- und nachdenkliche Wahrheit in den Bildern des Prometheus und Epimetheus und allen Persönlichkeiten, die an ihnen hängen, gegenüber. Sie sind die Repräsentanten jener Seelenkräfte, die aus einer allzu starken, einseitigen Neigung zur einen oder zur anderen Art des menschlichen Wahrheitsstrebens hervorgehen können. Und nachdem nur Unheil gebracht worden ist durch das, was einseitig wirkt in der menschlichen Seele, nachdem wir gesehen haben, wie Unheil bewirkt wird, wenn der Mensch bloßer Vordenker ist oder Nachdenker, sehen wir zum Schluß hervortreten dasjenige, was allein Erlösung bringen kann, nämlich das Zusammenwirken der beiden Titanenbrüder. Das Drama wird weitergeführt dadurch, daß im Besitz dieses Epimetheus ein Brand entsteht. Prometheus, der gewillt ist, Gebautes einzureißen, falls es seinem Zwecke nicht mehr genügt, gibt seinem Bruder den Rat, hinzueilen und zu versuchen durch das, was er ist, der Zerstörung Einhalt zu tun. In Epimetheus aber ist jeder Sinn für die Zerstörung erstorben. Er denkt an die Gestalt der Pandora und ist ganz in Nachdenken versunken. Interessant ist auch das Gespräch zwischen Prometheus und Epimetheus über die Pandora selbst. Epimetheus schwärmt von Pandora.

Prometheus:

Die Hochgestalt aus altem Dunkel tritt auch mir;
Hephaisten selbst gelingt sie nicht zum zweitenmal.

Epimetheus:

Auch du erwähnest solchen Ursprungs Fabelwahn?
Aus göttlich altem Kraftgeschlechte stammt sie her:
Uranione, Heren gleich und Schwester Zeus'.

Prometheus:

Doch schmückt' Hephaistos wohlbedenkend reich sie aus,
Ein goldnes Hauptnetz flechtend erst mit kluger Hand,
Die feinsten Drähte wirkend, strickend mannigfach.

Wir sehen dabei auch, wie das mechanische, bloß abstrakt Nachgeschaffene sich in jedem Satze des Prometheus wiederfindet. Dann tritt uns entgegen Eos, die Morgenröte. Sie tritt vor der Sonne auf. Sie kündigt dieses Licht an, hat aber dieses Licht bereits in sich. Sie ist nicht bloß das, was aus dem tiefen Dunkel der Nacht heraus schafft, sondern der Übergang zu etwas, was die Nacht überwunden hat. Prometheus erscheint mit der Fackel, weil er aus der Nacht herauskommt. Mit seinem künstlichen Lichte soll angedeutet werden, wie er aus der Nacht heraus schafft. Epimetheus kann zwar bewundern, was das Licht der Sonne gibt, aber er empfindet alles nur wie einen Traum. Er ist die bloß nachdenkliche

Seele. Wie wenn es der Aufmerksamkeit der bloß schaffenden Seele des Prometheus entginge, so ist es in dem, was Prometheus am Licht des Tages spricht. Er sagte auch, seine Menschen sind dazu berufen, nicht bloß Sonne und Licht zu sehen, sondern zu beleuchten. Jetzt tritt Eos, die Morgenröte, «Aurora» hervor. Sie fordert den Menschen auf, überall das Richtige zu tun und tätig zu sein. Phileros soll sich verbinden mit den Kräften, die es ihm möglich machen, sich zu retten, nachdem er schon den Tod gesucht hat. Neben die Schmiede, die eingeschränkte Arbeit tun im Vordenken, neben die Hirten, die das nehmen, was schon da ist, treten die Fischer ein, die das Wasserelement besorgen. Und jetzt sehen wir, wie Eos einen Rat gibt:

Jugendröte, Tagesblüte,
Bring' ich schöner heut als jemals
Aus den unerforschten Tiefen
Des Okeanos herüber.
Hurtiger entschüttelt heute
Mir den Schlaf, die ihr des Meeres
Felsumsteilte Bucht bewohnet,
Ernste Fischer! frisch vom Lager!
Euer Werkzeug nehmt zur Hand.

Schnell entwickelt eure Netze,
Die bekannte Flut umzingelnd:
Eines schönen Fangs Gewißheit
Ruf' ich euch ermunternd zu.
Schwimmet, Schwimmer! taucht, ihr Taucher!
Spähet, Späher, auf dem Felsen!
Ufer wimmle wie die Fluten,
Wimmle schnell von Tätigkeit!

Nun wird uns in wunderbarer Weise der Sohn des Prometheus entgegengeführt, wie er sich auf Wellen und Wogen rettet und die Kraft in sich mit der Kraft der Wogen verbindet. So verbindet sich in der Rettung Phileros' das, was schaffende Kraft in ihm ist, mit dem, was als schaffende Kraft in der Natur ersprießt. Das tätige, das schaffende Element seiner Natur tritt in wirkungsvolle Verbindung mit dem schaffenden, sprießenden Element der Natur. In dieser Weise versöhnt sich das Element des Prometheus mit dem Element des Epimetheus.

So stellt Goethe als eine aussichtsvolle Lösung hin, wie das, was nachdenkend aus der Natur gewonnen wird, seine produktive Anspannung bekommt durch das vordenkende Element. Das letztere bekommt seine richtige Kraft durch eine wahrheitsgetreue Aufnahme dessen, was «die Götter droben gewähren.»

.... Merke:
Was zu wünschen ist, ihr unten fühlt es;
Was zu geben sei, die wissen's droben.
Groß beginnet ihr Titanen; aber leiten
Zu dem ewig Guten, ewig Schönen,
Ist der Götter Werk; die laßt gewähren!

Vereinigen müssen sich Prometheus und Epimetheus in der menschlichen Seele, dann kommt dasjenige heraus, was zum Heile für beide, zum Heile für die Menschheit sein muß. Es sollte eben in dem ganzen Drama gezeigt werden, wie durch ein allseitiges Ergreifen der Wahrheit nicht der einzelne, sondern das ganze Menschengeschlecht befriedigt wird. Goethe wollte eben gerade das, was das wahre Wesen der Wahrheit ist, den Menschen hinstellen, um zu zeigen, wie die Wahrheit nicht für das einzelne Selbst ist, sondern wie sie das ganze Menschengeschlecht vereinigen und befriedigen soll, und wie Liebe und Friede durch die Wahrheit unter die Menschen kommt. Dann verwandelt sich auch die Hoffnung in unserer Seele, die zunächst nur zu allem ja sagen, aber nicht verwirklichen kann. Schließen sollte daher das Gedicht damit, daß uns die verwandelte Elpore, Elpore thraseia, entgegentritt, die sagt, sie sei nicht mehr die Wahrsagerin, sondern sei eingezogen in die menschliche Seele, damit der Mensch nicht nur Hoffnung hat für die Zukunft, sondern Kraft hat, mitzuarbeiten und zu verwirklichen, was er selber in sich durch seine produktive Kraft zu schaffen vermag! Glauben an das, was die Wahrheit aus der Seele macht: das ist erst die volle, die ganze Wahrheit, die den Prometheus und den Epimetheus versöhnt.

Natürlich konnte in diesen skizzenhaften Andeutungen nur wenig angegeben werden von dem, was überhaupt aus dem Gedicht herausgeholt werden kann. Jene tiefe Weisheit, die das Fragment aus Goethes Seele losgelöst hat, wird erst derjenige finden, der auf geisteswissenschaftliche Denkweise gestützt an das Gedicht herangeht. Ihm kann zuströmen eine sättigende, erlösende Kraft, die belebend auf ihn wirken kann.

Nicht unerwähnt möge aber das Folgende bleiben, das uns ebenfalls viel lehren kann. Goethe läßt in seiner «Pandora» einen merkwürdig schönen Ausdruck fallen; er sagt, es müssen zusammenwirken die göttliche Weisheit der Welt, die herunterströmt, und das, was wir vermöge unserer prometheischen Kraft, vermöge unseres Vordenkens selbst gewinnen können. Dasjenige, was uns selbst sagt, was Weisheit ist und uns in der Welt entgegenströmt, nennt er das Wort. Dasjenige aber, was in der

Seele lebt und mit dem Worte, mit dem Nachdenken des Epimetheus sich verbinden muß, das ist die Tat des Prometheus. So sehen wir, daß aus der Verbindung des Logos oder Wortes mit der Tat dasjenige Ideal ersprießt, das Goethe in seiner «Pandora» als Resultat seiner reichen Lebenserfahrungen vor uns hinstellen wollte. Prometheus tut gegen Ende des Gedichtes den merkwürdigen Ausspruch: «Des echten Mannes wahre Feier ist die Tat!» Das ist diejenige Wahrheit, die sich verschließt dem nachdenklichen Element der Seele.

Wenn wir die ganze Dichtung auf uns wirken lassen, können wir eine Anschauung gewinnen von der großen heroischen Entwickelungssehnsucht derjenigen Menschen, wie Goethe einer war, und von jener großen Bescheidenheit, die nicht glaubt, auf einer Stufe stehen bleiben zu müssen, die nicht glaubt, wenn sie etwas erreicht hat, nicht darüber hinausgehen zu müssen. Goethe war ein Lehrling des Lebens sein ganzes Leben lang und hat sich daher immer eingestanden, daß, wenn man um eine Erfahrung reicher geworden ist, man überwinden muß, was man vorher für richtig gehalten hat. Goethe fand auch als junger Mann, wo er gelegentlich seiner ersten Faustbearbeitungen einige Übersetzungen in der Bibel ausführte, daß die Worte: «Im Anfang war das Wort!» anders lauten müßten. Er würde übersetzen: «Im Anfang war die Tat!» Das war damals der junge Goethe, der damals auch ein Fragment über den Prometheus schrieb. Da sehen wir den bloß tätigen, den bloß prometheischen Menschen, den jungen Goethe, der glaubte, daß bloße Kraftentwickelung, ohne befruchtet zu sein von der Weltweisheit, vorwärts kommen könnte. Der reife Goethe mit allen seinen Lebenserfahrungen hat eingesehen, daß es unrichtig wäre, das Wort gering zu schätzen, und daß das Wort sich verbinden muß mit der Tat. In Wahrheit hat Goethe auch seinen «Faust» umgeschrieben in der Zeit, als er seine «Pandora» geschrieben hat. So müssen wir Goethe im Reifegang seines Werdens verstehen; das können wir aber nur, wenn wir begreifen, was Wahrheit in allen ihren Formen ist.

Es wird für den Menschen immer gut sein, wenn er sich hinaufringt zu der Anschauung, wie die Wahrheit erst allmählich erfaßt werden kann. Daher ist es auch recht gut, wenn der Mensch allseitiger, ehrlicher und echter Wahrheitssucher ist, daß er sich eingesteht, nachdem er diese oder jene Wahrheit gefunden hat und nun berufen ist, in kräftiger, überwältigender Art seine gefundene Wahrheit ins Leben einzuführen: es sind keine Gründe dafür vorhanden, auf diese einmal gefundene Wahrheit zu pochen. Kein Grund ist vorhanden, jemals bei einer erkannten Sache stehen zu bleiben, sondern dasjenige, wozu uns solche Erkenntnis, wie wir sie durch die heutige und gestrige Betrachtung gefunden haben, führt, ist, daß der Mensch, trotzdem er feststehen muß auf dem Boden der errungenen Wahrheit und eintreten muß für die Wahrheit, zeitweise sich zurückziehen muß in sein Selbst, wie Goethe das getan hat. Wenn der Mensch in dieser Weise sich in sein Selbst zurückzieht, wird er durch alle die Kräfte, die ihm aus dem Bewußtsein der errungenen Wahrheit erwachsen, doch wiederum das haben, was ihm das richtige Maß gibt und ihn zurückführt auf den Standpunkt, den er eigentlich einnehmen soll. Von dem gesteigerten Bewußtsein der Wahrheit sollen wir immer wieder in uns einkehren und uns mit Goethe sagen: Vieles von dem, was wir einst als Wahrheit erforscht haben, ist so, daß es heute nur Traum und traumhafte Erinnerung ist, und das, was wir heute schon denken, ist etwas, was keineswegs bestehen kann, wenn wir es tiefer prüfen. So sagte sich Goethe immer wieder die Worte, die er ausgesprochen hat in bezug auf sein eigenes ehrliches Wahrheitssuchen, und so sollte sich jeder Mensch in seinen einsamen Stunden sagen:

> Ganz und gar
> Bin ich ein armer Wicht.
> Meine Träume sind nicht wahr,
> Und meine Gedanken geraten nicht.

Wenn wir das fühlen können, werden wir zurechtkommen gegenüber unserem hohen Ideale, gegenüber der Wahrheit.

DIE MISSION DER ANDACHT

Berlin, 28. Oktober 1909

Sie alle kennen die Worte, mit denen *Goethe* ein großes Lebenswerk, seinen «Faust» beschlossen hat:

Alles Vergängliche
Ist nur ein Gleichnis;
Das Unzulängliche
Hier wird's Erreichnis;
Das Unbeschreibliche
Hier ist's getan;
Das Ewig-Weibliche
Zieht uns hinan.

Es sollte heute gar nicht gesagt zu werden brauchen, daß in diesem Falle das Ewig-Weibliche nichts zu tun hat mit Mann und Frau, sondern daß sich Goethe in diesem Falle eines uralten Sprachgebrauches bedient. In allen mystischen Weltanschauungen – und Goethe nennt gerade die Summe dieser Worte einen Chorus mysticus –, in allen solchen mystischen Weltanschauungen wird darauf hingewiesen, daß in der Seele ein zunächst unbestimmter Zug lebt nach etwas, was die Seele noch nicht erkannt hat, womit sie sich noch nicht vereinigt hat, und nach dem sie streben muß. Dieses zunächst im Geiste dunkel von der Seele zu Erahnende, nach dem sie hinstrebt, mit dem sie sich vereinigen will, das nennt Goethe im Einklang mit den Mystikern der verschiedenen Zeiten das Ewig-Weibliche, und der ganze Sinn des zweiten Teiles des «Faust» ist ein Beweis für diese Auffassung der letzten Worte.

Nun könnte man diesem Chorus mysticus mit seinen lapidaren Worten eine Art «Unio mystica» entgegenstellen; das ist dasjenige, was wiederum von den im echten Sinne, im klaren Sinne mystisch Denkenden genannt wurde: die dem Menschen erreichbare Vereinigung mit diesem in geistiger Ferne befindlichen Ewig-Weiblichen.

Wenn die eigene Seele hinaufgelangt und sich eins fühlt damit, dann ist dasjenige da, was mit dem Ausdruck mystische Vereinigung, «Unio mystica» benannt wird. Diese Unio mystica, diese mystische Vereinigung ist der höchste Gipfel dessen, wovon wir in diesem Vortrag zu sprechen haben werden. Wir haben in den letzten Vorträgen gesehen, besonders in den Vorträgen über die Mission des Zornes und über die Mission der Wahrheit, daß des Menschen Seele ein in der Entwikkelung begriffenes Wesen ist. Wir haben in der Hauptsache angeführt einerseits Eigenschaften, denen gegenüber die Seele streben muß, sie zu überwinden, wodurch zum Beispiel der Zorn zu einem Erzieher der Seele werden kann, und haben andererseits ausgeführt, welche eigenartige Erzieherin die Wahrheit für die menschliche Seele ist.

Die menschliche Seele ist in einer Entwickelung begriffen, deren Ende und Ziel sie nicht zu jeder Zeit absehen kann. Dasjenige, was sich entwickelt hat, können wir zur Not vor uns hinstellen und können, wenn es vor uns steht, zufrieden sein damit, daß wir sagen: es hat sich aus irgend etwas anderem bis zum jetzigen Punkte heranentwickelt. Das können wir nicht sagen bei einem Wesen, wie die menschliche Seele es ist, die mitten in dieser

Entwickelung darinnen steht und die das Handelnde in dieser Entwickelung ist. Diese menschliche Seele muß fühlen, da sie sich bisher entwickelt hat, daß sie sich weiter entwickeln muß. Und sie muß sich als eine selbstbewußte Seele sagen: Wie kann ich nicht nur denken darüber, wie ich mich entwickelt habe, sondern auch wie ich mich entwickeln werde? – Nun haben wir schon öfters davon gesprochen, daß für den wirklich geisteswissenschaftlichen Betrachter diese menschliche Seele mit ihrem gesamten inneren Leben in drei Glieder zerfällt. Es ist nicht möglich, daß diese Gliederung der menschlichen Seele heute wieder ausführlich vorgeführt wird; aber es ist gut, damit der Vortrag auch für sich verarbeitet werden kann, daß darauf aufmerksam gemacht wird. Wir unterscheiden in der menschlichen Seele drei Glieder: das, was wir Empfindungsseele, dasjenige, was wir Verstandes- oder Gemütsseele und dasjenige, was wir die Bewußtseinsseele nennen. Was wir Empfindungsseele nennen, das kann da sein im Leben, ohne daß es viel vom Denken durchdrungen wird. Die Empfindungsseele ist zunächst dasjenige, was die äußeren Eindrücke auffängt. Sie ist dasjenige Glied der menschlichen Seele, welches die Wahrnehmungen der Sinne ins Innere hinein weiter schickt. Diese Empfindungsseele ist es auch, was dann aufsteigen läßt im Innern das, was sich als Lust- und Unlustgefühl, als innere Freude, als inneres Schmerzgefühl anschließt an das von außen Gebrachte und Beobachtete. Diese Empfindungsseele ist zunächst dasjenige, aus dem aufsteigen die Triebe und Instinkte und Leidenschaften und Affekte der menschlichen Natur. Der Mensch hat sich aus dieser Empfindungsseele heraus entwickelt, er ist zu Höhen aufgestiegen, er hat diese Empfindungsseele durchdrungen mit seinem Denken und mit dem vom Denken geleiteten Gefühl. Und in dieser Verstandes- oder Gemütsseele, die wir als das zweite Glied anführten, haben wir nicht zu suchen jenes unbestimmte Gefühl, das wie aus der Tiefe heraufsteigt, sondern das Gefühl, das sich allmählich von dem inneren Lichte des Denkens durchströmen läßt. Zugleich haben wir in dieser Verstandes- oder Gemütsseele dasjenige zu sehen, aus dem heraus allmählich erscheint das, was wir das menschliche Ich nennen; jenen Mittelpunkt in unserer Seele, welcher zum eigentlichen Selbste führen kann, der es möglich macht, daß wir die Eigenschaften unserer Seele von innen heraus läutern und reinigen und verarbeiten, so daß wir Herr und Leiter und Führer werden innerhalb unserer Willensimpulse, innerhalb unseres Gefühls- und Gedankenlebens.

Dieses Ich hat, wie bereits erwähnt wurde, zwei Seiten. Die eine Möglichkeit der Entwickelung ist das, was der Mensch erreichen soll: daß er in sich einen immer stärkeren und stärkeren Mittelpunkt seines Wesens hat, daß dasjenige, was er werden kann für seine Umgebung, was er werden kann für alles Leben, immer kräftiger und kräftiger aus seinem Selbste ausstrahlt. Die Erfüllung der Seele mit einem inneren Gehalt, der sie wertvoller und wertvoller macht für die Umwelt und sie zugleich mit immer größerer Selbständigkeit begabt, das ist die eine Seite der Ich-Entwickelung.

Die Kehrseite dieser Entwickelung des Selbstes ist die Selbstsucht, der Egoismus. Ein zu schwaches Selbst verliert sich im Leben, versinkt sozusagen in die Außenwelt. Ein solches Selbst aber, das alles in sich hineingenießen, hineinbegehren und hineindenken und -brüten möchte, ein solches Ich verhärtet sich in Selbstsucht und Egoismus.

Damit haben wir in Kürze dasjenige umschrieben, was zum Inhalt der Verstandes- oder Gemütsseele gehört. Wir haben in einer gewissen Weise gesehen, daß die wilden Triebe, zu denen zum Beispiel der Zorn gehört, Erzieher werden für die Seele in bezug auf die Entwickelung des Ich, wenn sie überwunden werden, besiegt werden.

Wir haben gesehen, daß die Verstandes- oder Gemütsseele sich in positiver Weise erzieht durch die Wahrheit, wenn die Wahrheit als etwas verstanden wird, was man völlig in sich selber besitzen soll, wovon man in jedem Augenblick sich Rechenschaft geben soll und was, obwohl es innerster Besitz ist, uns zugleich hinausführt, das Ich erweitert und das Ich stärker und stärker und selbstloser macht, gerade durch sich selbst.

So haben wir gesehen, was da für Erziehungsmittel, Selbsterziehungsmittel vorhanden sind für die Empfindungs- und Verstandesseele.

Unsere Frage muß nun sein: gibt es auch ein solches Mittel für die Bewußtseinsseele, des höchsten menschlichen Seelengliedes? Wir können uns auch fragen: Was wird denn sozusagen in der Bewußtseinsseele entwickelt ohne ihr Zutun, entsprechend den Trieben und Begierden in der Empfindungsseele? Was wird in ihr entwickelt, wie es sozusagen den menschlichen Anlagen entspricht, so daß es sich der Mensch eigentlich nur in geringem Maße geben kann, wenn es ihm nicht wie durch eine Anlage zukommt? Da ist etwas, was noch aus der Verstandesseele herausragt in die Bewußtseinsseele: das ist das Denken. Die Stärke, die Klugheit des Denkens ist es. Nur dadurch aber kann die Bewußtseinsseele zur Ausbildung kommen, daß der Mensch ein Denker wird; denn die Selbstbewußtseinsseele soll wissen, wissen von der Welt und von sich selbst. Sie kann nur durch das höchste Instrument des Wissens zur Entwickelung kommen, nämlich durch das Denken. In bezug auf die äußere Welt, auf die Sinneswelt, ist die äußere Empfindung und Wahrnehmung dasjenige, was uns das Wissen vermittelt, indem äußere Empfindung und Wahrnehmung uns die Anregung gibt von dem, was um uns herum ist, über die Dinge der sinnlichen Außenwelt zu wissen. Dazu gehört, daß man sich ihr überläßt, nicht stumpf ist ihr gegenüber. Sie aber, die sinnliche Außenwelt selber ist es, die uns anregt und die uns auch den äußeren Wissensdrang und Wissensdurst befriedigen kann durch die Beobachtung ihrer selbst. Anders aber ist es mit Bezug auf dasjenige, wovon immer wieder in diesen geisteswissenschaftlichen Vorträgen die Rede sein soll. Anders ist es mit dem Wissen vom Nichtsinnlichen, von dem Übersinnlichen. Das Nichtsinnliche ist zunächst für den Menschen nicht da. Will er es aber in sein Wissen aufnehmen, will er seine Bewußtseinsseele davon durchdringen, dann muß er, weil der Gegenstand des Wissens außen nicht da ist, von innen einen Antrieb empfangen, von innen muß der Impuls dazu ausgehen. Dieser Impuls, der von innen ausgeht, muß das Denken anregen, muß das Denken durchströmen und durchsetzen. Wenn aber ein solcher Impuls von der Seele ausgehen soll, so kann er nur von den Kräften ausgehen, die in der Seele sind, und das sind Gefühl und Wille außer dem Denken. Und wenn das Denken sich nicht anregen läßt von den beiden, wird es nie getrieben werden in eine übersinnliche Welt. Damit ist nicht gesagt, daß dasjenige, was übersinnlich ist, nur ein Gefühl ist, sondern daß der Führer aus dem Menschen heraus in das Übersinnliche Gefühl und Wille sein muß. Dasjenige, was uns führt, ist nicht dasjenige, was wir suchen. Suchen muß der Mensch die übersinnliche Welt, weil sie ihm zunächst ein Unbekanntes ist. Von Anfang an muß er von innen heraus an Gefühl und Willen einen Führer haben. Welche Eigenschaften aber müssen Gefühl und Wille annehmen, wenn sie Führer werden sollen in die geistige Welt, in die übersinnliche Welt?

Zunächst könnte überhaupt jemand daran Anstoß nehmen, daß das Gefühl ein Führer zum Wissen sein soll. Eine einfache Erwägung kann uns jedoch zeigen, daß das Gefühl unter allen Umständen ein Führer sein muß zum Wissen. Wer es ernst nimmt mit dem Wissen, wird ohne Zweifel zugeben, daß der Mensch in bezug auf die Erwerbung seines Wissens logisch vorgehen soll, daß Logik ihn durchsetzen und ihn führen soll. Durch die Logik sollen diejenigen Dinge, die wir in unser Wissen aufnehmen, bewiesen werden. Der Logik bedienen wir uns als Instrument, um das, was wir in das Wissen aufnehmen, zu beweisen. Wenn aber Logik dieses Instrument ist, wodurch kann wieder die Logik bewiesen werden? Da kann man sagen: sie kann durch sich selbst bewiesen werden. Dann aber muß es wenigstens eine Möglichkeit geben, bevor man anfängt, Logik mit Logik zu beweisen, sie mit dem Gefühl zu umfassen. Logisches Denken kann zunächst nicht bewiesen werden durch logisches Denken, sondern lediglich durch das Gefühl; und alles, was Logik ist, wird zunächst bewiesen durch das Gefühl, durch das untrügliche, in der menschlichen Seele befindliche Wahrheitsgefühl. So sieht man an diesem klassischen Beispiel, daß Logik selber das Gefühl zur Grundlage hat, daß das Gefühl die Grundlage abgibt für das Denken. Das Gefühl muß den Anstoß geben zur Bewahrheitung des Denkens. Welcher Art muß das Gefühl werden, wenn es nicht nur den Anstoß geben soll zum Denken überhaupt, sondern zu einem Denken über Welten, die zunächst dem Menschen unbekannt sind, die der Mensch zunächst nicht überschauen kann?

Die Eigenschaft, die das Gefühl annehmen muß, um zu einem Unbekannten zu führen, das muß eine Kraft sein, die aus dem Innern heraus hinstrebt zu dem Unbekannten, zu dem, was man noch nicht kennt. Wenn die menschliche Seele hinstrebt zu irgend etwas anderem, wenn diese menschliche Seele umfassen will etwas anderes mit dem Gefühl, ein solches Gefühl nennt man Liebe. Liebe kann man zu etwas Bekanntem haben, und man muß Liebe zu vielem Bekannten in der Welt haben. Aber da Liebe ein Gefühl ist, und das Gefühl für das Denken die Grundlage sein muß im umfassendsten Sinne des Wortes, so müssen wir, wenn durch das Denken gefunden werden soll ein Übersinnliches, uns klar sein darüber, daß das Umfassen des Unbekannten, des Übersinnlichen durch das Gefühl vorher möglich sein muß, bevor gedacht werden kann. Das heißt: es muß dem Menschen möglich sein – die unbefangene Beobachtung beweist es, daß es möglich ist –, daß Liebe entwickelt wird zum Unbekannten, zum Übersinnlichen, bevor er dieses Übersinnliche denken kann. Liebe zum Übersinnlichen, bevor man imstande ist, es mit dem Lichte des Gedankens zu durchdringen, ist möglich, ist notwendig. Aber auch der Wille kann sich durchströmen mit einer Kraft, welche hinausgeht nach dem unbekannten Übersinnlichen, bevor das Denken an dieses Übersinnliche heran kann. Diejenige Eigenschaft des Willens, durch welche der Mensch die Ziele und die Absichten des Unbekannten ausführen will in seinem Willen, bevor er dieses Unbekannte umfassen kann mit dem Lichte des Gedankens, das ist die Ergebenheit in dieses Übersinnliche. So kann der Wille entwickeln die Ergebenheit in das Unbekannte, das Gefühl kann entwickeln die Liebe zum Unbekannten; und wenn sich beide vereinigen, Ergebenheit des Willens in das Unbekannte und Liebe zu diesem Unbekannten, dann entsteht durch ihre Vereinigung dasjenige, was wir im wahren Sinne des Wortes Andacht nennen. Und wenn Andacht die Vereinigung ist, die Durchdringung ist, die gegenseitige Befruchtung ist von Liebe zum Unbekannten und Ergebenheit in das Unbekannte, dann wird diese Andacht sein der vereinigte Anstoß, der uns hineinführen kann in dieses Unbekannte, damit das Denken sich seiner bemächtigen kann. So wird Andacht zum Erzieher der Bewußtseinsseele. Denn wenn diese Bewußtseinsseele hinstrebt nach dem, was ihr zunächst verborgen ist, so kann man auch im gewöhnlichen Leben von Andacht sprechen. Steht der Mensch einem Unbekannten gegenüber, das er noch nicht umfassen kann, gedanklich noch nicht erreichen kann, trotzdem es ein äußerlich Wirkliches ist, so kann man davon sprechen, daß er dem Unbekannten sich nähert in Liebe und Ergebenheit. Niemals wird die Bewußtseinsseele zu einem Wissen kommen auch über ein äußeres Ding, wenn sie sich diesem Ding nicht mit Liebe und Ergebenheit nähert, denn unsere Seele geht vorüber an den Dingen, denen sie sich nicht nähert mit Liebe und Ergebenheit oder, mit anderen Worten, in Andacht. Diese ist der Führer zur Erkenntnis, zum Wissen des Unbekannten. Liebe und Ergebenheit sind es schon im gewöhnlichen Leben, sie sind es insbesondere da, wo die Welt des Übersinnlichen in Betracht kommt.

Überall aber, wo die Seele erzogen werden soll, handelt es sich darum, daß diese Seele erzieht, miterzieht und sich erziehen läßt durch dasjenige, was wir als den Mittelpunkt der Seele bezeichnet haben: das Ich, durch das der Mensch ein Selbstbewußtsein hat. Wenn wir gesehen haben, daß das Ich sich immer mehr und mehr herausarbeitet, immer kräftiger und kräftiger wird durch die Überwindung gewisser Seeleneigenschaften, wie zum Beispiel des Zornes, durch die Pflege anderer Seeleneigenschaften, wie des Wahrheitssinnes, so müssen wir sagen, daß mit diesen Eigenschaften die Selbsterziehung des Ich nicht aufhört; hier beginnt die Erziehung durch die Andacht. Der Zorn will überwunden, abgestreift werden; der Wahrheitssinn soll das Ich durchströmen. Die Andacht soll aus dem Ich herausströmen und zu dem Ding hinströmen, das erkannt werden soll. So hebt sich das Ich aus der Empfindungs- und Verstandesseele heraus durch Überwindung des Zornes und anderer Affekte und durch die Pflege des Wahrheitssinnes, so läßt es sich heranziehen zur Bewußtseinsseele immer mehr und mehr durch die Andacht. Wird diese Andacht immer größer und größer und mächtiger und mächtiger, dann kann man davon sprechen, daß diese Andacht ein mächtiger Zug wird nach dem, was Goethe charakterisiert mit den Worten:

Alles Vergängliche
Ist nur ein Gleichnis;
Das Unzulängliche
Hier wird's Erreichnis;
Das Unbeschreibliche
Hier ist's getan;
Das Ewig-Weibliche
Zieht uns hinan.

Nach dem Ewigen, nach dem, womit sich die Seele immer mehr vereinigen will, fühlt die Seele sich mächtig hingezogen durch die Kraft der Andacht in sich selber. Nun aber hat das Ich zwei Seiten. Das Ich hat die Notwendigkeit, seine Selbststärke und Selbsttätigkeit immer mehr und mehr zu erhöhen, immer mehr und mehr ein inhaltsvolles Selbst zu werden. Es hat die Aufgabe, ein solches Selbst zu werden, das nicht in Selbstsucht verkommt und in Egoismus verhärtet. Wenn es sich darum handelt, weiter hinauf zu schreiten zu dem Wissen von dem Unbekannten und Übersinnlichen, wenn die Andacht zur Selbsterzieherin gemacht wird, da liegt stark die Gefahr nahe, daß dieses Ich, dieses Selbst des Menschen, sich verlieren könnte. Vor allen Dingen kann es sich dadurch verlieren, daß des Menschen Wille in steter Ergebenheit der Welt sich gegenüberstellt. Ergebenheit bewirkt zuletzt, wenn sie immer mehr und mehr überhand nimmt, daß das Ich aus sich hinaus schreitet, daß es ganz aufgeht in dem andern, dem es ergeben ist, daß es in dem andern sich verliert. So kann sich das Ich nicht mehr in dem andern finden; denn man muß das Ich hinausdrängen in das andere, wenn man es draußen finden will. Ergebenheit, durch die das Ich sich verlieren würde, ließe sich vergleichen mit dem, was man nennen könnte eine seelische Ohnmacht, zum Unterschied von einer körperlichen Ohnmacht. In der letzteren sinkt das Ich hinunter durch körperliches Sich-Verlieren in ein unbestimmtes Dunkel; in der seelischen Ohnmacht verliert sich das Ich bloß seelisch, trotzdem es körperlich intakt sein kann, trotzdem es die Außenwelt wahrnehmen kann. Das Ich kann sich seelisch verlieren, wenn es nicht mehr die Kraft hat, wenn es nicht mehr mächtig genug ist, den Willen selber zu lenken und auszustreuen die eigene Wesenheit in den Willen hinein, wenn es sich in den anderen verliert durch die Ergebung. Dieses insbesondere würde das Extrem sein dessen, was man nennt Abtötung des eigenen Willens. Wenn der Wille des eigenen Selbstes abgetötet wird, dann will der Mensch nicht mehr selber, dann hat er den Willen zum Verzicht auf eigenes Handeln gebracht; dann will das andere oder der andere, dem man ergeben ist, dann hat man sich selbst verloren. Und wenn dieser Zustand überhand nimmt, kann er, im Gegensatz zur körperlichen Ohnmacht, ein bleibender Ohnmachtszustand der Seele werden. Nur das vom Ich durchglühte Ergebenheitsgefühl, die Ergebenheit, in die man sich hinein versenkt und das Ich mitnimmt, nur die kann zum Heile sein für die menschliche Seele. Wodurch kann aber die Ergebenheit das Ich überall mit hineinnehmen? – Das Ich, das Selbst des Menschen kann sich nirgends hinführen lassen als ein menschliches Selbst, wenn es nicht das Wissen, das denkende Wissen von sich bewahrt. In der Bewußtseinsseele ist zunächst wie eine natürliche Gabe das Denken ausgebildet. Das Denken ist es, was einzig und allein das Ich vor einem Sich-Verlieren behüten kann, wenn es durch Ergebenheit hinausgeht in die Welt. Kann der Wille der Führer sein für die menschliche Seele, um aus sich herauszugehen, so muß diese menschliche Seele, wenn sie zu irgend etwas außerhalb geführt worden ist durch den Willen, Anspruch machen darauf, daß sie da, wo sie die Grenze dieses Äußeren verläßt, von dem Lichte des Denkens erhellt wird. Das Denken kann nicht von innen herausführen; das Herausführen geschieht durch die Ergebenheit; dann muß sogleich das Denken in Anwendung kommen und muß, sobald der Wille hinausgeführt hat, sich anstrengen, mit dem Lichte des Gedankens dasjenige zu durchdringen, dem die Seele ergeben ist. Es muß, mit anderen Worten, vorhanden sein der Wille zum Denken über dasjenige, dem man ergeben ist. Überhaupt in dem Augenblick, wo der Ergebenheitswille den Willen zum Denken verliert, ist er der Gefahr ausgesetzt, sich selbst zu verlieren; ein Wille, der von vornherein prinzipiell verzichten würde, über sein Objekt der Ergebung zu denken, könnte zu einem Extrem führen, zur bleibenden Ohnmacht der menschlichen Seele.

Kann auch die Liebe, das andere Element der menschlichen Andacht, einem solchen Schicksal verfallen? In die Liebe muß sich etwas ergießen, was vom menschlichen Selbste einem Unbekannten gegenüber ausstrahlt, damit in keinem Augenblicke die Aufrechterhaltung des Ich fehlt. Das Ich muß hinein wollen in alles, was Gegenstand seiner Andacht werden soll; und es muß sich aufrechterhalten wollen gegenüber all dem, was in Liebe umfaßt werden soll, gegenüber dem Unbekannten, dem Übersinnlichen, gegenüber dem Außenstehenden. Was wird im besonderen Liebe dann, wenn das Ich sich nicht aufrecht erhält bis zu der Grenze, wo wir das Unbekannte antreffen, wenn es das Unbekannte nicht von dem Lichte des Gedankens und von dem Lichte des vernünftigen Urteils durchstrahlen lassen will? Eine solche Liebe wird zu dem, was man Schwärmerei nennt. Da aber das Ich in der Verstandesseele lebt, so kann dieses Ich des Menschen von der Verstandes- und Gemütsseele ausgehend seinen Weg beginnen zum äußeren Unbekannten; da aber kann es nicht mehr sich selbst ganz auslöschen. Der Wille kann sich abtöten; wenn aber das Ich, wenn die Seele durch das Gefühl das Äußere umfassen will, so kann es sich nicht abtöten: das Ich bleibt immer im

Gefühl vorhanden; aber weil es vom Denken und Wollen nicht gestützt wird, stürmt es ohne Halt hinaus. Und dieses Hinausstürmen des Ich, seiner selbst unbewußt, das führt dazu, daß eine solche Liebe zum Unbekannten, die nicht den Willen hat zum kräftigen Denken, es dazu bringt, daß die Seele immer mehr der Schwärmerei verfallen kann. In dieser ist etwas, was man bezeichnen kann – wie man in ähnlicher Weise die Ergebenheit, wenn sie sich verliert, bezeichnen kann mit seelischer Ohnmacht – mit seelischem Schlafwandel, geradeso wie man von einem körperlichen Schlafwandeln sprechen kann. Ein Schwärmer ist derjenige, der sein kräftiges Ich in das Unbekannte nicht mitnimmt, der nur mit den untergeordneten Kräften des Ich in das Äußere eindringen will; und ein solcher wird, da er seine ganze Kraft des Ich nicht aus dem Bewußtsein herausströmen läßt, das Unbekannte zu erfassen suchen, wie man das Unbekannte in der Traumwelt erfaßt. Wenn die Schwärmerei immer mehr die Seele ergreift, wird sie zu dem, was man einen fortdauernden Traumzustand oder Schlafwandel der Seele nennen kann. Wo die Seele außerstande kommt, sich in ein richtiges Verhältnis zur Welt und zu anderen Menschen zu setzen, wo sie hinaus stürmt in das Leben, weil sie es scheut, vom Lichte des Denkens Gebrauch zu machen, und es versäumt, sich in ein richtiges Verhältnis zu den Dingen und Wesenheiten, die um sie herum sind, zu setzen: eine solche Seele, ein solches Ich, das zum seelischen Schlafwandel übergeht, muß in die Irre gehen, muß wie ein Irrlicht durch die Welt gehen.

Das hat seinen Grund darinnen, daß ein solches Schwärmen, welches in seiner Liebe zum Unbekannten nicht vom Ich durchglüht ist, sich scheut, volle Denkklarheit, volles helles Licht über das eigene Ich zu gewinnen, und daß es Abstand davon nimmt, das eigene Ich überall mitzunehmen im starken Denken, im starken Selbstbewußtsein. Je schwächer das Selbstbewußtsein ist, desto leichter ist Schwärmerei möglich; nur dadurch, daß die Seele verfällt in Denkträgheit, daß die Seele nicht den Willen hat, da wo sie Unbekanntes trifft, sich von dem Lichte des Denkens durchleuchten zu lassen, nur dadurch ist es möglich, daß eine solche Seele solche Eigenschaften erhält, die man Aberglauben in allen Formen nennen kann. Die schwärmerische Seele, die in einem Liebesgefühlstraum dahinwandelt, wie im Schlafe durch das Leben geht, die denkträge Seele, die nicht volles Selbstbewußtsein hinaustragen will in die Welt, die ist geeignet dazu, in blinder Weise alles zu glauben, weil sie notwendig einen Hang dazu haben muß, nicht durch eigene innere Anstrengung, die das Denken erfordert, nicht durch die Selbsttätigkeit des Denkens in die Dinge einzudringen, sondern sich Wahrheit und Wissen über die Dinge diktieren zu lassen. Dazu braucht man nicht selbsttätig aus dem Innern heraus schöpferisch zu denken. Damit wir ein Äußeres, das uns durch die Sinne dargeboten wird, erkennen, dazu brauchen wir kein selbstschöpferisches Denken; damit wir das Übersinnliche erkennen, und in welcher Form immer das Übersinnliche unsere Erkenntnis sein soll, darf niemals das Übersinnliche von uns in irgendeiner Weise mit Ausschluß des Denkens gewußt sein wollen. In dem Augenblicke, wo wir es durch bloße Beobachtung erfassen wollen, sind wir in bezug auf das Übersinnliche allen möglichen Täuschungen und Irrtümern ausgesetzt. Und alle Irrtümer und aller Aberglaube und alles dasjenige, wodurch man in irgendeiner Weise unrichtig oder lügenhaft in das Übersinnliche hineingeführt werden kann, alles das kann letzten Endes nur darauf beruhen, daß der Mensch in bezug auf sein Selbstbewußtsein sich nicht durchleuchten läßt von dem selbstschöpferischen Denken. Niemand kann es passieren, daß er in der Aufnahme von irgend etwas, was Kunde bringen soll aus der geistigen Welt, betrogen wird, wenn er den Willen zum selbsttätigen Denken hat. Das ist aber auch das wirklich einzige Mittel; ein anderes ausreichendes Mittel gibt es gar nicht. Das kann und wird jeder Geistesforscher sagen, und je mehr der Wille zu einem selbstschöpferischen Denken vorhanden ist, desto mehr ist die Möglichkeit vorhanden, die übersinnliche Welt in ihrer Wahrheit, Klarheit und Untrüglichkeit zu erkennen. So sehen wir zu gleicher Zeit, daß wir etwas brauchen zur Selbsterziehung des Ich, das da immer mehr und mehr in die Bewußtseinsseele hinaufführt, welches Leiter der Seele ist bei Erziehung der Bewußtseinsseele, allem unbekannten Physischen und unbekannten Übersinnlichen gegenüber: Andacht, zusammengesetzt aus Liebe und Ergebenheit. Wenn Liebe und Ergebenheit durchströmt und durchglüht sind von dem richtigen Selbstgefühl, so werden sie zu Stufen, die uns immer höher und höher leiten und immer höher aufwärts führen. Die richtige Andacht, in welcher Form sie auch immer die Seele durchsetzt und durchglüht – sei es in der Gebets- oder in anderer Form –, kann nie in die Irre gehen; dasjenige lernt man am besten kennen, zu dem man zuerst in Andacht, das heißt in Liebe und Hingebung erglüht war. – Und eine gesunde Erziehung wird insbesondere berücksichtigen müssen, welche Kraft in bezug auf die Entwickelung der Seele ihr der Impuls der Andacht geben kann. Dem Kind ist ein großer Teil der Welt unbekannt; will man es in der besten Weise zum Erkennen und Beurteilen des ihm Unbekannten anleiten, so erweckt man die Andacht zu diesem Unbekannten; und nie wird man sich täuschen darin, daß eine richtig geleitete Andacht wirklich zu dem in der Welt führt, was wahre Lebenserfahrung auf allen Gebieten genannt werden kann.

Oh, es ist etwas Bedeutsames für diese menschliche Seele auch im späteren Leben, wenn sie zurückschauen kann in die Kindheit und viel, viel Verehrung bis zur Andacht gebracht hat. Jene Seele, die in der Zeit ihrer Kindheit in der Lage war, oft und oft zu verehrten Persönlichkeiten aufzublicken, in inniger Andacht aufzublicken zu Dingen, die mit dem noch geringen Verstande zu überschauen für sie unmöglich war, bringt einen guten Impuls für die weitere, höhere Entwickelung des Lebens. Man denkt immer mit Dankbarkeit an den Gang der Ereignisse zurück, wenn man sich zum Beispiel erinnert, daß man in seiner Kindheit in der Lage war, innerhalb der Familie von einer hervorragenden Persönlichkeit zu hören, von der alle mit Hingebung und Verehrung sprachen. Eine heilige Scheu senkt sich in die Seele, die die Andacht insbesondere zu etwas so Intimem machen kann. Mit Gefühlen, die nur in der Andacht berührt werden, erzählt man, wie man mit bebender Hand die Klinke berührte und mit scheuer Ehrfurcht in das Zimmer der verehrten Persönlichkeit trat, die man zum ersten Male sehen konnte, nachdem so viel in Ehrfurcht und Verehrung von ihr gesprochen wurde. Gegenübergetreten zu sein, nur ein paar Worte gesprochen und gehört zu haben, nachdem Andacht vorausging, das ist einer der besten Impulse dazu. Diese Andacht kann insbesondere leiten, wenn wir die höchsten Fragen, die Rätsel des Daseins suchen wollen. Sie kann uns ein Führer sein, wenn wir diese wichtigsten Aufgaben der Seele zu lösen versuchen, suchen wollen nach dem, zu dem wir hinaufstreben und mit dem wir uns vereinigen wollen. Hier ist gerade die Andacht eine Kraft, die uns hinaufzieht und dadurch, daß sie uns heranzieht, kräftigend und festigend auf den seelischen Organismus des Menschen wirkt. Wie ist das möglich? Versuche man einmal, sich aus dem äußeren Ausdruck der Andacht klarzumachen, wie gerade in der äußeren Geste des Menschen die Andacht wirkt. Sie wirkt gerade da, wo die bedeutendste Fähigkeit des Menschen sich entwickelt, als äußerer Ausdruck. Was tut der andächtige Mensch im äußeren Ausdruck? Er beugt das Knie, faltet die Hände und bewegt das Haupt zu dem in Andacht verehrten Wesen oder Gegenstand.

Das sind diejenigen Organe des Menschen, durch die sich das Ich, und vor allen Dingen dasjenige, was wir die höheren Seelenglieder des Menschen nennen, am intensivsten ausleben kann. Der Mensch steht physisch aufrecht im Leben durch seine stramm gehaltenen Beine. Der Mensch wird ein Segnender im Leben, das heißt er strahlt die Wesenheit seines eigenen Ich durch seine Hände aus; und er wird ein solcher, der Himmel und Erde beobachtet durch dasjenige, was in seinem Haupte ist durch Bewegung seines Hauptes. Die Beobachtung der Menschen aber lehrt uns ferner, daß in selbstbewußter Tatkraft unsere Beine am besten gestreckt werden, wenn sie sich zuerst dazu verstanden haben, gegenüber dem wirklich zu Verehrenden die Knie zu beugen. Denn in dem Kniebeugen liegt die Aufnahme einer Kraft, die wie in unsern Organismus hineinstrebt. Diejenigen Knie, die sich strecken, ohne jemals gelernt zu haben, sich in Andacht in die Kniebeuge zu begeben, die spreizen nur dasjenige, was sie immer gehabt, die spreizen die eigene Nichtigkeit, zu der sie nichts hinzugefügt haben. Die Beine aber, die sich bequemt haben zum Kniebeugen, nehmen mit dem Strecken der Knie eine neue Kraft auf, und jetzt spreizt sich nicht die Nichtigkeit, sondern das, was neu aufgenommen wurde. Diejenigen Hände, die segnen wollen, die trösten wollen, ohne daß sie vorher in Ehrfurcht und Andacht sich gefaltet haben, die können nicht viel hingeben von Liebe und Segen als ihre eigene Nichtigkeit. Die Hand aber, welche gelernt hat sich zu falten, die hat mit dem Falten zur Andacht eine Kraft aufgenommen, die jetzt die Hand durchströmen kann; und sie ist eine mächtig vom Selbste durchzogene Hand geworden. Denn der Weg jener Kraft, die durch gefaltete Hände aufgenommen wird, der Weg geht, bevor er sich in die Hände ergießt, durch das menschliche Herz und entzündet die Liebe; und die Andacht der gefalteten Hände wird, indem sie geht durch das Herz und in die Hände fließt, zum Segen. Der Kopf, der die ganze Welt beschaut, der überall seine Augen hinrichtet und seine Ohren hineinspreizt, mag noch so viel durchmessen mit Augen und Ohren, er kann überall den Dingen nur seine eigene Leerheit gegenüberstellen. Jener Kopf aber, der sich in Andacht zu den Dingen hingeneigt hat, der wird wiederum aus der Andacht eine Kraft schöpfen, die ihn durchströmt; der wird nicht seine eigene Leerheit, sondern die Gefühle, die er durch die Andacht aufgenommen hat, den Dingen entgegenbringen.

Wer mit einem gesunden Sinn den äußeren Ausdruck, die Geste des Menschen studiert und weiß, was so im Menschen vorgeht, was da in lebendigem Zusammenhang ist, wird sehen, wird aus der äußeren Physiognomie der Andacht entnehmen können, wie diese Andacht unser Ich ergreift und die Selbstkraft erhöht, und wie diese erhöhte Selbstkraft die Möglichkeit hat, hineinzudringen in die unbekannten Dinge. Wollen wir in die unbekannten Dinge hineindringen, so müssen wir ihnen unsere Fähigkeiten entgegenbringen; und das tun wir, wenn wir uns ihnen mit Liebe und Ergebenheit nähern. So sehen wir, daß das Ich nicht schwächer wird durch die Andacht, sondern daß es stärker und kräftiger wird. Durch diese Selbsterziehung, durch die Andacht werden hinaufgehoben des Menschen dunkle Gefühle und Triebe, hinaufgehoben des Menschen Gefühle von Sympathie und Antipathie zu den Dingen. Jene Gefühle von Sympathie und Antipathie, die unbewußt oder unterbewußt in unsere Seele hereintreten, ohne daß wir ein Urteil darüber haben, ohne daß sie vom Licht durchleuchtet sind, gerade diese Gefühle werden heraufgeläutert dadurch, daß sich das Ich in der Andacht erzieht und immer mehr und mehr in die höheren Seelenglieder heraufdringt. Dadurch wird alles dasjenige, was Sympathie und Antipathie ist, was wie dunkle Gewalt wirkt, welche irren kann, von dem Lichte der Seele durchsetzt. Was früher unerleuchtete Sympathie und Antipathie war, wird Urteil, Gefühlsurteil, das wird entweder ästhetischer Geschmack oder richtig geleitetes moralisches Gefühl. Die Seele, die sich in Andacht erzogen hat, wird ihre dunkle Sympathie und Antipathie, ihre dunklen Lust- und Unlustgefühle läutern zu dem, was man nennen kann: Gefühl für das Schöne und Gefühl für das Gute. Die Seele, die ihren Willen in der richtigen Weise zur Ergebenheit in der Andacht geläutert hat, die wird, wenn sie sich Selbstgefühl und Selbstbewußtsein dabei gerettet hat, jene dunklen Triebe und Instinkte, welche sonst die menschlichen Begierden und Willensimpulse durchsetzen, läutern und allmählich aus ihnen diejenigen inneren Impulse herausbilden, die wir moralische Ideale nennen. Andacht ist die Selbsterziehung der Seele von den dunklen Trieben und Instinkten, von den Begierden und Leidenschaften des Lebens zu den moralischen Idealen des Lebens. Andacht ist etwas, was wir wie einen Keim in die Seele hineinsäen: und er geht auf.

Wer das Leben unbefangen betrachtet, kann das noch an einem anderen Beispiel sehen. Wir sehen überall, daß der Mensch im Laufe seines Lebens eine aufsteigende und eine absteigende Entwickelung durchwandert. Im Kindheits- und Jugendalter liegt eine aufsteigende Entwickelung, dann bleibt die Entwickelung eine Weile stillstehen; dann beginnt im späteren Alter, im Greisenalter eine absteigende Entwickelung. Man kann in einer gewissen Weise sagen, daß die absteigende Entwickelung am Ende des Lebens in einer entgegengesetzten Richtung das hat, was Kindheit und Jugend entwickelt haben; aber in einer eigentümlichen Weise zeigen sich die Eigenschaften, die im Kindheits- und Jugendalter aufgenommen werden, im späteren Leben wieder. Wer das Leben wirklich beobachtet, der kann sehen, daß bei Kindern, die viel aufgenommen haben von gut geleiteter Andacht, diese Saat im Alter aufgeht. Eine solche Andacht erscheint im Alter als Kraft, im Leben zu wirken. Kraft ist dasjenige, was als das Gegenteil der Andacht, die in der Jugend gepflegt worden ist, im Alter erscheint. Eine andachtslose Jugend, eine Jugend, in der nicht entwickelt worden ist richtig geleitete Ergebenheit des Willens und richtig geleitete Gefühle der Liebe, wird sich hinentwickeln zu einem Alter, das schwach und kraftlos ist. Andacht schreiben wir der menschlichen Seele zu, die sich entwickeln soll. Dann aber muß es zum Wesen dieser Andacht gehören, daß eine in der Entwickelung begriffene Seele von dieser Andacht ergriffen werden kann und ergriffen werden soll.

Wie steht es mit der entsprechenden Eigenschaft bei dem, wozu wir hinaufschauen in Andacht? Schauen wir mit Liebe zu einem anderen Wesen, dann können wir in der Liebe des anderen Wesens zu uns selber dasjenige wieder erblicken, was vielleicht entwickelt wird. Können wir auch einmal in solchem umgekehrten Sinne von der Andacht sprechen? Daß das im allgemeinen nicht richtig wäre, wird sich uns daraus ergeben, daß wir uns sagen müssen: Wenn der Mensch dem Gotte in Liebe ergeben ist, so kann er wissen, daß der Gott auch in Liebe zu ihm sich hinneigt. Andacht entwickelt der Mensch zu dem, was er immer seinen Gott im Weltall nennt. Das Gegenteil zur Andacht können wir nicht wiederum eine Andacht nennen. Von einer göttlichen Andacht gegenüber dem Menschen können wir nicht sprechen. Was ist in dieser Beziehung gerade das Gegenteil von der Andacht? Was strahlt der Andacht entgegen, wenn sie aufblickt zu ihrem Göttlichen? Dasjenige, was sie selber nicht mit ihrem Willen und nicht mit ihrer Macht umfassen kann, das strahlt ihr entgegen: das Mächtige und, wenn es sich um ein Göttliches handelt, das Allmächtige. Was wir in der Jugend erarbeitet haben in der Andacht, das leuchtet uns im Alter als Lebensmacht entgegen, und das, was wir ein Göttliches nennen, dem wir uns in Andacht hingewandt haben, es strahlt uns zurück als Erlebnis der Allmacht. Das ist die Empfindung der Allmacht, gleichgültig, ob wir zu dem Sternenhimmel in seiner unendlichen Herrlichkeit hinaufblicken, und die

Andacht erglüht zu dem, was uns da von allen Seiten umringt, und was wir nicht umfassen können; oder ob wir aufblicken zu dem, was uns in dieser oder jener Form unser unsichtbarer Gott ist, der dieses Weltall durchlebt und durchschwebt. Wir blicken von unserer Andacht aus zur Allmacht auf; und es entsteht aus dieser Empfindung das, was uns wissen läßt, daß wir nicht anders hineindringen können, nicht anders zu einer Vereinigung kommen können mit dem, was über uns steht, als dadurch, daß wir zuerst von unten hinauf ihm in Andacht entgegengehen. Der Allmacht nahen wir uns, indem wir uns in Andacht versenken. Daher kann man, wenn man richtig spricht, sprechen von einer solchen Allmacht, während man in einem feinen Wortgefühl eigentlich nicht von einer Alliebe sprechen kann. Die Macht kann sich vergrößern und erhöhen. Hat jemand Macht über zwei oder drei Wesen, so ist er doppelt oder dreimal so mächtig. Die Macht wächst in demselben Maße wie die Zahl der Wesen, über die sie sich erstreckt. Anders ist es bei der Liebe. Wenn ein Kind geliebt wird von einer Mutter, so schließt das nicht aus, daß die Mutter mit demselben Grad von Liebe das zweite der Kinder liebt und ebenso das dritte und vierte. Es braucht die Liebe sich durchaus nicht zu verdoppeln und verdreifachen. Und es ist eine falsche Redewendung, wenn jemand sagt: Ich muß meine Liebe teilen, weil sie sich auf zwei Wesen erstrecken soll. – Man spricht für ein feines Sprachgefühl ebenso unrichtig, wenn man von Allwissenheit wie wenn man von einer unbestimmten Alliebe spricht. Liebe hat keinen Grad und läßt sich nicht mit Zahlen umgrenzen.

Liebe ist ein Teil der Andacht, und Ergebenheit ist der andere Teil der Andacht. Mit der Ergebenheit hat es eine ähnliche Bewandtnis wie mit der Liebe. Wir können dem einen Unbekannten ergeben sein und dem andern Unbekannten, wenn wir dieses Gefühl der Ergebenheit überhaupt haben. Ergebenheit kann sich ihrem Grade nach verstärken, sie braucht sich aber nicht dadurch, daß sie einer Anzahl von Wesen gegenübertritt, zu teilen oder zu vervielfältigen. Weil diese beiden, Liebe und Ergebenheit, sich nicht zu teilen brauchen, so machen sie es nicht notwendig, daß das Ich, welches eine Einheit bilden soll, sich zu verlieren und zu zersplittern braucht, wenn es in Liebe sich ergibt einem Unbekannten, und in Ergebenheit sich hinwendet zu einem Unbekannten. So sind Liebe und Ergebenheit die richtigen Führer hinauf zum Unbekannten, und die Erzieher der Seele aus der Verstandesseele zur Bewußtseinsseele. Erzieht die Überwindung des Zornes die Empfindungsseele, der Wahrheitssinn, das Wahrheitsstreben unsere Verstandesseele, so erzieht die Andacht unsere Bewußtseinsseele. Immer mehr und mehr Wissen, immer reichere und reichere Erkenntnis erlangt der Mensch durch die Erziehung der Bewußtseinsseele in der Andacht. Diese Andacht muß aber von dem Gesichtspunkte eines das Licht des Denkens nicht scheuenden Selbstbewußtseins geleitet und geführt sein. Lassen wir Liebe ausströmen, dann macht es die Liebe durch ihren eigenen Wert, daß wir unser Selbst mitbringen dürfen; sind wir in Ergebenheit geneigt, dann macht es die Ergebenheit ebenfalls durch ihren eigenen Wert, daß wir unser Selbst mitbringen dürfen. Wir können uns zwar, aber wir brauchen uns nicht zu verlieren. Darauf kommt es an; und das darf insbesondere dann nicht vergessen werden, wenn der Andachts-Impuls auf die Erziehung angewandt wird. Es darf keine blinde, unbewußt wirkende Andacht herangezogen werden. Es muß mit der Pflege der Andacht die Pflege eines gesunden Selbstgefühls einhergehen.

Nennt die Mystik aller Zeiten, und nennt Goethe jenes Unbestimmte und Unbekannte, zu dem die Seele hingezogen wird, das Ewig-Weibliche, dann dürfen wir dasjenige, was die Andacht immerzu durchziehen muß, ohne mißverstanden zu werden, das Ewig-Männliche nennen; denn wie das Ewig-Weibliche im Sinne der Mystik und Goethes in Mann und Frau ist, so ist dieses Ewig-Männliche, dieses gesunde Selbstgefühl in aller Andacht in Mann und Frau. Und wenn uns der Chorus mysticus von Goethe im Sinne der Mystik vorgehalten wird, so dürfen wir dadurch, daß wir kennengelernt haben die Mission der Andacht, die uns dem Unbekannten entgegenführt, hinzufügen dasjenige, was die Andacht durchziehen muß: das Ewig-Männliche.

So können wir jetzt dieses Erlebnis der menschlichen Seele, in der sich alle Andacht zusammenströmend verhält, in der alle Andacht sich ausprägt und gipfelt, die Vereinigung mit dem Unbekannten, zu dem wir hinstreben: diese Unio mystica, diese mystische Vereinigung, die können wir jetzt mit dem, was wir über die Mission der Andacht gehört haben, richtig auffassen.

Jede Unio mystica führt zum Unheil der Seele, wenn das Ich sich verliert, indem es sich vereinigen will mit irgendeinem Unbekannten. Das Ich bringt einem solchen Unbekannten auch nichts Wertvolles entgegen, wenn es sich selber verloren hat. Opfern sich dem Unbekannten, um das eigene Selbst in der Unio mystica dem Unbekannten hinzutragen, dazu ist notwendig, daß man etwas hat zu opfern, daß man etwas geworden ist. Wenn man ein schwaches Ich, ein nicht in sich selbst starkes Ich vereinigt mit dem, was über uns ist, so hat unsere Vereinigung keinen Wert. Die Unio mystica hat nur dann einen Wert, wenn das starke Ich hinaufsteigt zu den Regionen, von denen uns der Chorus mysticus spricht. Spricht uns Goethe von den Regionen, zu denen die höhere Andacht führen kann, um da die höchsten Erkenntnisse zu gewinnen, sagt uns sein Chorus mysticus mit den schönen Worten:

Alles Vergängliche
Ist nur ein Gleichnis;
Das Unzulängliche
Hier wird's Erreichnis;
Das Unbeschreibliche
Hier ist's getan;
Das Ewig-Weibliche
Zieht uns hinan.

Dann kann die richtig verstandene Unio mystica antworten darauf: Ja

Alles Vergängliche
Ist nur ein Gleichnis;
Das Unzulängliche
Hier wird's Erreichnis;
Das Unbeschreibliche
Hier ist's getan;
Das Ewig-Männliche
Zieht uns hinan.

DER MENSCHLICHE CHARAKTER

München, 14. März 1910

Es kann einen tiefen Eindruck auf die menschliche Seele machen, wenn man die Worte liest, die *Goethe* niedergeschrieben hat in Anknüpfung an die Betrachtung von *Schillers* Schädel. Diese Betrachtung konnte er anstellen, als er zugegen war beim Ausgraben von Schillers Leichnam, da dieser aus dem provisorischen Grab, in dem er war, in die weimarische Fürstengruft hinübergetragen werden sollte.

Da nahm Goethe Schillers Schädel in die Hand und glaubte an der Formung und Prägung dieses wunderbaren Gebildes das ganze Wesen von Schillers Geist wie in einem Abdruck wiederzuerkennen. Wie da das geistige Wesen sich ausdrückt in den Linien und Formen der Materie, das inspirierte Goethe zu den schönsten Worten:

Was kann der Mensch im Leben mehr gewinnen,
Als daß sich Gott-Natur ihm offenbare,
Wie sie das Feste läßt zu Geist verrinnen,
Wie sie das Geist-Erzeugte fest bewahre!

Wer eine solche Stimmung wie diejenige, die damals durch Goethes Seele zog, zu würdigen versteht, der wird leicht, von ihr ausgehend, seine Gedanken hinlenken können zu all jenen Erscheinungen im Leben, wo ein Inneres sich herausarbeitet, um sich in materieller Form, in plastischer Gestaltung, in Linien und sonstigem äußerlich zu offenbaren. Im eminentesten Sinn aber haben wir ein solches Prägen und Abdrücken, ein solches Offenbaren eines inneren Wesens in demjenigen vor uns, was wir den menschlichen Charakter nennen. In dem menschlichen Charakter drückt sich ja auf die mannigfaltigste Weise aus, was der Mensch immer wieder und wiederum darlebt; ein Einheitliches verstehen wir darunter, wenn wir von dem menschlichen Charakter sprechen. Ja, wir haben dabei das Gefühl, daß Charakter etwas ist, was sozusagen zum ganzen Wesen des Menschen notwendig gehört, und daß es sich uns als Fehler darstellt, wenn das, was der Mensch denkt, empfindet und tut, sich nicht in einer gewissen Weise zu einem Einklang vereinigen läßt. Von einem Bruch im menschlichen Wesen, von einem Bruch in seinem Charakter sprechen wir als von etwas wirklich Fehlerhaftem in seiner Natur. Wenn sich der Mensch im Privatleben mit diesem oder jenem Grundsatz und Ideal äußert, und ein andermal im öffentlichen Leben in ganz entgegengesetzter oder wenigstens abweichender Weise, so sprechen wir davon, daß sein Wesen auseinanderfällt, daß sein Charakter einen Bruch hat. Und man ist sich bewußt, daß ein solcher Bruch den Menschen überhaupt im Leben in schwierige Lagen oder gar wohl in den Schiffbruch hineintreiben kann. Was eine solche Zerspaltung des menschlichen Wesens bedeutet, darauf wollte Goethe hinweisen in einem bemerkenswerten Spruch, den er seinem Faust einverleibt hat. Einen Spruch berühren wir da, der sehr häufig, sogar von Menschen, die da glauben zu wissen, was Goethe im Innersten wollte, falsch angeführt wird. Es ist gemeint der Spruch im Goetheschen «Faust»:

Zwei Seelen wohnen, ach! in meiner Brust,
Die eine will sich von der andern trennen;

Die eine hält in derber Liebeslust
Sich an die Welt mit klammernden Organen;
Die andre hebt gewaltsam sich vom Dust
Zu den Gefilden hoher Ahnen.

Diese Zweispaltung in der Seele wird sehr häufig so angeführt, als ob sie etwas Erstrebenswertes für den Menschen sei. Goethe charakterisiert sie durchaus nicht unbedingt als etwas Erstrebenswertes, sondern es zeigt sich an der Stelle ganz genau, daß er den Faust in jener Epoche sagen lassen will, wie unglückselig er sich fühlt unter dem Eindruck der zwei Triebe, von denen der eine nach idealen Höhen geht, der andere nach dem Irdischen herunterstrebt. Etwas Unbefriedigendes soll damit angedeutet werden. Gerade dasjenige, worüber Faust hinaus soll, das will Goethe damit charakterisieren. Wir dürfen diesen Zwiespalt nicht anführen als etwas Berechtigtes im menschlichen Charakter, sondern nur als etwas, was gerade durch den einheitlichen Charakter, der gewonnen werden soll, zu überwinden ist.

Wenn wir aber das Wesen des menschlichen Charakters vor unsere Seele treten lassen wollen, so müssen wir auch heute wieder berücksichtigen, was wir zur Charakteristik des Wesens der Andacht skizzierten. Wir haben wiederum zu berücksichtigen, daß dasjenige, was wir das eigentliche menschliche Seelenleben, das menschliche Innere nennen, nicht einfach ein Chaos von durcheinanderwogenden Empfindungen, Trieben, Vorstellungen, Leidenschaften, Idealen ist; sondern wir haben uns mit aller Klarheit zu sagen, daß diese menschliche Seele in drei voneinander gesonderte Glieder zerfällt; daß wir ganz genau unterscheiden können: das unterste Seelenglied, die Empfindungsseele; das mittlere Seelenglied, die

Verstandes- oder Gemütsseele; und das höchste Seelenglied, die Bewußtseinsseele. Diese drei Glieder sind im menschlichen Seelenleben zu unterscheiden. Sie dürfen aber in dieser menschlichen Seele nicht auseinanderfallen. Die menschliche Seele muß eine Einheit sein. Was verbindet nun im Menschen diese drei Seelenglieder zu einer Einheit? Das ist eben dasjenige, was wir im eigentlichen Sinne das menschliche «Ich», den Träger des menschlichen Selbstbewußtseins nennen.

So erscheint uns denn dieses menschliche Seelenwesen so, daß wir es zerspalten müssen in seine drei Glieder – das unterste Seelenglied: die Empfindungsseele, das mittlere Seelenglied: die Verstandesseele oder Gemütsseele, und das höchste Seelenglied: die Bewußtseinsseele –, und es erscheint uns das Ich gleichsam als das Tätige, als der Akteur, der innerhalb unseres Seelenwesens auf den drei Seelengliedern spielt, wie ein Mensch spielt auf den Saiten seines Instruments. Und jene Harmonie oder Disharmonie, welche das Ich hervorbringt aus dem Zusammenspiel der drei Seelenglieder, ist das, was dem menschlichen Charakter zugrunde liegt.

Das Ich ist wirklich etwas wie ein innerer Musiker, der bald die Empfindungsseele, bald die Verstandesseele oder Gemütsseele, bald die Bewußtseinsseele mit einem kräftigen Schlag in Tätigkeit versetzt; aber zusammenklingend erweisen sich die Wirkungen dieser drei Seelenglieder wie eine Harmonie oder Disharmonie, die sich vom Menschen aus offenbaren und als die eigentliche Grundlage seines Charakters erscheinen. Freilich, so haben wir den Charakter nur ganz abstrakt bezeichnet, denn wenn wir ihn verstehen wollen, wie er im Menschen eigentlich auftritt, dann müssen wir etwas tiefer noch eingehen auf das ganze menschliche Leben und

Wesen; wir müssen zeigen, wie sich dieses harmonische und disharmonische Spiel des Ich auf den Seelengliedern in der ganzen menschlichen Persönlichkeit, wie sie vor uns steht, ausprägt, wie sie nach außen sich offenbart.

Dieses Menschenleben – das haben wir schon öfter betont – tritt uns ja so vor Augen, daß es alltäglich wechselt zwischen den Zuständen des Wachens und den Zuständen des Schlafes. Wenn der Mensch des Abends einschläft, so sinken in ein unbestimmtes Dunkel hinunter seine Empfindungen, seine Lust, sein Leid, seine Freude, sein Schmerz, alle Triebe, Begierden und Leidenschaften, alle Vorstellungen und Wahrnehmungen, Ideen und Ideale; und das eigentliche Innere geht über in einen Zustand des Unbewußtseins oder des Unterbewußtseins.

Was ist da geschehen? – Nun, was da geschehen ist beim Einschlafen, das wird uns klar, wenn wir uns an etwas erinnern, was schon auseinandergesetzt worden ist: daß der Mensch ein kompliziertes Wesen ist für die Geisteswissenschaft, daß er sich überhaupt aus verschiedenen Gliedern bestehend darstellt. Was uns hierüber schon bekannt ist, muß heute wieder skizziert werden, damit wir das ganze Wesen des Charakters begreifen können, das da dem Menschen zugrunde liegt.

Alles das am Menschen, was uns gegenüber der äußeren Sinneswelt zutage tritt, was wir mit Augen sehen können, mit Händen greifen können, was die äußere Wissenschaft allein betrachten kann, das nennt Geisteswissenschaft den physischen Leib des Menschen. Das aber, was diesen physischen Leib des Menschen durchzieht und durchwebt, das, was diesen physischen Leib zwischen Geburt und Tod verhindert, ein Leichnam zu sein, seinen eigenen physischen und chemischen Kräften zu folgen, das nennen wir in der Geisteswissenschaft den

Äther- oder Lebensleib. Im Grunde setzt sich der äußere Mensch aus dem physischen und Ätherleibe zusammen. Dann haben wir ein drittes Glied der menschlichen Wesenheit; das ist der Träger von alledem, was wir hinuntersinken sehen mit dem Einschlafen in ein unbestimmtes Dunkel. Dieses dritte Glied der menschlichen Wesenheit bezeichnen wir mit dem Ausdruck astralischer Leib. Dieser astralische Leib ist der Träger von Lust und Leid, Freude und Schmerz, von Trieben, Begierden und Leidenschaften, von alledem, was eben im Wachleben auf und ab wogt in der Seele. Und in diesem Astralleibe ist der eigentliche Mittelpunkt unseres Wesens: das Ich. Für unseren gewöhnlichen Menschen gliedert sich aber dieser Astralleib weiter, denn in ihm finden wir als Unterglieder gleichsam dasjenige, was Ihnen aufgezählt worden ist als die Seelenglieder: die Empfindungsseele, die Verstandesseele, die Bewußtseinsseele.

Wenn nun der Mensch des Abends einschläft, so bleiben im Bette liegen physischer Leib und Ätherleib; heraus tritt der Astralleib mit all dem, was wir Empfindungsseele, Verstandes- oder Gemütsseele, Bewußtseinsseele nennen; heraus tritt auch das Ich. Astralleib und Ich nun, in ihrer ganzen Wesenheit, sind während des Schlafzustandes in einer geistigen Welt. Warum kehrt der Mensch jede Nacht in diese geistige Welt ein? Warum muß er seinen physischen Leib und seinen Ätherleib jede Nacht zurücklassen? Das hat seinen guten Sinn für das menschliche Leben. Wir können diesen Sinn so recht vor unsere Seele stellen, wenn wir jetzt einmal die folgende Betrachtung anstellen: Die Geisteswissenschaft sagt uns, der Astralleib ist der Träger von Lust und Leid, von Freude und Schmerz, von Trieben, Begierden und

Leidenschaften! Schön! Aber das sind ja gerade diejenigen Erlebnisse, die in ein unbestimmtes Dunkel hinuntersinken beim Einschlafen. Dennoch behauptet man, daß der Astralleib mit dem Ich in geistigen Welten ist – der eigentliche innere Mensch ist in einer geistigen Welt, ist mit dem Astralleib in einer geistigen Welt. – Aber Triebe und Leidenschaften, alles dasjenige, was eigentlich im Astralleib sitzt, das gerade schwindet doch sozusagen in ein unbestimmtes Dunkel während der Nacht hinab. Ist das nicht ein Widerspruch?

Nun, der Widerspruch ist bloß scheinbar. In der Tat ist der Astralleib der Träger von Lust und Leid, von Freude und Schmerz, von allen auf und ab wogenden inneren Seelenerlebnissen des Tages; aber er kann sie nicht durch sich selber, so wie der Mensch heute ist, wahrnehmen.

Damit dieser Astralleib und das Ich wahrnehmen können ihre eigenen Erlebnisse, sind sie darauf angewiesen, daß sich diese inneren Erlebnisse äußerlich spiegeln; und spiegeln können sie sich nur, wenn des Morgens beim Aufwachen das Ich mit dem Astralleib untertaucht in den Äther- und physischen Leib. Da wirkt für alles das, was der Mensch innerlich erlebt, für alle Lust und alles Leid, für Freude und Schmerz und so weiter der physische, aber namentlich der Ätherleib wie ein Spiegel, der zurückwirft, was wir im Innern erleben. Wie wir uns selber in einem Spiegel sehen, so sehen wir dasjenige, was wir im Astralleib erleben, aus dem Spiegel unseres physischen und unseres Ätherleibes; aber wir dürfen nicht glauben, daß dieses Seelenleben, das vom Morgen bis zum Abend sich vor unserer Seele abspielt, zu seinem Zustandekommen keine Arbeit erfordert. Des Menschen Inneres, das Ich und der Astralleib, alles dasjenige, was

Bewußtseinsseele, Verstandesseele, Empfindungsseele ist, das muß arbeiten mit seinen Kräften an dem physischen Leib und an dem Ätherleib, muß sozusagen durch seine Wechselwirkung auf diese beiden Leiber des Menschen das auf und ab wogende Leben des Tages erst erzeugen.

Während dieses Erlebens des Tages werden nun gewisse Kräfte verbraucht. In dieser Wechselwirkung des menschlichen Innern mit dem Äußern des Menschen werden fortwährend Seelenkräfte verbraucht. Das drückt sich dadurch aus, daß der Mensch am Abend sich ermüdet fühlt, das heißt nicht imstande ist, aus dem Innern heraus jene Kräfte zu finden, die ihm möglich machen, in das Getriebe von Äther- und physischem Leibe einzugreifen. Wenn des Abends der Mensch in der Ermüdung fühlt, wie dasjenige zuerst erlahmt, was am meisten von seinem Geist in die Materie hineinspielt, wenn er sich ohnmächtig des Sprechens fühlt, wenn Gesicht, Geruch, Geschmack und zuletzt das Gehör, der geistigste der Sinne, nach und nach dahinschwinden, weil der Mensch nicht aus dem Innern heraus die Kräfte entfalten kann, dann zeigt uns das, wie die Kräfte während des Tageslebens verbraucht sind.

Woher stammen nun die Kräfte, welche da vom Morgen bis zum Abend verbraucht werden? Diese Kräfte stammen aus dem Nachtleben, aus dem Schlafzustand. Während des Lebens, das die Seele vom Einschlafen bis zum Aufwachen führt, saugt sie sich gleichsam voll mit jenen Kräften, die sie braucht, um das ganze Tagesleben vor uns hinzaubern zu können. Im Tagesleben kann sie ihre Kräfte entwickeln, aber sie kann aus ihm nicht die Kräfte ziehen, die sie zum Aufbau braucht. – Es ist selbstverständlich, daß die verschiedenen Hypothesen, die über den Ersatz der im Tage verbrauchten Kräfte von der äußeren Wissenschaft gegeben werden, auch der Geisteswissenschaft bekannt sind, aber darauf brauchen wir jetzt nicht einzugehen. – So also können wir sagen: Wenn die Seele aus dem Schlafzustand heraus- und in den Wachzustand übergeht, bringt sie sich aus dem Lande, das gleichsam ihre geistige Heimat ist, die Kräfte mit, die sie den ganzen Tag über verwenden muß zum Aufbau jenes Seelenlebens, das sie vor uns hinzaubert. So wissen wir also, was die Seele sich mitbringt aus der geistigen Welt heraus, wenn sie des Morgens aufwacht.

Fragen wir uns jetzt das andere: Trägt die Seele nichts am Abend, wenn sie einschläft, in die geistige Welt hinein?

Was bringt sich die Seele des Abends in den Zustand, den wir Schlaf nennen, aus dem Wachzustand mit hinein?

Wenn wir das einmal durchdringen wollen, was sich die Seele aus der äußeren Welt der physischen Wirklichkeit, in der sie von Erlebnis zu Erlebnis geht während des Wachens, hineinbringt in das geistige Wesen des Schlafes, dann müssen wir uns vor allen Dingen an dasjenige halten, was wir die persönliche Entwickelung des Menschen zwischen Geburt und Tod nennen. Diese Entwickelung des Menschen tritt uns ja darin entgegen, daß uns der Mensch in einem späteren Lebenszustand reifer, mehr durchdrungen von Lebenserfahrung und Lebensweisheit erscheint, daß er in einem späteren Lebensalter gewisse Fähigkeiten und Kräfte sich erworben hat, die er in früherem Lebensalter nicht hatte.

Daß der Mensch aus der Außenwelt etwas in sich hineinnimmt und es umgestaltet in seinem Innern, davon können wir uns schon überzeugen, wenn wir folgendes überlegen: Zwischen 1770 und 1815 haben sich gewisse Ereignisse abgespielt, die für die Weltentwickelung von großer Bedeutung waren. Die verschiedensten Menschen haben diese Ereignisse mitgemacht. Es gab nun solche Menschen, die sie mitgemacht haben, an denen aber diese Ereignisse stumm vorbeigegangen waren; andere hat es gegeben, auf welche diese Ereignisse so gewirkt haben, daß sie sich mit Lebenserfahrung, mit Lebensweisheit erfüllt haben, so daß sie auf eine höhere Stufe ihres Seelenlebens hinaufgestiegen sind.

Was ist da eigentlich geschehen?

Das zeigt sich uns am besten an einem einfachen Ereignis des menschlichen Lebens. Nehmen wir die Entwickelung des Menschen in bezug auf das Schreibenkönnen. Was ist eigentlich geschehen, damit wir imstande sind, in einem bestimmten Augenblick unseres Lebens die Feder ansetzen und unsere Gedanken durch die Schrift ausdrücken zu können? Da mußte früher mancherlei geschehen. Eine ganze Reihe von Erlebnissen mußte gemacht werden, vom ersten Versuche an, die Feder in die Hand zu nehmen, den ersten Strich zu machen, bis zu all den Bemühungen, die zuletzt dahin führten, daß wir diese Kunst auch wirklich verstanden. Wenn wir uns erinnern, was sich da alles abspielen mußte, durch Monate und Jahre hindurch, wenn wir uns erinnern an alles, was wir durchgemacht haben dabei, vielleicht an Strafen, Verweisen und dergleichen, um endlich umzuwandeln eine Reihe von Erlebnissen in die Fähigkeit des Schreibenkönnens, dann müssen wir sagen: es sind Erlebnisse umgegossen, umgeschmolzen worden, so daß sie gleichsam wie in einer Essenz erscheinen im späteren Leben in dem, was wir die Fähigkeit des Schreibenkönnens nennen.

Geisteswissenschaft zeigt, wie das geschieht, wie eine Reihe von Erlebnissen zusammenrinnt, gleichsam gerinnt in eine Fähigkeit. Das aber könnte niemals geschehen, wenn der Mensch nicht immer und immer wieder durch den Schlaf durchgehen könnte. Derjenige, der das Leben beobachtet, der wird wissen, was sich schon im Alltag zeigt: Wenn wir uns bemühen, dies oder jenes uns einzuprägen, dann erfährt das Einprägen und Behalten eine wesentliche Förderung, wenn wir wieder darüber schlafen können; dann wird es unser Eigentum. Und so ist es im ganzen menschlichen Leben.

Dasjenige, was wir an Erlebnissen durchmachen, muß sich vereinigen mit unserer Seele; es muß von dieser verarbeitet werden; es muß zur Gerinnung gebracht werden, um in Fähigkeit umgebildet werden zu können.

Diesen ganzen Prozeß vollzieht die Seele während des Schlafzustandes. Die Tageserlebnisse, die sich ausbreiten in der Zeit, die rinnen zusammen während des nächtlichen Schlafes und gießen sich um in dasjenige, was wir geronnene Erlebnisse, menschliche Fähigkeiten nennen. So zeigt sich uns, was wir des Abends mitnehmen aus den äußeren Erlebnissen, nämlich dasjenige, was dann umgewandelt wird und umgewoben zu unseren Fähigkeiten. So steigert sich unser Leben dadurch, daß die Erlebnisse des Tages umgegossen werden während der Nacht in Fähigkeiten, in Kräfte.

Das heutige Zeitbewußtsein hat von diesen Dingen nicht viel Ahnung; aber es war nicht immer so, es gab Zeiten, in denen man aus einem alten Hellsehertum heraus über diese Dinge wohl Bescheid wußte. Da soll nur ein Beispiel angeführt werden, wo ein Dichter in einer höchst merkwürdigen Weise bildlich zeigt, wie er sich dieser Umwandlung bewußt war. Der alte Dichter

Homer, der mit Recht auch ein Seher genannt wird, schildert uns in seiner «Odyssee», wie Penelope in der Abwesenheit ihres Gatten von einer Anzahl von Freiern bestürmt wird, und wie sie ihnen verspricht, sich erst dann zu entscheiden, wenn sie ein Gewebe fertig gebracht hätte. Sie löste aber in der Nacht immer wieder auf, was sie bei Tag gewoben hatte. Wenn ein Dichter darstellen will, wie eine Reihe von Erlebnissen, die wir am Tage haben, eine Reihe von Erlebnissen, wie es diejenigen der Penelope mit den Freiern waren, sich nicht zu irgendeiner Fähigkeit umbilden sollen und nicht zusammenrinnen sollen zu der Fähigkeit des Entschlusses, dann muß er darstellen, wie das, was die Tageserlebnisse weben, des Nachts wieder aufgedröselt werden muß, denn sonst würde es sich unweigerlich umgestalten zur Fähigkeit des Entscheidens. Solche Dinge können demjenigen, der nur vom heutigen Bewußtsein erfüllt ist, wie eine Haarspalterei erscheinen, und er kann glauben, daß man in die Dichter etwas hineinträgt; aber die Großen unter den Menschen waren wirklich nur diejenigen, die aus den großen Weltgeheimnissen heraus gearbeitet haben, und man hat, wenn man heute schön von Ursprünglichkeit und ähnlichem redet, keine Ahnung davon, aus welchen Tiefen die wirklich großen Kunstleistungen der Welt gekommen sind.

Also wir sehen, wie sich die äußeren Erlebnisse, die wir hineinnehmen in den Schlafzustand der Seele, umgießen in Fähigkeiten und Kräfte, und wie die menschliche Seele dadurch vorrückt in dem Leben zwischen Geburt und Tod, wie sie etwas hineinbringt in die geistige Welt, um es wiederum herauszubringen zu einer Steigerung der menschlichen Seele. Wenn wir aber dann diese Entwickelung zwischen der Geburt und dem Tode betrachten, dann müssen wir sagen: Oh, es ist dem Menschen eine gewisse enge Grenze gesetzt in bezug auf diese Entwickelung. Diese Grenze tritt uns dann besonders vor die Seele, wenn wir uns überlegen, daß wir zwar an unseren Seelenfähigkeiten arbeiten und sie steigern können, daß wir sie umgestalten können und in einer späteren Epoche des Lebens mit einer vollkommeneren Seele existieren als in einer früheren Epoche, aber daß hier eine Grenze der Entwickelung ist. Man kann gewisse Fähigkeiten im Menschen entwickeln, aber alles das nicht, was nur dadurch vorwärts schreiten könnte, daß wir das Organ des physischen und des Ätherleibes umgestalteten. Diese sind mit ihren bestimmten Anlagen von der Geburt an vorhanden; wir finden sie vor. Wir können uns zum Beispiel nur dann ein gewisses Musikverständnis aneignen, wenn wir von vornherein die Anlage zu einem musikalischen Gehör haben. Das ist ein krasser Fall, an dem sich zeigt, daß die Umwandlung scheitern kann, und daß sich die Erlebnisse zwar mit unserer Seele vereinigen können, wir aber darauf verzichten müssen, sie uns einzuverleiben.

Wenn wir solche Grenzen finden an unserem Leibesleben, dann müssen wir verzichten, zwischen Geburt und Tod diese Erlebnisse in unser Leibesleben hineinzuverweben. Weil das so ist, so müssen wir, wenn wir das menschliche Leben von einem höheren Standpunkt aus betrachten, die Möglichkeit, diesen Leib zersprengen, ablegen zu können, geradezu als etwas ungeheuer Heilsames, als etwas ungeheuer Bedeutsames für unser gesamtes menschliches Leben betrachten. Daran scheitert unsere Umwandlungsfähigkeit für den menschlichen Leib, daß wir diesen Ätherleib und physischen Leib jeden Morgen wieder vorfinden. Im Tode erst legen wir ihn ab. Wir schreiten durch die Pforte des Todes in eine geistige Welt hinein. Da, in dieser geistigen Welt, wo wir jetzt nicht mehr einen physischen und Ätherleib als Hindernis vorfinden, da können wir innerhalb der geistigen Substantialitäten alles dasjenige ausbilden, was wir erleben konnten zwischen Geburt und Tod, dem gegenüber wir aber resignieren mußten, weil wir an Grenzen stießen. – Wenn wir aus der geistigen Welt wiederum in ein neues Leben treten, dann erst können wir diese Kräfte, die wir dem geistigen Urbilde einverwoben haben, eintreten lassen in ein Dasein, das wir uns jetzt plastisch gestalten können in dem zunächst weichen Menschenleib. Nun erst können wir mit unserem Wesen verweben dasjenige, was wir uns im vorhergehenden Leben zwar aneignen, nicht aber auch hineintragen konnten in unser Wesen. So ist die Steigerung des Lebens möglich durch den Tod, weil wir dasjenige, was wir uns in einem Leben als Frucht der Erlebnisse nicht einverleiben konnten, nun im nächsten Leben uns einverweben können. Dasjenige, was das eigentliche menschliche Innere ist, was am Menschen durch die Leiber sich zum Dasein arbeitet, das tritt durch die Pforte des Todes von einem Leben zum anderen. Der Mensch hat nun nicht bloß die Möglichkeit, gewissermaßen zu arbeiten im Gröberen an seiner plastischen Leiblichkeit, damit er in diese plastische Leiblichkeit hineinprägt dasjenige, was er vorher nicht hineinprägen konnte, sondern er hat auch die Möglichkeit, gewisse feinere Früchte der vorhergehenden Leben in sein ganzes Wesen einzuprägen.

Wenn wir einen Menschen durch die Geburt ins Dasein treten sehen, so können wir sagen: So wie das Ich und der Astralleib mit Empfindungsseele, Verstandes- oder Gemütsseele und Bewußtsseinsseele durch die Geburt ins Dasein treten, so sind sie nicht bestimmungslos, sondern ihnen sind bestimmte Eigenschaften, bestimmte Merkmale eigen, die sie sich aus vorhergehenden Leben mitgebracht haben. Im Gröberen arbeitet der Mensch in das Plastische seines Leibes schon vor der Geburt alles das hinein, was er vorher als Früchte erhalten hat; aber im Feineren arbeitet der Mensch – und das zeichnet ihn dem Tiere gegenüber aus – auch nach der Geburt während seiner ganzen Kindheit und Jugendzeit, er arbeitet in die feinere Gliederung seiner äußeren und auch inneren Natur alles das hinein, was das Ich sich an Bestimmungsmerkmalen, an Bestimmungsgründen aus seinem vorhergehenden Leben mitgebracht hat. Und daß da das Ich hineinarbeitet und wie das Ich da arbeitet aus dem Wesen des Menschen heraus, sich in dem ausprägend, was es darlebt in der Welt, das ist es, was als der Charakter des Menschen hereintritt in diese Welt. Dieses Ich des Menschen arbeitet ja zwischen der Geburt und dem Tode, indem es auf dem Instrumente der Seele, der Empfindungs-, der Verstandes- und der Bewußtseinsseele erklingen läßt, was es sich erarbeitet hat. Aber es arbeitet nicht so in dieser Seele, daß das Ich etwa als ein Äußerliches dem gegenüberstünde, was als Triebe, Begierden und Leidenschaften in der Empfindungsseele lebt, nein, das Ich eignet sich selber, wie zu seinem inneren Wesen gehörig, die Triebe, Begierden und Leidenschaften an: das Ich ist eins mit ihnen, ist auch eins mit seinen Erkenntnissen und mit seinem Wissen in der Bewußtseinsseele.

Daher nimmt sich der Mensch dasjenige, was er sich in diesen Seelengliedern an Harmonie und Disharmonie erarbeitet, durch die Pforte des Todes mit und arbeitet es in dem neuen Leben in die menschliche Äußerlichkeit hinein. Es prägt sich so das menschliche Ich mit dem, was es aus einem vorhergehenden Leben her geworden ist, in einem neuen Leben aus. Deshalb erscheint uns der Charakter zwar als etwas Bestimmtes, als etwas Angeborenes, aber doch wiederum als etwas, was sich nach und nach im Leben erst herausentwickelt.

Das Tier ist seinem Charakter nach von allem Anfange an durch die Geburt bestimmt, ist voll ausgeprägt; es kann nicht plastisch arbeiten an seinem Äußeren; der Mensch aber hat gerade diesen Vorzug, daß er bei seiner Geburt auftritt, ohne einen bestimmten Charakter nach außen zu zeigen, daß er aber in demjenigen, was in den tiefen Untergründen seines Wesens schlummert, was von früheren Leben her in dieses Dasein hereingeraten ist, Kräfte hat, die sich in dieses unbestimmte Äußere hineinarbeiten und so den Charakter allmählich formen, insoweit er durch das vorige Leben bestimmt ist.

So sehen wir, wie der Mensch in gewisser Beziehung einen angeborenen Charakter hat, der aber im Laufe des Lebens erst nach und nach sich auslebt. Wenn wir dies ins Auge fassen, so werden wir verstehen können, daß selbst große Persönlichkeiten sich irren konnten in bezug auf Beurteilung des menschlichen Charakters. Es gibt Philosophen, die behaupten, der menschliche Charakter könne sich nicht ändern, er sei als ein ganz Bestimmtes im Innern vorhanden. Das ist aber nicht richtig, nur insofern ist es zutreffend, als uns dasjenige, was von vorhergehenden Leben stammt, wie ein angeborener Charakter entgegentritt. Das ist es also, was als menschliches Zentrum aus dem Innern des menschlichen Wesens sich herausarbeitet und allen einzelnen Gliedern des Menschen das gemeinsame Siegel aufprägt, den gemeinsamen Charakter verleiht. Dieser Charakter geht sozusagen in das Seelische selbst hinein, er geht hinein auch in die äußeren Leibesglieder. Wir sehen das Innere sich gleichsam so nach außen ergießen, daß es alles nach sich in gewisser Weise formt, und wir empfinden, wie dieses innere Zentrum die einzelnen Glieder des Menschen zusammenhält. Bis in das äußere Leibliche hinein empfinden wir etwas, was uns als Abdruck der inneren Wesenheit in dem Äußeren des Menschen erscheinen kann.

Das, was man gewöhnlich theoretisch nicht gehörig beachtet, das hat einmal ein Künstler ganz wunderbar zur Darstellung gebracht. Er zeigt die menschliche Natur in dem Augenblick, wo das menschliche Ich, das zusammenhaltend allen Gliedern einen Mittelpunkt bildet, eine Einheit gibt, für sie verloren geht. Er zeigt, wie dann die einzelnen Wesensglieder, ein jedes sich selbst folgend, das eine die Richtung dahin und das andere dorthin nimmt. Es gibt ein großes berühmtes Kunstwerk, das uns gerade diesen Augenblick der menschlichen Wesenheit festhält, wo der Mensch desjenigen verlustig wird, was seinem Charakter zugrunde liegt, was dem *ganzen* Menschenwesen angehört. Es ist hier gemeint ein Kunstwerk, das vielfach mißverstanden worden ist. Glauben Sie nicht, daß hier eine billige Kritik angelegt werden soll an Geistern, deren Wirken von mir im höchsten Sinne Verehrung entgegengebracht wird; aber gerade darin zeigt sich die Schwierigkeit des menschlichen Weges zur Wahrheit, daß gewissen Erscheinungen gegenüber, gerade aus einem ungeheuren Wahrheitstrieb heraus, selbst große Geister irren.

Einer der größten deutschen Kunstkenner, *Winckelmann,* mußte aus den ganzen Voraussetzungen seines Wesens heraus irren gegenüber jenem Kunstwerk, welches unter dem Namen Laokoon bekannt ist. Diese Winckelmannsche Erklärung des Laokoon bewundert man vielfach. Man ist sich klar darüber in vielen Kreisen, daß man Besseres gar nicht sagen kann, als was Winkelmann gesagt hat über die Gestalt des Laokoon, jenes Priesters von Troja, der inmitten seiner beiden Söhne von Schlangen umwunden, zu Tode gepreßt wird. Winkelmann, der in schöner Begeisterung dem Kunstwerk gegenüberstand, sagte: man sähe hier den Priester Laokoon, der in jeder Form, die sich in seinem Leibe darstellt, edel und groß einen unendlichen Schmerz zum Ausdruck bringt, vor allen Dingen den Vaterschmerz. Er steht zwischen den Söhnen; die Schlangen umwinden die Leiber. Der Vater – so meint Winckelmann – merkt den Schmerz seiner Söhne und in seinem Vaterempfinden erfühlt er jenes Ungeheure, das den Unterleib einzieht und das Ganze des Schmerzes herauspreßt. Wir könnten die Gestalt des Laokoon aus dem verstehen, daß er sich selbst vergißt, indem er von unendlichem Mitleid für die Söhne seines Blutes entbrennt.

Es ist eine schöne Erklärung, die Winckelmann von diesem Schmerz des Laokoon gegeben hat, aber derjenige, der Gewissen hat und immer wieder und wieder, weil er gerade Winckelmann als große Persönlichkeit verehrt, den Laokoon ansieht, der muß sich zuletzt sagen: Winckelmann muß hier geirrt haben, denn es ist ganz unmöglich, daß in der Gruppe der Moment gegeben ist, der aus dem Mitleid hervorgeht. Der Kopf ist so gerichtet, daß der Vater seine Söhne gar nicht sieht. Es ist ganz falsch dargestellt, wie Winckelmann die Gruppe ansah. Wenn wir die Gruppe ansehen und ein unmittelbares Empfinden haben, dann werden wir uns klar darüber, daß wir in der Laokoon-Gruppe den ganz bestimmten Moment gegeben haben, wo durch die Umringelung der Schlangen dasjenige, was wir das menschliche Ich nennen, aus dem Leibe des Laokoon heraus ist, wo die einzelnen des Ich entblößten Triebe, ein jeder bis in das Körperliche hinein, ihren Weg gehen. So sehen wir, wie der Unterleib, der Kopf, jedes einzelne Glied seinen Weg geht und nicht in einen charaktervollen Einklang gebracht werden mit der äußeren Gestalt, weil das Ich eben entschwunden ist.

Ein solcher Moment, der uns im Äußerlich-Körperlichen zeigt, wie der Mensch den einheitlichen Charakter verliert, wenn das Ich schwindet, das als starker Mittelpunkt selbst die Leibesglieder zusammenfügt, ein solcher Moment ist uns im Laokoon dargestellt. Und gerade, wenn wir so etwas wirken lassen auf unsere Seele, dann dringen wir bis in jenes Einheitliche vor, das sich uns als das Zusammenstimmende der Leibesglieder ausdrückt, das hineinprägt dasjenige, was wir den menschlichen Charakter nennen.

Nun aber müssen wir uns fragen: Wenn das richtig ist, daß der Mensch in gewisser Beziehung seinen Charakter angeboren hat – und das läßt sich nicht leugnen, denn jeder Blick ins Leben kann uns lehren, daß über eine bestimmte Grenze hinaus alles dasjenige, was der Mensch mitbringt, sich durch alle Mühe nicht verändern läßt –, wenn der Mensch auf der einen Seite den Charakter angeboren hat, ist es da doch möglich, daß der Mensch etwas tut, um den Charakter in gewisser Weise umzuformen?

Ja, insofern nämlich der Charakter dem Seelenleben angehört, insofern er demjenigen angehört, was, ohne daß wir eine Grenze finden an den äußeren Leibesgliedern, wenn wir des Morgens aufwachen, umgebildet werden kann am Zusammenstimmen der einzelnen Seelenglieder, an Verstärkung der Kräfte der Empfindungsseele, der Verstandes- oder Gemütsseele und der Bewußtseinsseele, insofern kann auch noch am Charakter fortgebildet werden durch das persönliche Leben zwischen Geburt und Tod.

Darüber etwas zu wissen, ist besonders wichtig für die Erziehung. Wie es außerordentlich wichtig ist, die Unterschiede und die Wesenheit der menschlichen Temperamente zu kennen, wenn man ein richtiger Erzieher sein soll, so notwendig ist es, auch etwas über den menschlichen Charakter zu wissen, und auch darüber etwas zu wissen, was der Mensch tun kann zwischen Geburt und Tod, um diesen Charakter umzuformen, der in gewisser Beziehung durch das vorhergehende Leben und seine Früchte bestimmt ist. Wenn wir das wissen wollen, dann müssen wir uns klar sein, daß der Mensch in seinem persönlichen Leben gewisse allgemein typische Entwickelungsepochen durchmacht. Sie finden die nötigen Anhaltspunkte für das, was jetzt skizzenhaft angedeutet wird, in meinem Schriftchen: «Die Erziehung des Kindes vom Gesichtspunkte der Geisteswissenschaft.» Der Mensch macht zunächst eine Epoche durch vom Momente seiner Geburt bis zu der Zeit, wo der Zahnwechsel um das siebente Jahr herum eintritt. Das ist die Epoche, wo vorzugsweise der physische Leib durch äußeren Einfluß ausgebildet werden kann. Von diesem siebenten Jahre an, von dem Zahnwechsel bis zum dreizehnten, vierzehnten, fünfzehnten Jahre, bis zur Geschlechtsreife, ist eine Epoche, wo vorzugsweise sein Ätherleib ausgebildet werden kann, das zweite Glied der menschlichen Wesenheit. Dann tritt der Mensch in eine dritte Epoche ein, wo vorzugsweise sein Astralleib, der niedrigere

Astralleib, gebildet werden kann; und dann kommt, etwa vom einundzwanzigsten Jahre angefangen, das Lebensalter, wo der Mensch nun gleichsam wie eine selbständige, freie Wesenheit der Welt gegenübersteht und selber an der Ausbildung seiner Seele arbeitet. Da sind die Jahre von zwanzig bis achtundzwanzig wichtig für die Entwickelung der Kräfte der Empfindungsseele.

Die nächsten sieben Jahre etwa – das sind immer nur Durchschnittszahlen – bis zum fünfunddreißigsten Jahre sind besonders wichtig für die Entwickelung der Verstandes- oder Gemütsseele, die wir insbesondere dadurch zur Ausbildung bringen können, daß wir mit dem Leben in Wechselwirkung treten. Wer das Leben nicht beobachten will, der mag darin Unsinn sehen; wer aber das Leben mit offenen Augen betrachtet, der wird wissen, daß gewisse Wesensglieder des Menschen insbesondere in gewissen Epochen des Lebens ausgebildet werden können. In den ersten Zwanzigerjahren sind wir besonders imstande, durch Wechselwirkung mit dem Leben unsere Begierden, Triebe, Leidenschaften und so weiter an den Eindrücken und Einflüssen der Außenwelt zu entfalten. Ein Werden an Kräften werden wir fühlen können durch entsprechende Wechselwirkung der Verstandesseele mit der Umwelt; und derjenige, der da weiß, was wirkliche Erkenntnis ist, der weiß auch, daß alles frühere Aneignen von Erkenntnissen nur Vorbereitung sein kann; daß jene Reife des Lebens, wo man wirklich überschauend sich Erkenntnisse aneignen kann, im Grunde genommen durchschnittlich erst mit dem fünfunddreißigsten Jahre eintritt. Solche Gesetze gibt es. Nur derjenige wird sie nicht beobachten, der überhaupt das menschliche Leben nicht beobachten will.

Wenn wir das ins Auge fassen, dann sehen wir, wie dieses menschliche Leben zwischen Geburt und Tod gegliedert ist. Daraus aber, daß das Ich so arbeitet, daß es die Seelenglieder abstimmt gegeneinander, daß es aber auch dasjenige, was es erarbeitet, gliedern muß nach Maßgabe der äußerlichen Leiblichkeit, daraus werden wir einsehen, wie wichtig es ist, als Erzieher zu wissen, daß bis zum siebenten Jahre der äußere physische Leib seine Entwickelung erfährt. Alles dasjenige, was auf den physischen Leib einwirken kann von der physischen Welt, was ihn mit Kraft und Stärke ausstattet, das kann nur in dieser ersten Epoche an den Menschen herangebracht werden. Nun besteht ein geheimnisvoller Zusammenhang zwischen dem physischen Leib und der Bewußtseinsseele, der bei genauer Beobachtung des Lebens gründlich hervorgehen kann.

Wenn nun das Ich stark werden soll, so daß es sich mit den Kräften der Bewußtseinsseele im späteren Leben, also erst nach dem fünfunddreißigsten Jahre, durchsetzen soll, wenn das Ich so arbeiten soll im Seelenleben, daß es durch die Durchdringung der Bewußtseinsseele herausgehen kann aus sich selber zu einem Wissen von der Welt, so darf es an dem physischen Leib keine Grenze finden, denn der physische Leib gerade kann dasjenige sein, was der Bewußtseinsseele und dem Ich die größten Hindernisse entgegensetzt, wenn dieses Ich nicht verschlossen bleiben will im Innern, sondern heraus will zu einem offenen Wechselverkehr mit der Welt. Da wir aber innerhalb gewisser Grenzen durch die Erziehung dem Kinde bis zum siebenten Jahr Kräfte zuführen können für den physischen Leib, so sehen wir hier einen merkwürdigen Lebenszusammenhang. Oh, es ist nicht gleichgültig für das spätere Leben des

Menschen, was der Erzieher mit dem Kinde vornimmt! Nur diejenigen, die das Leben nicht zu beobachten verstehen, die wissen nichts von solchen Lebensgeheimnissen; wer aber vergleichen kann frühestes Kindesalter mit demjenigen, was vom fünfunddreißigsten Jahre an auftritt an freiem Wechselverkehr mit der Welt, der weiß, daß wir einem Menschen, der mit der Welt in offenen Verkehr treten soll, der auf die Welt eingehen und nicht verschlossen in sich selber ruhen soll, daß wir dem die größten Wohltaten erweisen können, wenn wir in entsprechender Weise in der ersten Epoche seines Lebens auf ihn wirken. Was wir da dem Kinde zuführen an Freuden des unmittelbaren physischen Lebens, an Liebe, die einströmt aus seiner Umgebung, das führt dem physischen Leibe Kräfte zu, das macht ihn bildungsfähig, das macht ihn gleichsam weich und plastisch.

Und so viel Freude und so viel Liebe und Glück wir dem Kinde in dieser ersten Lebensepoche zuführen, um so weniger Hindernisse und Hemmnisse hat der Mensch dann später, wenn er aus seiner Bewußtseinsseele heraus, durch die Arbeit des Ich, das auf der Bewußtseinsseele wie auf einer Saite spielt, einen offenen, einen freien, mit der Welt in Wechselwirkung tretenden Charakter bilden soll. – Alles das, was wir an Unliebe, was wir an finsteren Lebensschicksalen, an Schmerz das Kind bis zum siebenten Lebensjahre ertragen lassen, verhärtet seinen physischen Leib, und das alles schafft dann Hindernisse für das spätere Lebensalter. Und in dem gekennzeichneten späteren Lebensalter tritt dann das auf, was man einen verschlossenen Charakter nennt, ein Charakter, der in seiner Seele sein ganzes Wesen versperrt und nicht zu einem freien offenen Verkehr mit all den

Eindrücken der Außenwelt gelangen kann. So geheimnisvoll sind die Zusammenhänge im Leben.

Und wiederum gibt es Zusammenhänge zwischen dem Äther- oder Lebensleib und demjenigen, was in der zweiten Lebensepoche sich besonders ausbildet. Zwischen dem Ätherleib und der Verstandes- oder Gemütsseele besteht ein Zusammenhang. In der Verstandesseele ruhen die Kräfte, die durch das Spiel des Ich auf dieser Seele ihr entlockt werden können. Das sind alle die Kräfte, die den Menschen zu einem Menschen der Initiative, des Mutes oder zu einem Menschen der Feigheit, der Unentschlossenheit, der Lässigkeit heranbilden. Je nachdem das Ich stärker ist oder schwächer, je nachdem lebt sich der Mensch als feiger oder mutvoller Charakter dar. Dann aber, wenn der Mensch die beste Gelegenheit hat, durch das Wechselverhältnis mit dem Leben diese Eigenschaft der Verstandes- oder Gemütsseele sich besonders einzuprägen, sie besonders zu einem festen Charakter zu machen, dann kann er Hemmnisse und Hindernisse finden an seinem Äther- oder Lebensleib. Bringen wir nun dem Äther- oder Lebensleib zwischen dem siebenten, dreizehnten, vierzehnten Jahre alles dasjenige bei, was ihn durchdringen kann mit solchen Kräften, an denen ihm im späteren Leben kein Widerstand erwächst – also gerade für die Jahre achtundzwanzig bis fünfunddreißig –, dann haben wir für die Erziehung dieses Menschen etwas getan, wofür er uns innig danken muß. Wenn wir einem Menschen die Möglichkeit geben, zwischen dem siebenten und dreizehnten Jahre neben uns so zu stehen, daß wir ihm eine Autorität sein können, daß wir ihm persönlich ein Wahrheitsträger sind, wenn in diesem Alter, für welches Autorität etwas besonders Heilsames ist, wir als Lehrer, als Eltern oder Erzieher neben dem jungen Menschen so stehen, daß dieser sich sagt: Was sie uns darleben, das ist wahr –, dann steigern wir die Kräfte des Ätherleibes, und der Mensch wird dann im späteren Lebensalter, vom achtundzwanzigsten bis fünfunddreißigsten Jahre, am wenigsten Widerstand finden am Äther- oder Lebensleib; er wird dann, entsprechend der Anlage seines Ich, zu einem mutvollen Menschen mit Initiative werden können. Wir können also durch diese geheimnisvollen Zusammenhänge des Lebens, wenn wir sie kennen, in ungeheuer heilsamer Weise auf den Menschen einwirken.

Es ist in unserer chaotischen Bildung verlorengegangen das Bewußtsein von solchen Zusammenhängen, die man früher instinktiv gekannt hat. Da kann man immer mit Wohlbehagen betrachten, was ältere Lehrer wie aus einem tiefen Instinkt oder aus Inspiration heraus über diese Dinge noch gewußt haben. Da muß man sagen: Die alte *Rotteck*sche Weltgeschichte mag heute da und dort überholt sein; wenn man aber mit Menschenverständnis diese alte Rotteckscheche Weltgeschichte in die Hand nimmt, die wir, als wir jung waren, in den Bibliotheken unserer Väter gefunden haben, denn da wurde sie gelesen, so findet man eine eigentümliche Darstellungsweise, eine Darstellungsweise, die zeigt, daß jener Badenser Lehrer, der in Freiburg Geschichte gelehrt hat, nicht nur trocken und nüchtern gelehrt hat. Wenn man nur das Vorwort liest zu dieser Rotteckschen Weltgeschichte, die ihrem Geist nach etwas Außerordentliches ist, dann hat man das Gefühl: Das ist ein Mensch, der spricht zu der Jugend aus dem Bewußtsein heraus: Du mußt dem Menschen in diesem Alter – zwischen vierzehn und einundzwanzig Jahren, wo der Astralleib zur Entwickelung kommt – die Kräfte zuführen, die aus schönen, großen Idealen hervorgehen. Überall sucht Rotteck herauszuholen, was den Menschen erfüllen kann mit der Größe der Ideen der Helden, mit Begeisterung für das, was Menschen gewollt, gelitten haben im Verlauf der Menschheitsentwickelung. Und solch ein Bewußtsein hat seine volle Berechtigung; denn dasjenige, was in den Astralleib in diesem Lebensalter, von vierzehn bis einundzwandzig Jahren, in solcher Art hineingegossen wird, das kommt unmittelbar nachher der Empfindungsseele zugute, wenn das Ich im freien Wechselspiel mit der Welt den Charakter erarbeiten will. In der Empfindungsseele wird eingeprägt, das heißt dem Charakter wird einverleibt dasjenige, was an hohen Idealen, an Begeisterung in die Seele geflossen ist. Das wird dem Ich selber einverleibt, das wird dem Charakter aufgeprägt.

So sehen wir, wie in der Tat dadurch, daß in einer gewissen Weise die menschlichen Hüllen, der physische Leib, der Äther- oder Lebensleib, der Astralleib noch plastisch sind, sie durch die Erziehung dieses oder jenes beigefügt erhalten können in der Jugend, und es dadurch möglich machen, daß später der Mensch an seinem Charakter arbeitet. Wenn das Nötige nicht geschehen ist, dann wird es schwierig, am Charakter zu arbeiten; da sind dann die stärksten Mittel notwendig. Dann wird es notwendig, daß der Mensch sich ganz bewußt hingibt einer tief innerlichen meditativen Betrachtung gewisser Eigenschaften und Gefühle, die er bewußt einprägt in das Seelenerleben. Solch ein Mensch muß versuchen, die Kulturströmungen, die als Bekenntnisse zum Beispiel religiöser Art nicht nur wie Theorien sprechen wollen, inhaltlich zu erleben. Den großen Weltanschauungen, dem, was uns im späteren Leben noch mit unseren Begriffen und Empfindungen, mit unseren Ideen in die großen umfassenden Weltengeheimnisse hineinführt, dem müssen wir uns wieder und wiederum hingeben, nicht nur in einmaliger Betrachtung. Wenn wir uns in solche Weltgeheimnisse vertiefen können, uns ihnen immer wieder gerne hingeben, wenn sie uns eingeprägt werden in Gebeten, die wir tagtäglich wiederholen, dann können wir selbst noch im späteren Leben durch das Spiel des Ich unseren Charakter umprägen.

Das erste dabei ist, daß der Mensch also dasjenige, was seinem Ich einverleibt ist, was sein Ich sich erobert, in seine Seelenglieder, in die Empfindungsseele, in die Verstandes- oder Gemütsseele und in die Bewußtseinsseele hineinprägt. Nun vermag der Mensch im allgemeinen nicht viel über die äußere Leiblichkeit. Wir haben gesehen, daß der Mensch eine Grenze hat an der äußeren Leiblichkeit, daß sie mit gewissen Anlagen ausgestattet ist; doch wenn wir genauer beobachten, so sehen wir, daß allerdings diese Grenze dennoch zuläßt, daß der Mensch auch zwischen Geburt und Tod an seiner äußeren Leiblichkeit arbeitet.

Wer wird nicht schon beobachtet haben, wie ein Mensch, der sich wirklich tieferen Erkenntnissen durch ein Jahrzehnt zum Beispiel hingibt – solchen Erkenntnissen, welche nicht graue Lehre bleiben, sondern die sich umgestalten in Lust und Leid, in Seligkeit und Schmerz, die im Grunde erst dadurch zu wirklicher Erkenntnis werden und sich mit dem Ich verweben –, wer wird nicht beobachtet haben, daß da selbst die Physiognomie, die Geste, das ganze Gehaben des Menschen sich umändert, wie das Arbeiten des Ich sozusagen bis in die äußere Leiblichkeit hineingeht!

Aber viel ist es nicht, was da der Mensch durch das, was er sich im Leben zwischen Geburt und Tod erwirbt, in seine äußere Leiblichkeit einprägen kann. Das meiste von dem, was er sich so erwirbt, ist etwas, dem gegenüber er verzichten muß, das er sich aufbewahren muß für ein nächstes Leben. Dafür bringt der Mensch mancherlei aus früheren Leben mit und kann, wenn er sich die innere Fähigkeit dazu erwirbt, es steigern durch das, was er sich zwischen Geburt und Tod erarbeitet.

Und so sehen wir, wie der Mensch bis in die Leiblichkeit hinein arbeiten kann, wie der Charakter nicht bloß im inneren Seelenleben sich begrenzt, sondern herausdringt in die äußeren Leibesglieder. Dasjenige am Menschen, in dem sich das Äußerste seines innersten Charakters besonders ausprägt, das ist in erster Linie sein mimisches Spiel; ferner das, was wir nennen können seine Physiognomie, und drittens die plastische Bildung der Knochen seines Schädels, dasjenige, was uns in der Schädelkunde entgegentritt.

Wenn wir uns nun fragen: Wie kommt der Charakter des Menschen bis in der Äußerlichkeit, in seiner Geste, Physiognomie und Knochenbildung zum Ausdruck? – so haben wir dazu wiederum einen Anhaltspunkt durch jene geisteswissenschaftliche Vertiefung in die menschliche Wesenheit, die sagen kann: Das Ich arbeitet bildend zunächst an der Empfindungsseele, die alle Triebe, Begierden, Leidenschaften, kurz, alles das umschließt, was man innere Impulse des Willens nennen kann. Dasjenige, was das Ich auf dieser Saite des Seelenlebens spielt, das kommt dann im Äußeren, in der Geste zur Darstellung. Was in der Empfindungsseele als Charakter innerlich sich auslebt, offenbart sich nach außen in der Mimik, in der Geste, und wir können sagen, daß uns diese Geste vom Innern des Menschen gerade in bezug auf seinen Charakter viel verraten kann.

Wenn beim Menschen auch vorzugsweise aus seinem Charakterwesen heraus das Ich in der Empfindungsseele arbeitet, so spielt doch das, was das Ich gleichsam anschlägt auf der Saite der Empfindungsseele, in die anderen Seelenglieder hinein. Wenn das Ich vorzugsweise an der Empfindungsseele arbeitet, dann klingt besonders stark die Empfindungsseele, und es müssen mitklingen die anderen; das drückt sich aber in der Geste aus. Alles dasjenige, was sich im gröbsten Stile bloß in der Empfindungsseele ausprägt, kommt in der Geste zum Erscheinen im menschlichen Unterleib. Wer sich in Wohlbehagen auf den Bauch klopft, bei dem können wir genau sehen, wie er ganz mit seinem Charakter in der Empfindungsseele eingeschlossen lebt, wie wenig bei ihm zum Ausdruck kommt von dem, was seine Willensimpulse in den höheren Seelengliedern sind.

Wenn aber das Ich, das in der Empfindungsseele vorzugsweise lebt, doch aber das, was es an Trieben, Begierden, Willensentschlüssen in dieser Empfindungsseele auslebt, heraufschlägt in die Verstandesseele, dann kommt das in einer Geste zum Ausdruck, die sich auf dasjenige Organ des Menschen bezieht, das vorzugsweise der äußere Ausdruck ist für die Verstandes- oder Gemütsseele: hier in der Gegend des Herzens. Daher sehen wir bei denjenigen Menschen, die den sogenannten Brustton der Überzeugung haben, die aus ihren Empfindungen heraus zwar sprechen, aber imstande sind, diese Empfindungen doch umzuprägen in Worte und das auszudrücken: daß sie sich ans Herz schlagen. Nicht aus der Objektivität des Urteils heraus reden sie, sondern aus Leidenschaft. Wir können den leidenschaftlichen Charakter, der aber in die Verstandesseele heraufschlägt, wir können den Menschen, der zwar ganz in der Empfindungsseele lebt, der aber durch sein starkes Ich fähig ist, die Töne heraufschlagen zu lassen in die Verstandesseele, erkennen, wenn er sich besonders breit hinstellt.

Es gibt Volksredner, die den Daumen in die Westenlöcher hineinstecken und sich breit vor das Publikum hinstellen: das sind diejenigen, die aus der unmittelbaren Empfindungsseele heraus sprechen, die das, was sie egoistisch und ganz persönlich, nicht aus der Objektivität heraus empfinden, in Worte umprägen, aber jetzt mit der Geste – Daumen in den Westenlöchern – bekräftigen.

Diejenigen Menschen, welche bis in die Bewußtseinsseele heraufklingen lassen, was in ihrer Empfindungsseele vom Ich ausgeprägt und angeschlagen ist, das sind solche, die durch ihre Geste an dem Organ arbeiten, das insbesondere der äußerliche Ausdruck der Bewußtseinsseele ist. Solche Menschen zeigen es klar, wenn sie es besonders schwer haben, das, was sie innerlich fühlen, zu einer gewissen Entscheidung zu bringen; es erscheint uns wie ein äußerlicher Abdruck dieser Entscheidung, wenn der Mensch den Finger an die Nase legt, wenn er das insbesondere andeuten will, wie schwer es ihm wird, das aus den Tiefen der Bewußtseinsseele zu heben.

Und so können wir sehen, wie alles, was eigentlich in den Seelengliedern sich ausprägt als die charakterisierte Arbeit des Ich, sich hinausergießt bis in die Geste.

Wir können aber sehen, wenn der Mensch vorzugsweise in der Verstandes- oder Gemütsseele lebt, was also schon näher dem menschlichen Innern liegt, was also am Menschen nicht von außen bestimmt ist, worunter er nicht sklavisch seufzt, was mehr sein Eigentum ist, wie das sich kundgibt im physiognomischen Ausdruck namentlich seines Gesichtes. Wenn das Ich die Saite der

Verstandesseele anschlägt, diese aber hinunterklingt in die Empfindungsseele, wenn der Mensch zunächst zwar fähig ist, mit seinem Ich in der Verstandesseele zu leben, aber alles, was dann darinnen ist, sich hinunterdrückt in die Empfindungsseele; wenn sein Urteil ihn so durchdringt, daß er erglüht für sein Urteil, dann sehen wir, wie sich das ausdrückt in der zurücktretenden Stirn, in dem hervortretenden Kinn. Was eigentlich in der Verstandesseele erlebt wird und nur hinunterklingt in die Empfindungsseele, das drückt sich aus an den unteren Partien des Gesichts. Wenn der Mensch dasjenige entfaltet, was gerade die Verstandesseele entfalten kann, den Einklang zwischen dem Äußeren und dem Innern, wo der Mensch weder durch inneres Grübeln verschlossen, noch durch völliges Hingegebensein leer wird im Innern, wo ein schöner Einklang ist zwischen dem Äußeren und Innern, wenn also vorzugsweise das Ich in seiner Charakterprägung in der Verstandesseele lebt, so drückt sich das in der Mittelpartie des Gesichts – dem äußeren Ausdruck für die Verstandes- oder Gemütsseele – aus.

Und hier können wir sehen, wie fruchtbar Geisteswissenschaft wird für die Kulturbetrachtung. Sie zeigt, daß die aufeinanderfolgenden Eigenschaften auch bei den aufeinanderfolgenden Völkern in der Weltentwickelung ganz besonders sich ausprägen. So war die Verstandes- oder Gemütsseele insbesondere im alten Griechentum ausgeprägt. Da war jener schöne Einklang zwischen dem Äußern und dem Innern da, da war vorhanden das, was man in der Geisteswissenschaft nennt den charaktervollen Ausdruck des Ich in der Verstandes- oder Gemütsseele. Bei den Griechen tritt uns daher in der äußeren Gestaltung die griechische Nase in ihrer Vollendung entgegen. Wahr ist es, daß wir solche Dinge erst verstehen, wenn wir das Äußere, das in der Materie Geprägte begreifen aus den geistigen Untergründen heraus, aus denen es hervorgeht.

Und der physiognomische Ausdruck, der entsteht, wenn der Mensch das, was vorzugsweise in der Verstandes- oder Gemütsseele lebt, heraufbringt bis zum Wissen, wenn er es auslebt in der Bewußtseinsseele, der ergibt die hervortretende Stirne. In diesem physiognomischen Ausdruck liegt die Offenbarung der Verstandes- oder Gemütsseele; daher drückt sich dies in einer besonderen Stirnbildung aus, gleichsam in die Bewußtseinsseele hinaufströmend das, was das Ich in der Verstandesseele arbeitet.

Wenn aber der Mensch ganz besonders lebt mit seinem Ich, so daß er charaktervoll dasjenige, was das Wesen des Ich ist, in seiner Bewußtseinsseele ausprägt, dann kann er zum Beispiel das, was das Ich anschlägt auf der Saite der Bewußtseinsseele, hinunterdrängen in die Verstandes- oder Gemütsseele und in die Empfindungsseele. Dieses letztere ist eine gewisse höhere Vollendung der menschlichen Entwickelung. Nur in unserer Bewußtseinsseele können wir durchdrungen werden von den hohen sittlichen Idealen, von den großen Erkenntnisüberblicken über die Welt.

Das alles muß in unserer Bewußtseinsseele leben. Dasjenige, was das Ich der Bewußtseinsseele an Kräften gibt, damit diese Erkenntnisse und einen Überblick über die Welt gewinnen kann, dasjenige, was das Ich der Bewußtseinsseele geben kann, damit in dieser leben können hohe sittliche Ideale, hohe ästhetische Anschauungen, das kann sich herunterdrücken und kann Enthusiasmus, Leidenschaft werden, das, was man nennen kann innere Wärme der Empfindungsseele. – Das tritt ein, wenn der

Mensch erglühen kann für dasjenige, was er erkennt. Dann ist das Edelste, wozu sich der Mensch zunächst erheben kann, wiederum heruntergebracht bis in die Empfindungsseele. So erhöht der Mensch die Empfindungsseele, wenn er sie durchströmen läßt mit dem, was zuerst in der Bewußtseinsseele vorhanden ist. Allerdings, was wir so in der Bewußtseinsseele erleben, was als der Ideal-Charakter erscheinen kann durch die Arbeit des Ich in der Bewußtseinsseele, das kann, weil unsere äußere Leiblichkeit durch die Anlagen, die wir bei der Geburt mitbringen, begrenzt ist, nicht hineingeprägt werden in die menschliche Leiblichkeit. Demgegenüber müssen wir darauf verzichten, es in die Leiblichkeit hineinzuprägen; das kann ein Ausdruck werden eines edlen Seelencharakters, aber bis in einen Ausdruck der äußeren Leiblichkeit können wir es nimmermehr hineinbringen. Wir müssen es mitnehmen durch die Pforte des Todes, dann aber ist es die mächtigste Kraft für das nächste Leben.

Was wir durchfeuert haben in der Empfindungsseele mit jener Leidenschaft, die erglühen kann für hohe sittliche Ideale, was wir so in die Empfindungsseele gegossen haben und was wir mitnehmen können durch die Pforte des Todes, das können wir hinübertragen in das neue Leben, und da kann es die mächtigste plastische Kraft entwickeln. Wir sehen im neuen Leben in der Schädelbildung, in den verschiedenen Erhöhungen und Vertiefungen des Schädels zum Ausdruck kommen, was wir an hohen sittlichen Idealen uns erarbeitet haben. – So sehen wir herüberleben bis in die Knochen hinein dasjenige, was der Mensch aus sich gemacht hat; daher müssen wir auch erkennen, daß alles, was sich auf die Erkenntnis der eigentlichen Knochenbildung des Schädels bezieht, auf die Erkenntnis der Erhöhungen und Vertiefungen im Schädelbau, daß das schließen läßt auf den Charakter, daß das individuell ist. Es ist Hohn, wenn man glaubt, allgemeine Schemen, allgemeine typische Grundsätze aufstellen zu können für die Schädelkunde. Nein, so etwas gibt es nicht. Für jeden Menschen gibt es eine besondere Schädelkunde; denn dasjenige, was er als Schädel mitbringt, bringt er sich aus vorhergehenden Leben mit, und das muß man bei jedem Menschen erkennen. So gibt es hierfür keine allgemeine Wissenschaft. Nur Abstraktlinge, die alles auf Schemen bringen wollen, die können Schädelkunde im allgemeinen Sinn begründen; wer da weiß, was den Menschen bis in die Knochen hinein formt, wie das eben geschildert wurde, der wird nur von einer individuellen Erkenntnis am Knochenbau des Menschen sprechen können. Damit haben wir auch etwas in dieser Schädelbildung, was bei jedem Menschen anders ist, und wofür wir den Grund nimmer im Einzelleben finden. In der Schädelbildung können wir greifen dasjenige, was man Wiederverkörperung nennt; denn in den Formen des menschlichen Schädels greifen wir, was der Mensch in früheren Leben aus sich gemacht hat. Da wird Reinkarnation oder Wiederverkörperung handgreiflich. Man muß nur erst wissen, wo man die Dinge in der Welt aufzugreifen hat.

So sehen wir, daß man dasjenige, was in einer gewissen Weise aus dem menschlichen Charakter herauswächst, bis in das härteste Gebilde hinein seinem Ursprung nach zu suchen hat, und wir sehen im menschlichen Charakter ein wunderbares Rätsel vor uns. Wir haben damit begonnen, diesen menschlichen Charakter zu schildern, wie das Ich ihn prägt in den Gebilden der

Empfindungsseele, Verstandes- oder Gemütsseele und Bewußtseinsseele. Wir sahen dann, wie dasjenige, was das Ich in ihnen erarbeitet, sich in die äußere Leiblichkeit hineinprägt, bis in die Geste, in die Physiognomie, ja bis in die Knochen hinein. Und indem das Menschenwesen von der Geburt bis zum Tode und zu einer neuen Geburt geführt wird, sehen wir, wie das innere Wesen am Äußeren arbeitet, im Menschen einen Charakter dem inneren Seelenleben aufprägend, und auch dem, was das äußere Bild und Gleichnis für dieses Innere ist, dem äußeren Leib. Und so verstehen wir wohl, wie es uns tief ergreifen kann, wenn wir im Laokoon den äußeren Leibescharakter auseinanderfallen sehen in die einzelnen Glieder; wir sehen gleichsam das Verschwinden des Charakters, der zum Wesen des Menschen gehört, an der äußeren Geste an diesem Kunstwerk. Hier haben wir vor uns, was uns so recht das Herausarbeiten in die Materie erweist, und umgekehrt wiederum etwas, was uns zeigt, wie die Anlagen, die wir von früher mitgebracht haben, uns bestimmen, wie in der Tat für ein Leben lang die materielle Ausgestaltung für den Geist bestimmend ist, und wie der Geist, indem er das Leben zersprengt, in einem neuen Leben jenen Charakter zum Ausdruck bringen kann, den er als Frucht für das neue Leben erwirbt. Da kann uns eine Stimmung ergreifen, die anklingt an jene Stimmung Goethes, die er empfand, da er Schillers Schädel in der Hand hielt und sagte: In den Formen dieses Schädels sehe ich materiell den Geist eingeprägt; charaktervoll eingeprägt, was mir entgegentönte in den Dichtungen Schillers, in den Worten der Freundschaft, die so oftmals zu mir geklungen haben; ja, hier sehe ich, wie Geist in der Materie arbeitete. Und wenn ich dieses Stück Materie betrachte, so zeigt es mir in seinen edlen Formen, wie frühere Leben dasjenige vorbereiteten, was mir in Schillers Geist so gewaltig entgegenleuchtete.

So lehrt uns diese Betrachtung als eigene Überzeugung den Ausspruch wiederholen, den Goethe der Betrachtung von Schillers Schädel gegenüber getan hat:

Was kann der Mensch im Leben mehr gewinnen,
Als daß sich Gott-Natur ihm offenbare,
Wie sie das Feste läßt zu Geist verrinnen,
Wie sie das Geist-Erzeugte fest bewahre.

DIE ASKESE UND DIE KRANKHEIT

Berlin, 11. November 1909

Des Menschen Leben pendelt hin und her zwischen Arbeit und Müßiggang. Diejenige Lebensbetätigung, welche uns in dem heutigen Vortrage beschäftigen soll, und die mit dem Namen der Askese zu bezeichnen ist, wird je nach den Lebensvoraussetzungen des einen oder des anderen, dieser oder jener Partei, entweder zur Arbeit gerechnet oder aber auch zum Müßiggang. Eine sachliche, unparteiische Betrachtung, wie sie im Sinne der Geisteswissenschaft gehalten werden muß, ist nur möglich, wenn man in Betracht zieht, wie dasjenige, was mit «Askese» bezeichnet wird – wenn es im höchsten Sinne des Wortes aufgefaßt und aller Mißbrauch daraus verbannt wird –, eingreift in das menschliche Leben, indem es dieses menschliche Leben entweder fördert oder auch schädigt.

Zunächst ist es ja richtig, daß die meisten Menschen, und zwar begründeterweise, sich gegenwärtig eine ziemlich falsche Vorstellung von dem machen, was eigentlich mit dem Worte Askese bezeichnet werden sollte. Nach dem griechischen Ursprung dieses Wortes könnte man nämlich ebensogut einen Athleten als einen Asketen bezeichnen. In unserer Zeit hat das Wort Askese eine ganz bestimmte Färbung erhalten durch die Gestalt, welche die entsprechende Lebensbetätigung im Laufe des Mittelalters angenommen hat; und für eine Reihe von Menschen hat das Wort die Färbung bekommen, die ihm zum Beispiel im Verlaufe des 19. Jahrhunderts

Schopenhauer gegeben hat. Heute wiederum erlangt das Wort eine gewisse Färbung durch allerlei Einflüsse orientalischer Philosophie und orientalischer Religion, nämlich durch das, was im Abendlande so häufig als «Buddhismus» bezeichnet wird. Nun wird es sich heute für uns darum handeln, den wahren Ursprung dessen, was Askese ist, in der menschlichen Natur aufzusuchen; und gerade die Geisteswissenschaft, wie sie in den hier bereits gehaltenen Vorträgen charakterisiert worden ist, wird dazu berufen sein, Klarheit auf diesem Gebiete zu schaffen, und zwar aus dem Grunde, weil ihre ganze Grundauffassung zusammenhängt mit etwas, was auch noch in der griechischen Wortbedeutung «askesis» zum Ausdruck kommt.

Geisteswissenschaft, Geistesforschung, wie sie von dieser Stelle hier schon seit Jahren vertreten wird, stellt sich auf eine ganz bestimmte Grundlage in bezug auf die Menschennatur. Die Geisteswissenschaft geht davon aus, daß man auf keiner Stufe der menschlichen Entwickelung sagen darf: da oder dort liegen die Grenzen des menschlichen Erkennens. Die Frage: was kann der Mensch wissen und was kann er nicht wissen? – diese Frage, die man heute in weitesten Kreisen für so berechtigt hält, ist für die Geisteswissenschaft ganz falsch gestellt. Die Geisteswissenschaft fragt nicht: Was kann man auf einer gewissen Stufe der menschlichen Entwickelung wissen? Was ergeben sich für eine solche Stufe menschlicher Entwickelung für Grenzen des Erkennens? Was kann man da nicht wissen? Was bleibt ein Unbekanntes, weil die menschliche Erkenntniskraft nun einmal nicht ausreicht? – Alle diese Fragen beschäftigen zunächst die Geisteswissenschaft als solche nicht. Sie steht ganz fest und sicher auf dem Boden der Entwikkelung, namentlich auch der Entwickelung der menschlichen Seelenkraft. Sie sagt: die menschliche Seele ist entwickelungsfähig. Wie in dem Pflanzensamen die künftige Pflanze schlummert und herausgeholt wird durch die Kräfte, die im Innern des Samens sind und durch solche, die von außen auf den Samen wirken, so schlummern verborgene Kräfte und Fähigkeiten immerfort in der menschlichen Seele. Und was der Mensch auf einer gewissen Stufe der Entwickelung noch nicht erkennen kann, das kann er erkennen, wenn er wiederum eine Strecke in der Entwickelung seiner vorher verborgenen geistigen Fähigkeiten weitergeschritten ist.

Welche Kräfte zu immer tieferer Erkenntnis der Welt, zu einem immer weiteren Horizonte können wir uns aneignen? – das ist die Frage der Geisteswissenschaft. Sie fragt nicht: Wo liegen die Grenzen der Erkenntnis? – sondern: Wie kann der Mensch über die jeweiligen Grenzen durch die Entwickelung seiner Fähigkeiten hinauskommen? – So umstellt die Geisteswissenschaft den menschlichen Erkenntnis-Horizont nicht mit einer Mauer, sondern sie ist vielmehr in allen ihren Methoden, in allen ihren Idealen darauf bedacht, diesen Horizont des Erkennens immer weiter zu machen, wie wir in den folgenden Vorträgen immer mehr und mehr sehen werden. – Und nicht in unbestimmten Redensarten, sondern in ganz bestimmter Weise zeigt die Geisteswissenschaft, wie der Mensch über das hinauskommen kann, was ihm an Erkenntniskräften sozusagen ohne sein Zutun durch eine Entwickelung gegeben worden ist, an der er selbst mit seinem Bewußtsein nicht beteiligt war. Denn diese Erkenntniskräfte beschäftigen sich zunächst nur mit der den menschlichen Sinnen gegebenen Welt, die durch den Verstand begreifbar ist, und an welche diese Sinne sich binden. Durch die in der Seele schlummernden Kräfte ist der Mensch imstande, weiter zu dringen zu jenen Welten, die zunächst den Sinnen nicht gegeben sind, die der an die Sinne sich bindende Verstand nicht erreichen kann. Und nur damit nicht von Anfang an der Vorwurf erhoben werde, daß unbestimmt gesprochen wird, soll ganz kurz einiges von dem angedeutet werden, was Sie ganz ausführlich über die Wege zur Erlangung höherer Erkenntnis verfolgen können in meiner Schrift: «Wie erlangt man Erkenntnisse der höheren Welten?».

Wenn man davon spricht, daß der Mensch über das ihm gegebene Maß von Erkenntnisfähigkeiten hinausgelangen soll, so ist es notwendig, daß er nicht ins Blaue, nicht ins Unbestimmte hinein seine Schritte mache, sondern daß er von dem festen Boden, auf dem er steht, den Weg hinüber findet in eine neue Welt. Wie kann das sein?

In dem gewöhnlichen normalen Menschenleben von heute wechseln ja für den Menschen zwei Zustände ab, die wir bezeichnen mit «Wachen» und «Schlafen». Ohne uns heute weiter auf die Charakteristik der beiden Zustände einzulassen, können wir sagen, daß sie sich für die Erkenntnisfähigkeit des Menschen dadurch unterscheiden, daß der Mensch während des Wachens die Anregung erhält für seine Sinne und für seinen an die Sinne gebundenen Verstand. An dieser Anregung entwickelt er seine äußere Erkenntnis. Da ist er während des Wachens ganz hingegeben an die äußere Sinnenwelt. Im Schlafe ist der Mensch entrückt dieser äußeren Sinnenwelt. Eine einfache, ganz logische Erwägung könnte es jedem Menschen klarmachen, daß es nicht so ganz unsinnig ist, wenn die Geistesforschung sagt, daß es wirklich ein Wesenhaftes in der Menschennatur gibt, was sich im Schlafe von dem, was wir sonst den physischen Menschen nennen, trennt. Es ist ja schon im Verlaufe dieser Vorträge darauf aufmerksam gemacht worden, daß im Sinne der Geisteswissenschaft dasjenige, was sozusagen am Menschen mit Augen zu sehen, mit Händen zu greifen ist, der physische Leib, nur eines der Glieder der menschlichen Wesenheit ist. Als ein zweites Glied dieser Menschennatur haben wir dann zu betrachten den sogenannten Äther- oder Lebensleib. Physischer Leib und Ätherleib bleiben während des Schlafes im Bette liegen. Von diesen Gliedern unterscheiden wir sodann dasjenige, was wir Bewußtseinsleib oder – stoßen wir uns nicht an dem Ausdruck – Astralleib nennen, den Träger von Lust und Leid, Freude und Schmerz, von Trieb, Begierde und Leidenschaft, und außerdem dasjenige Glied, wodurch der Mensch die eigentliche Krone der Erdenschöpfung ist: das Ich. Diese beiden letzten Glieder der menschlichen Wesenheit trennen sich im Schlafe vom physischen Leib und Ätherleib. Eine einfache logische Erwägung, sagte ich, kann den Menschen lehren, daß es doch nicht so ganz unsinnig ist, was die Geistesforschung sagt, wenn es der Mensch sich nur überlegt: daß dasjenige, was im Menschen vorhanden ist als Lust und Leid, Freude und Schmerz, was an Urteilskraft im Ich ist, doch nicht verschwinden kann in der Nacht und nicht jeden Morgen neu entstehen muß, sondern daß es da bleibt. Betrachten Sie dieses Herausgehen des astralischen Leibes und des Ich, wenn Sie wollen, als ein bloßes Bild: aber das ist nicht hinwegzuleugnen, daß sich Ich und astralischer Leib zurückziehen von dem, was wir physischen Leib und Ätherleib nennen.

Nun ist es aber das Eigentümliche, daß gerade die innersten Glieder der menschlichen Wesenheit, Astralleib und Ich, innerhalb welcher der Mensch das erlebt, was man seine seelischen Erlebnisse nennt, im Schlafe hinuntersinken wie in ein unbestimmtes Dunkel. Das heißt aber nichts anderes, als daß dieses Innerste der menschlichen Wesenheit – des eigentlichen menschlichen Lebens, so wie das normale Leben heute ist – der Anregung der äußeren Welt bedarf, wenn es seiner selbst und der Außenwelt bewußt werden soll. So können wir sagen, daß in dem Augenblick, wo mit dem Einschlafen die Anregung von außen aufhört, und auch die Kraft aufhört, die das Bewußtsein von außen rege hält, der Mensch ohnmächtig ist, in sich ein Bewußtsein zu entwickeln. Könnte der Mensch nun im normalen Verlaufe seines Lebens diese inneren Glieder seiner Wesenheit so anregen, so durchkraften, so innerlich beleben, daß er in ihnen ein Bewußtsein haben könnte ohne die Anregungen der Außenwelt, ohne sinnliche Eindrücke, ohne die Arbeit des an die Sinnenwelt gebundenen Verstandes, dann würde der Mensch durch ein solches Bewußtsein, durch solche Fähigkeiten in der Lage sein, auch anderes wahrzunehmen als das, was nur durch die Anregungen der Sinne kommt. So sonderbar es klingt, paradox eigentlich: Wenn der Mensch einen Zustand herstellen könnte, der dem Schlaf auf der einen Seite ähnlich und doch wiederum vom Schlaf wesentlich verschieden wäre, dann würde er zu einer übersinnlichen Erkenntnis kommen können. Ähnlich müßte dieser Zustand dem Schlaf dadurch sein, daß der Mensch ebenso wie im Schlafe keine Anregung von außen bekommt oder wenigstens nichts darauf gibt; – unähnlich müßte er dem Schlafe darinnen sein, daß der Mensch nicht in die Bewußtlosigkeit versinkt, sondern trotz aller mangelnden Anregung der äußeren Sinnenwelt ein in sich belebtes Inneres entfaltet.

Nun kann der Mensch – das eben gibt die geisteswissenschaftliche Erfahrung – zu einem solchen Zustand kommen; zu einem Zustand, den man, wenn das Wort nicht mißbraucht wird, wie es heute häufig geschieht, einen hellseherischen Zustand nennen kann. Und es soll in Kürze nur ein Beispiel angegeben werden von den zahlreichen inneren Übungen, durch die der Mensch zu einem solchen Zustande kommen kann.

Ausgehen muß der Mensch, wenn er mit Sicherheit in diesem Zustande leben soll, von der äußeren Welt. Nun liefert die Außenwelt dem Menschen Vorstellungen durch seine Sinne, die er dann die Wahrheit nennt, wenn er es dahin bringt, daß seine Vorstellungen den äußeren Gegenständen, der äußeren Wirklichkeit entsprechen. Durch eine solche Wahrheit kann aber der Mensch nicht über die äußere Sinnenwelt hinauskommen. – Es handelt sich nun darum, die Brücke zu schlagen zwischen der äußeren Sinneswahrnehmung und dem, was davon frei sein und dennoch Wahrheit bieten soll. Zu den ersten Stufen der Übungen, um eine solche Erkenntnisart sich anzueignen, gehört das sogenannte sinnbildliche oder symbolische Vorstellen. Wollen wir uns an einem Beispiel einmal ein brauchbares Sinnbild vor Augen führen, ein für die geistige Entwickelung brauchbares Symbol! Entwickeln wir es in der Form eines Gespräches, das etwa der Lehrer eines Schülers der Geisteswissenschaft mit diesem führt.

Um den Schüler zum Verständnis einer gewissen symbolischen Vorstellung zu bringen, könnte der Lehrer etwa folgendes sagen: Sieh dir einmal die Pflanze an, wie sie im Boden wurzelt, wie sie heranwächst, grünes Blatt um grünes Blatt hervortreibt und sich heraufentwickelt zur Blüte und zur Frucht. – Ich mache darauf aufmerksam, daß es dabei nicht ankommt auf irgendwelche naturwissenschaftliche Vorstellungen; denn wir werden schon sehen, daß es sich nicht um den Unterschied zwischen Pflanze und Mensch handelt, sondern um das Gewinnen brauchbarer sinnbildlicher Vorstellungen. – Nun könnte der Lehrer sagen: Jetzt betrachte einmal den Menschen, wie er vor dir steht im Leben. Dieser Mensch hat zweifellos manches vor der Pflanze voraus. Er kann in sich entwickeln Triebe, Begierden, Leidenschaften, ein Vorstellungsleben, das ihn hinaufführt die ganze Leiter von blinden Empfindungen und Trieben bis zu den höchsten sittlichen Idealen. Wenn wir den Menschen mit der Pflanze vergleichen, so könnte nur eine naturwissenschaftliche Phantastik der Pflanze einen ähnlichen Bewußtseinsinhalt zuschreiben, wie ihn der Mensch hat. Wir sehen aber dafür an der Pflanze, man könnte sagen, gewisse Vorzüge auf einer niederen Stufe gegenüber dem Menschen. Wir sehen an der Pflanze eine gewisse Sicherheit des Wachstums ohne die Möglichkeit einer Verirrung. Wir sehen dagegen beim Menschen jeden Augenblick die Möglichkeit, daß er abirren kann von dem, was seine richtige Stellung im Leben ist. Wir sehen, wie der Mensch seiner ganzen Substanz nach durchzogen ist von Trieben, Begierden und Leidenschaften, welche ihn in Irrtum, in Lüge und Täuschung hineinbringen können. Die Pflanze ist dagegen in ihrer Substantialität nicht von alledem durchzogen; sie ist ein reines, keusches Wesen. Erst wenn der Mensch sich in seinem ganzen Trieb- und Begierdenleben läutert, kann er hoffen, daß er ebenso rein und keusch sein wird auf einer höheren Stufe, wie es die Pflanze in ihrer Sicherheit und Festigkeit auf niederer Stufe ist. – Und so können wir uns weiter folgendes Bild machen: Die Pflanze wird durchzogen von dem grünen Farbstoff, dem Chlorophyll, der die Blätter mit der grünen Farbe durchtränkt. Der Mensch wird durchzogen von seinem Trieb- und Leidenschaftsträger, von seinem roten Blut. Das ist eine Art Entwickelung nach oben. Dafür aber hat der Mensch zu gleicher Zeit Eigenschaften mit in Kauf nehmen müssen, die in der Pflanze noch nicht sind. Nun muß der Mensch, könnte man sagen, sich das hohe Ideal, dem er zusteuert, vor Augen stellen, einmal auf einer entsprechenden Stufe dahin zu kommen, jene innere Sicherheit, jene Selbstherrschaft und Reinheit zu erlangen, welche ihm in der Pflanze auf einer niederen Stufe als Vorbild vor Augen stehen. Und nun könnten wir uns fragen: Was muß der Mensch tun, wenn er zu einer solchen Stufe emporsteigen soll?

Dazu muß er Herr und Beherrscher werden dessen, was sonst ohne seinen Willen herumwühlt in seinem Innern an Trieben, Begierden und Leidenschaften. Er muß über sich selbst hinauswachsen; er muß dasjenige in sich ertöten, was ihn sonst beherrscht, und dasjenige auf eine höhere Stufe erheben, was von dem Niederen beherrscht wird. – So hat sich der Mensch von der Pflanze heraufentwickelt. Was ihm zugekommen ist seit seiner Pflanzenstufe, das muß er sozusagen als etwas zu Besiegendes – oder nehmen wir den Ausdruck – etwas zu Ertötendes ansehen, um ein höheres Leben aus demselben herauszuholen. Das ist des Menschen Zukunftsprozeß, den *Goethe* mit dem schönen Wort bezeichnet:

Und so lang du das nicht hast,
Dieses: Stirb und Werde!
Bist du nur ein trüber Gast
Auf der dunklen Erde.

Nicht das etwa ist zu erreichen, daß der Mensch seine Triebe, Begierden und Leidenschaften ertötet, sondern daß er sie läutert und reinigt, indem er den Herrscher über sich ertötet. So kann der Mensch, hinblickend auf die Pflanze, sagen: Es ist etwas in mir, was höher steht als die Pflanze, was aber gerade ertötet und besiegt werden muß in mir.

Zum Bilde dieses zu Besiegenden sei dasjenige gemacht, was an der Pflanze nicht mehr lebensfähig ist, was an ihr abgestorben ist, das dürre Holz. Und wir stellen als Bild zunächst das dürre Holz in Form des Kreuzes als einen Teil unseres Sinnbildes hin. Dann aber muß der Mensch daran gehen, den Träger seiner Triebe, Begierden und Leidenschaften, sein rotes Blut so zu reinigen und zu läutern, daß es ein keuscher, gereinigter Ausdruck seiner höheren Wesenheit ist, dessen, was Schiller den höheren Menschen in dem Menschen nennt; so daß dieses Blut gleichsam ein Abbild wird des reinen, keuschen Pflanzensaftes, der sich durch die Pflanzensubstanz ergießt.

Und da blicken wir hin – so würde der Lehrer zum Schüler weiter sagen – zu jener Blüte, wo dieser Pflanzensaft, sich fortwährend von Stufe zu Stufe durch die Blätter erhebend, sich zuletzt zu der Farbe der Blüte in der roten Rose ausgestaltet. Nun stelle dir die rote Rose als das hin, was dir ein Vorbild deines gereinigten und geläuterten Blutes sein kann: der Pflanzensaft pulst durch die rote Rose so, daß er trieb- und begierdenlos ist; deine Triebe und Begierden aber sollen der Ausdruck deiner reinen Ich-Wesenheit sein. – So ergänzt sich das Holz des Kreuzes, das dasjenige bezeichnet, was überwunden werden muß, durch einen Kranz von roten Rosen, der an diesem Kreuze angebracht wird. Da hat man ein Bild, ein Symbol, das uns nicht bloß durch unseren trockenen Verstand, sondern mit Aufrufung aller unserer Gefühle ein Bild des menschlichen Lebens gibt, wie es sich zu einem höheren Ideal heraufgestaltet.

Nun kann jemand kommen und sagen: Deine Vorstellung ist eine Einbildung, die keiner Wahrheit entspricht. Was du dir da als Bild vorzauberst, dieses schwarze Kreuz mit den roten Rosen, das ist eine leere Einbildung! – Gewiß, darüber soll auch gar kein Zweifel sein, daß dieses Bild, wie es sich derjenige, der hinaufsteigen will in die geistigen Welten, im Geiste vor Augen stellt, eine Einbildung ist. Es muß eine Einbildung sein! Denn dazu ist dieses Bild nicht da, daß es etwa in der Art der Sinneserkenntnis etwas abbildete, was außen vorhanden ist. Würde es das tun, dann brauchten wir es nicht; dann brauchten wir uns bloß allen denjenigen Eindrücken zu überlassen, die uns von außen zukommen, zu denen wir nur die Abbilder zu schaffen haben. So aber schaffen wir ein Bild, zu dem wir zwar die Elemente von der Außenwelt genommen haben, das wir aber zusammengestellt haben nach gewissen Empfindungen und Vorstellungen unseres eigenen Innern. Nur müssen wir uns bei jedem Schritte bewußt sein, daß wir bei dem, was wir tun, nicht den Faden der inneren Vorgänge verlieren; denn sonst würden wir bald in die Phantastik hineinkommen. Wer in die höheren Welten hinaufkommen will durch innere Betrachtung, Meditation und so weiter, der lebt nicht nur in abstrakten Bildern, sondern er lebt in der Gefühls- und Vorstellungswelt, die sich ihm beim Aufbauen solcher Bilder ergeben hat. Diese Bilder erwecken in ihm eine Summe von inneren Seelenvorgängen, und unter Ausschluß dessen, was von außen kommt, ergibt sich derjenige, der in die höheren Welten kommen will, mit allen Kräften der Betrachtung dieser Bilder. Nicht dazu sind solche Bilder da, etwa äußere Zustände abzubilden, sondern um die in dem Menschen schlummernden Kräfte zu erwecken. Denn der Mensch wird bemerken, wenn er Geduld und Ausdauer hat – es dauert lange Zeit, aber es tritt ein –, daß die ruhige Hingabe an solche Bilder ihm etwas geben kann, was sich entwickeln soll. Er wird sehen, daß sich sein Inneres verwandelt, daß tatsächlich ein Zustand eintritt, der auf der einen Seite mit dem Schlafe zu vergleichen ist. Während aber mit dem Einschlafen überhaupt hinuntersinken alle Vorstellungen und alles Seelenleben, werden durch die beschriebene Hingabe, durch Meditation, durch solche Vorstellungen innere Kräfte erweckt. Der Mensch fühlt sehr bald, daß eine Verwandlung mit ihm vorgeht, daß er dadurch inneres Leben hat, wenn er auch zunächst auf Eindrücke der Außenwelt verzichtet. So erweckt der Mensch durch solche durchaus unwirklichen Symbole innere Kräfte, und er wird dann schon einsehen, daß er mit diesen erweckten Kräften etwas anfangen kann.

Gewiß, es kann von anderer Seite wiederum der Einwand gemacht werden: Ja, wenn nun der Mensch solche Kräfte entwickelt und wirklich in die geistige Welt eingedrungen ist, wie er meint, wie kann er denn da wissen, daß das eine Wirklichkeit ist, was er da wahrnimmt? – Das kann nur durch die Erfahrung bewiesen werden, wie die äußere Welt nur durch die Erfahrung bewiesen werden kann. Die bloßen Vorstellungen unterscheiden sich von den Wahrnehmungen auf das strengste. Nur wer in dieser Beziehung nicht auf den Grund der Dinge geht, kann die bloße Vorstellung mit der Wahrnehmung verwechseln. Es ist ja heute besonders bei den philosophisch angehauchten Kreisen ein gewisses Mißverständnis eingerissen. Die Schopenhauersche Philosophie geht zum Beispiel in ihrem ersten Teile davon aus, daß die Welt des Menschen Vorstellung sei. Den Unterschied zwischen Wahrnehmung und Vorstellung bekommen Sie, wenn Sie hierzu Ihre Uhr betrachten. Solange Sie in Kontakt sind mit Ihrer Uhr, ist es Ihre Wahrnehmung; drehen Sie sich um, so haben Sie ein Bild der Uhr in sich; das ist Ihre Vorstellung. Im praktischen Leben werden Sie sehr bald unterscheiden lernen zwischen Wahrnehmung und Vorstellung; und wer das nicht könnte, würde in die Irre gehen. Auch das andere Beispiel ist schon angeführt worden: Wenn Sie sich ein noch so heißes Stück Eisen vorstellen, es brennt nicht; wenn Sie aber ein Stück heißes Eisen ergreifen, werden Sie schon merken, daß die Wahrnehmung etwas anderes ist als die Vorstellung. Ebenso ist es mit jenem Beispiel, das in der Kantischen Philosophie gegeben wird, das zwar nach einer gewissen Seite hin eine Berechtigung hat, aber nur Irrtümer in dem letzten Jahrhundert hervorgerufen hat. *Kant* versucht, einen gewissen Gottesbegriff aus den Angeln zu heben, indem er zeigt, daß zwischen hundert vorgestellten und hundert wirklichen Talern gar kein Unterschied sei dem Inhalte nach. Aber man darf sich eben darauf überhaupt nicht berufen, daß in dem Inhalte kein Unterschied sei; denn man verwechselt dann leicht die Wahrnehmung und den unmittelbaren Kontakt mit der Wirklichkeit mit demjenigen, was bloßer Vorstellungsinhalt ist. Wer hundert Taler Schulden bezahlen soll, der wird schon den Unterschied merken zwischen hundert wirklichen und hundert eingebildeten Talern.

So ist es auch mit der geistigen Welt. Wenn die im Menschen schlummernden Kräfte und Fähigkeiten aus seinem Innern hervortreten, und eine Welt um ihn herum ist, die er vorher nicht gekannt hat, die wie aus einer dunklen geistigen Tiefe herausleuchtet, da kann derjenige, der nur laienhaft auf diesem Gebiete ist, sagen: Das kann Selbstsuggestion sein, kann irgendeine Einbildung sein. – Wer aber Erlebnisse auf diesem Gebiete hat, wird wohl unterscheiden können zwischen dem, was Wirklichkeit ist und dem, was bloße Einbildung ist; und zwar genau so, wie man im Physischen unterscheiden kann zwischen einem vorgestellten und einem wirklichen Stück heißen Stahls.

So sehen wir, daß es eine Möglichkeit gibt, einen anderen Bewußtseinszustand hervorzurufen. Ich habe Ihnen das nur kurz durch ein Beispiel angeführt, wie durch innere Übungen aus der Seele die in ihr schlummernden Fähigkeiten herausgeholt werden. Während der Mensch so übt und die schlummernden Fähigkeiten herausholt, sieht er natürlich nichts von einer geistigen Welt; da ist er damit beschäftigt, seine Fähigkeiten herauszuholen. Das dauert unter Umständen nicht nur Jahre, sondern ganze Leben lang. Aber alle diese Anstrengungen führen zuletzt dazu, daß der Mensch diese in ihm schlummernden Erkenntniskräfte anwenden lernt auf die geistige Welt, ebenso wie er seine Augen anwenden gelernt hat unter der Einwirkung unbekannter geistiger Mächte zur Beobachtung der äußeren sichtbaren Welt. Solches Arbeiten an der eigenen Seele, solches Entwickeln der Seele zu einer Welt, in der man noch nicht drinnen steht, die man gerade durch die entwikkelten Fähigkeiten empfangen soll, die einem aufgehen soll durch das, was man ihr entgegenbringt, solches

Arbeiten an der eigenen Seele kann man im wahren Sinne des Wortes Askese nennen. Denn «Askese» heißt im griechischen Worte «sich üben», sich fähig machen zu irgend etwas, Kräfte, die da schlummern, in Tätigkeit umsetzen. Das ist die ursprüngliche Bedeutung des Wortes Askese, und das kann auch die heutige Bedeutung sein, wenn man sich nicht einen Nebel vor Augen stellen und Irrtümer vorhalten will durch eine falsche Anwendung des Wortes Askese, die üblich geworden ist durch die Jahrhunderte. Man begreift aber den Sinn der Askese, wie wir ihn eben charakterisiert haben, nur, wenn man berücksichtigt, daß der Mensch durch Entwickelung solcher Fähigkeiten sich eine neue Welt erschließen will. Und man begreift ihn am besten, wenn wir jetzt, nachdem wir das Wort Askese allein auf die geistige Welt angewandt haben, es einmal anwenden auf gewisse äußere Verrichtungen des Lebens.

Wird das Wort Askese so auf Entwickelung geistiger Fähigkeiten angewendet, so können wir es auch im Leben dann anwenden, wenn gewisse Fähigkeiten und Kräfte entwickelt werden, die noch nicht unmittelbar auf das, wozu sie gehören, angewendet werden; sondern die vorerst herausgeholt werden aus irgendeiner Wesenheit oder aus irgend etwas, um später erst an dem angewendet zu werden, wozu sie eigentlich gehören. So sonderbar es auch erscheinen mag, so gibt es doch ein naheliegendes Beispiel für das, wozu man das Wort «Askese» in seinem wirklichen Sinne gebrauchen kann; und wir werden dann auch schon sehen, warum das Wort Askese, falsch angewandt, zu einer verderblichen Wirkung führen kann. Wenn wir das Wort Askese im äußeren Leben im richtigen Sinne anwenden, so können wir etwa die Kriegführung während eines Manövers eine «Askese» nennen. Das ist durchaus richtig im griechischen Sprachgebrauch. Die Art und Weise, wie da die Kräfte angewendet werden, um sie zu erproben, damit sie im wirklichen Kriege einmal da sind, wenn sie gebraucht werden, und um zu sehen, ob man sie auch im richtigen Maße anwenden kann, das ist Askese, das ist Übung. Solange man Kräfte nicht auf ein unmittelbares Objekt, zu dem sie gehören, anwendet, sondern um die Tüchtigkeit und Beschaffenheit vorher zu erproben, so lange übt man Askese; so daß also das Kriegführen auf dem Manöverfelde sich zum wirklichen Kriegsfalle verhält wie Askese zum Leben überhaupt.

Das menschliche Leben, sagte ich im Anfange, pendelt hin und her zwischen Arbeit und Müßiggang. Aber es liegt mancherlei dazwischen. So liegt zum Beispiel dazwischen das Spiel. Das Spiel ist überall, wo es uns als Spiel entgegentritt, eigentlich das Gegenteil von dem, was man Askese nennen kann. An seinem Gegenteil kann man sehr gut sehen, was das Wesen der Askese ist. Das Spiel ist eine Betätigung von Kräften an der Außenwelt in unmittelbarer Befriedigung. Diese Befriedigung selbst, dasjenige, womit gespielt wird, ist auch nicht sozusagen der harte Boden, der harte Untergrund der Außenwelt, wo wir unsere Arbeit verwenden. Dasjenige, womit gespielt wird, ist also unsern Kräften gegenüber ein weiches, bildsames Material, das unsern Kräften folgt. Das Spiel ist nur so lange ein Spiel, als wir uns nicht stoßen an dem Widerstande der äußeren Kräfte, wie bei der Arbeit. Im Spiel haben wir es also zu tun mit dem, was sich unmittelbar auf die Kräfte bezieht, die dabei umgesetzt werden, und in der Betätigung dieser Kräfte liegt selbst die Befriedigung des Spieles. Das Spiel bereitet zu nichts weiter vor; es findet in sich selbst seine

Befriedigung. Genau das Umgekehrte liegt vor bei dem, was im richtigen Sinne als Askese verstanden werden muß. Da liegt nicht eine Befriedigung an irgendeiner Außenwelt vor. Was wir in der Askese kombinieren, selbst wenn wir das Kreuz mit den roten Rosen zusammensetzen, das ist etwas, was an sich nicht bedeutsam ist, sondern was als lebendiges Spiel unserer Kräfte hervorgerufen wird, was in uns selber geschieht und dann erst seine Anwendung finden soll, wenn es in uns selber fertig geworden ist. Die Entsagung bezieht sich also darauf, daß wir eine innere Arbeit entfalten mit dem Bewußtsein, uns zunächst nicht anregen zu lassen durch die Außenwelt – daß wir an uns selber arbeiten, um unsere Kräfte ins Spiel zu bringen, damit sie sich betätigen können in der Außenwelt. So stehen Spiel und Askese einander gegenüber wie zwei Gegensätze.

Wie lebt sich nun dasjenige, was wir in unserm Sinne Askese nennen können, in das Menschenleben ein?

Bleiben wir dabei innerhalb des Gebietes stehen, wo die Askese sowohl in der Licht- wie in der Schattenseite zur Anwendung kommt: beim Ergreifen der übersinnlichen Welten, wenn der Mensch sich das Ziel setzt, hinaufzusteigen in die geistigen Welten. Da können wir sagen: wenn dem Menschen durch irgend etwas eine übersinnliche Welt entgegentritt, zum Beispiel durch die Mitteilungen eines andern Menschen oder durch die Mitteilungen irgendwelcher Urkunden der geschichtlichen Entwickelung, so ist es zunächst möglich, daß der Mensch sagt: Es gibt Behauptungen, Mitteilungen über die übersinnlichen Welten; mir selbst sind solche Mitteilungen zunächst nicht verständlich. Ich habe keine Kraft, sie einzusehen. – Dann gibt es wiederum Menschen, die nicht etwa sagen: Ich will das aufnehmen, was mir da an

Mitteilungen geboten wird –, sondern die sagen: Ich lehne diese Mitteilungen ab; ich will kein Verhältnis zu ihnen haben! – Woher kommt das? Das kommt zunächst davon her, daß ein solcher Mensch im besten Sinne des Wortes die Askese ablehnt; und zwar aus dem Grunde, weil er in seiner Seele nicht die Kraft empfindet, um durch die Mittel, die charakterisiert worden sind, höhere Kräfte aus sich herauszuentwickeln. Er fühlt sich zu schwach dazu.

Es ist ja immer wieder betont worden, daß es nicht einmal notwendig ist, daß man selbst Hellsichtigkeit besitzen muß, um, wenn einem durch einen hellsichtigen Menschen die Ergebnisse der Geistesforschung mitgeteilt werden, sie einzusehen. Es ist zwar zur Erforschung der geistigen Tatsachen Hellsichtigkeit notwendig; wenn aber die Tatsachen einmal erforscht sind, kann jeder Mensch durch seine durch nichts voreingenommene Vernunft einsehen, was ihm der Geistesforscher mitteilt. Der unbefangene Verstand und die gesunde Vernunft sind zunächst das beste Instrument, um dasjenige zu beurteilen, was aus den geistigen Welten mitgeteilt wird. Wer auf dem Boden der Geistesforschung steht, wird immer sagen können: Wenn er überhaupt noch vor etwas Furcht haben könnte, so hätte er sie vor denen, die derartige Mitteilungen hinnehmen, ohne sie mit ihrem Verstande genau zu prüfen; nicht aber vor denen, die ihre durch nichts beirrte Vernunft anwenden. Der Vernunftgebrauch ist es, der alles verständlich macht, was aus der Geistesforschung heraus kommt.

Es kann aber sein, daß sich ein Mensch zu schwach fühlt, daß er nicht aus sich die Kräfte hervorholen kann zum Verständnis der Mitteilungen aus der geistigen Welt. Wenn das der Fall ist, lehnt er sie ab aus einem ihm selbst angemessenen Selbsterhaltungstrieb. Er würde sich verwirren, wenn er diese Mitteilungen aufnehmen würde. Das verspürt er. Und im Grunde genommen ist es bei all denen, welche die auf dem Wege der Geistesforschung erkundeten Dinge ablehnen, der Selbsterhaltungstrieb, der diese Dinge ablehnt: ein Bewußtsein, das nicht imstande ist, Übungen – also im besten Sinne des Wortes Askese – auf sich anzuwenden. Ein solcher Selbsterhaltungstrieb sagt sich: Wenn die Dinge an mich herankämen, so würden sie mich verwirren; sie würden, wenn sie in meinen Geist hereinkämen, meinen Geist anfüllen; ich könnte nichts damit anfangen; also lehne ich sie ab! So ist das materialistische Bewußtsein, das keinen Schritt hinausgehen will über das, was die auf dem Boden der Tatsachen vermeintlich feststehende Wissenschaft bietet.

Es kann aber auch etwas anderes der Fall sein. Und da kommen wir zu einer gefährlichen Seite der Askese. Es kann eine gewisse Gier vorhanden sein, Mitteilungen aus den geistigen Welten zu empfangen, und nicht der innere Drang und die Verpflichtung, mit Vernunft und Logik die Mitteilungen zu prüfen. Es kann eine Art innerer Sensationslust vorhanden sein nach Mitteilungen aus der geistigen Welt. Dann läßt man sie hinein in sich. Dann wirkt nicht dasjenige, was eben im Menschen als Selbsterhaltungstrieb bezeichnet worden ist, sondern etwas Entgegengesetztes: dann wirkt tatsächlich eine Art Selbstvernichtungstrieb. Denn das überflutet den Menschen, was er unverstanden in seine Seele hineinläßt, und dem gegenüber er nicht seine Vernunft anwenden will. Dahin gehört aller blinde Glaube, jedes auf bloße Autorität Hingenommene an Mitteilungen aus den geistigen Welten, aus den unsichtbaren Welten. Und dieses Annehmen auf Autorität hin entspricht einer Askese, die nicht aus einem gesunden Selbsterhaltungstrieb entspringt, sondern aus einem krankhaften Selbstvernichtungstrieb, zu ertrinken in der Flut der erhaltenen Offenbarungen. Das hat nun für die menschliche Seele eine bedeutsame Schattenseite. Es ist im schlimmen Sinne eine Askese, wenn der Mensch sagt: Ich will nichts weiter, ich will auf alles verzichten, ich will glauben, im Vertrauen leben! Es ist ja diese Stimmung vielfach durch die verschiedensten Zeiten ausgebildet gewesen. Man darf aber nicht alles anführen, was so aussieht wie ein blinder Glaube. Wenn zum Beispiel erzählt wird, daß es in den alten griechischen Mysterienschulen des *Pythagoras* eine ständige Redensart war: «Der Meister hat es gesagt!» so bedeutet das niemals: der Meister hat es gesagt, also glauben wir es! – sondern es bedeutet bei seinen Schülern etwa folgendes: Der Meister hat es gesagt; also ist es für uns eine Aufforderung, darüber nachzudenken; wir werden sehen, wie weit wir damit kommen, wenn wir unsere Kräfte in Bewegung setzen! «Glauben» braucht nicht immer ein blinder Glaube zu sein und einem Selbstvernichtungstrieb zu entspringen. Wer im Vertrauen zu jemandem Mitteilungen aus der Geistesforschung entgegennimmt, braucht das nicht aus einem blinden Glauben zu tun; er kann zum Beispiel dahinter gekommen sein, daß der Mensch, der so etwas sagt, die Dinge ernst nimmt, daß er die Mitteilungen in präzis logische Formen bringt, daß er auf andern Gebieten, wo der Gläubige nachzuprüfen in der Lage ist, logisch ist und nicht dummes Zeug schwatzt. Deshalb kann der Schüler gerade durch die Beobachtung jener Dinge, die er verfolgen kann, den begründeten Glauben haben, daß der Betreffende auch, wenn er über irgendwelche dem Gläubigen noch unbekannten Dinge spricht, auf einem ebenso sicheren Boden stehe. Daher kann der Gläubige sagen: Ich werde arbeiten! Dasjenige, was mir gesagt wird und wozu ich Vertrauen habe, kann mir ein Leitstern sein, um mich hinaufzuranken zu jenen Fähigkeiten, die sich mir selbst begreiflich machen werden, wenn ich mich zu ihnen hinaufarbeite.

Wenn aber diese gute Grundlage des Vertrauens nicht da ist, wenn der Mensch Verzicht auf das Verstehen übt, wenn er sich anregen läßt von den Mitteilungen aus den unsichtbaren Welten, ohne sie verstehen zu wollen, dann geht das allmählich in eine recht schlimme Eigenschaft des Menschen über. Es ist dieses ein Übel, das kaum als Askese zu bezeichnen ist. Wer im blinden Vertrauen einfach etwas aufnimmt, ohne den Willen zu haben, es nach und nach zu verstehen, ohne es also zu durchdringen; wer also in seinen Willen den Willen eines anderen aufnimmt, ganz blind, der verliert allmählich jene gesunden Seelenkräfte, die ein sicheres Zentrum unseres inneren Lebens bilden, und die das Gerüst schaffen für alle unsere Empfindungen für die Richtigkeit des Lebens. Lüge und Hang zum Irrtum stellen sich bei demjenigen Menschen ein, der nicht prüfen will in seinem Innern, nicht die Vernunft walten lassen will, sondern der geradezu den Hang hat zu ertrinken in dem, was er mitgeteilt bekommt – zu versinken, mit seinem Selbst zu verschwinden. Wer nicht den gesunden Wahrheitssinn walten lassen will, der wird bald sehen, wie Lüge und Hang zur Täuschung ihm auch in der wirklichen Welt anhaften werden. Das ist ganz ernst zu bedenken, wenn man sich der geistigen Welt nähert, daß man sich durch diese Unterlassungssünde leicht einem Leben hingeben kann, das kein rechtes Gefühl mehr hat für das, was Wahrheit, was Richtigkeit im Leben ist. Wer das Üben ernst nimmt, wer seine Kräfte anstrengen will, der darf nicht unterlassen, solche Erkenntnis sich vor die Seele zu führen, wie sie jetzt eben ausgesprochen worden ist.

Nun können wir aber noch tiefer hineingehen in das, was wir im tieferen Sinne asketisches Üben der Seelenkräfte nennen können. Wir haben jetzt den Menschen nur insofern betrachtet, als er nicht mächtig ist, in gesunder Weise innere Kräfte wirklich zu entwickeln. Das eine Mal lehnt er es ab, solche Kräfte zu entwickeln, aus gesundem Selbsterhaltungstrieb, weil er solche Kräfte nicht entwickeln will; das andere Mal lehnt er nicht ab, solche Kräfte in sich zu entwickeln, aber er lehnt ab, Vernunft und Urteil zu entwickeln. Da haben wir es immer zu tun mit der Sucht des Menschen, auf dem Standpunkt stehen zu bleiben, wo er einmal steht. – Nehmen wir aber das andere: der Mensch schickt sich an, nun wirklich seine inneren Fähigkeiten zu entwikkeln; er wendet auf seine eigene Seele solche Übungen an, wie sie charakterisiert worden sind. Da kann nun wieder ein Zweifaches eintreten. Zunächst kann dasjenige eintreten, was gerade da energisch angestrebt wird in unserer geisteswissenschaftlichen Weltenströmung, wo sie mit Ernst und Würde aufgefaßt wird. Der Mensch kann sozusagen nur in dem Maße hingelenkt werden auf die Entwickelung von inneren Geisteskräften, als er fähig wird, mit diesen Geisteskräften etwas anzufangen, und zwar etwas Richtiges und Ordentliches anzufangen. Das heißt, es kann auf der einen Seite die Rede davon sein – was in meiner Schrift «Wie erlangt man Erkenntnisse der höheren Welten?» weiter ausgeführt ist –, wie der Mensch sich selber zu üben, wie er an sich zu arbeiten hat, um sich die Fähigkeiten zum Hineinschauen in die geistige Welt zu verschaffen. Und zu gleicher Zeit muß die Möglichkeit geboten sein, an dem Vorhandenen, was die Geistesforscher zu allen Zeiten als die geistigen Tatsachen gefunden haben, selber die Kräfte zu schulen und ein richtiges Gleichgewicht herzustellen zwischen dem, was man als Kraft entwickelt im Innern, und dem, was man von der Außenwelt begreifen soll. Wenn der Mensch es unterläßt, die Kräfte, die er in sich entwickelt, wirklich im Begreifen der Außenwelt anzuwenden; wenn er den kaum zu bezähmenden Wunsch hat, recht viel innere Seelenkräfte zu entwikkeln, alles mögliche in Bewegung zu bringen in der Seele, damit sie Geistes-Augen und Geistes-Ohren entwickele, und dabei zu bequem ist, sich in langsamer und richtiger Art mit den bereits vorliegenden Tatsachen der Geistesforschung still und in vernünftiger Arbeit zu befassen, dann kann es sein, daß durch seine Askese etwas recht Schlimmes auftritt. Es kann sein, daß der Mensch in sich allerlei Kräfte und Fähigkeiten entwikkelt, mit denen er aber nichts anzufangen weiß, keine Möglichkeit hat, diese Kräfte auch in der Außenwelt anzuwenden. Darauf läuft manche Schulung hinaus, insbesondere solche, die Erkenntniskräfte entwickelt ohne die Möglichkeit, dieselben anzuwenden, und auch Schulungen, die nicht energisch darauf ausgehen, Askese zu üben zunächst durch geistige Mittel, wie sie charakterisiert worden sind, damit der Mensch durch seine Übungen stärker und immer stärker werde.

Es gibt auch Methoden, die darauf ausgehen, einen anderen Weg einzuschlagen; einen Weg, den man ja als einen bequemeren bezeichnen kann, der aber leicht zu Unfug führen kann. Dieser Weg geht darauf hinaus, jene Hindernisse zu beseitigen, welche die Seele zunächst von den Eindrücken der Körperlichkeit hat, um dadurch zu einem inneren Leben zu kommen. Diese Hindernisse zu beseitigen, war auch das einzige Bestreben dessen, was man im Mittelalter die Askese genannt hat, und was es zum Teil in der neueren Zeit noch gibt. Statt jene wahre Askese zu üben, die darauf hinausgeht, der Seele einen immer reicheren Inhalt zu geben, geht eine falsche Askese davon aus, die Seele zu lassen, wie sie ist, und dafür den Leib zu schwächen, die Kräfte des Körperlichen in ihrer Wirksamkeit zu vermindern. So gibt es ja Mittel, um diesen Leib herabzustimmen, so daß er in seinen Funktionen nicht mehr stark und kräftig ist wie im gewöhnlichen Leben, sondern daß er schwächer und schwächer wird. Dadurch kann dann erreicht werden, daß die schwach gebliebene Seele eine Art Oberhand über die schwach gewordenen körperlichen Funktionen hat. Während bei einer richtigen Askese der Leib bleiben soll, wie er ist, und die Seele Sieger werden soll über den Leib, wird bei einer andern Askese die Seele gelassen, wie sie ist, und dagegen durch allerlei Prozeduren, Fasten, Kasteien und so weiter, der Leib sozusagen in sich selber schwach gemacht, so daß dann die Seele stärker ist und zu einer Art von Bewußtsein kommen kann, trotzdem sie ihre Kräfte gar nicht erhöht hat. Das ist die Stimmung mancher Asketen des Mittelalters; sie ertöten die Stärke des Leibes, vermindern seine Funktion, lassen die Seele, wie sie ist, und versetzen sich in den Zustand der Erwartung, der ihnen von außen, ohne ihr Zutun, dasjenige bringen soll, was Inhalt der geistigen Welt ist. Es ist das die bequemere Methode; es ist aber diejenige Methode, die den Menschen nicht in Wahrheit stärker macht. Die wahre Methode fordert, daß der Mensch sein Denken, Fühlen und Wollen läutert und reinigt, daß er

Denken, Fühlen und Wollen gerade stärker macht, damit sie kräftiger und Sieger werden über das Leibliche. Die andere Methode stimmt den Leib herunter, und dann soll die Seele ohne eine Hinzufügung von neuen Fähigkeiten warten, bis die gotterfüllte Welt in sie einströmt.

Diese Stimmung – Sie können sie in manchen Anweisungen des Mittelalters als «Askese» finden – führt zur Weltfremdheit und zur Weltenferne, und sie muß dazu führen. Denn im gegenwärtigen Zustand unserer Menschheitsentwickelung besteht ein gewisses Verhältnis zwischen den Wahrnehmungskräften in uns und dem, was draußen ist. Wollen wir hinauskommen über den gegenwärtigen Menschheitszustand, dann können wir es nur dadurch tun, daß wir unsere Kräfte in uns erhöhen und dann mit den erhöhten Kräften die Außenwelt um so tiefer und bedeutsamer erfassen. Stimmen wir aber unsere normalen Menschenkräfte herab, machen wir uns unfähig, das normale Verhältnis zur Außenwelt zu haben, bemühen wir uns, besonders das Denken, Fühlen und Wollen herabzustimmen, und versetzen wir dann unsere Seele in den Zustand der Erwartung, dann fließt in diese Seele etwas ein, was kein Verhältnis zu unserer heutigen Welt hat, was uns zu einem Sonderling macht, zu einem Menschen, der unbrauchbar ist für die wirkliche Arbeit in unserer Welt. Während echte, wahre Askese zu einem Menschen führt, der brauchbarer und immer brauchbarer für die Welt wird, weil er immer tiefer hineinschaut in die Welt, führt die andere Askese, die mit der Unterdrückung der körperlichen Funktionen verknüpft ist, dazu, den Menschen herauszuziehen aus der Welt, ihn zu einem Einsiedler, zu einem Eremiten zu machen in jeglicher Beziehung. Dann mag er auf seinem einsamen Standpunkt, auf seiner einsamen Seeleninsel mancherlei seelisch-geistige Dinge sehen – das soll ihm nicht abgeleugnet werden –, aber brauchbar für die Welt ist eine solche Askese nicht. Askese ist Arbeit, Übung für die Welt, und nicht ein Sich-Zurückziehen in Weltenfernen.

Damit soll nun wiederum nicht gesagt werden, daß gleich bis zum Extrem gegangen werden muß. Man kann von der einen Seite der anderen entgegenkommen. Wenn es auch im allgemeinen richtig ist, daß im heutigen Menschheitszyklus ein gewisses normales Verhältnis besteht zwischen der Außenwelt und den Kräften unserer Seele, so darf doch auf der andern Seite gesagt werden, daß eine jede Zeit sozusagen das Normale ins Extrem treibt, und daß derjenige, welcher höhere Fähigkeiten entwickeln will, als es die normalen sind, die Widerstände, die von unnormalen Zeitströmungen herkommen, nicht zu berücksichtigen braucht. Und weil die Widerstände in ihm vorhanden sind, kann er unter Umständen auch etwas weiter gehen, als er sonst gehen müßte, wenn die Zeit nicht auch ihrerseits sündigen würde. Das muß deshalb gesagt werden, weil Sie vielleicht vernommen haben, daß manche Angehörige der gegenwärtigen geisteswissenschaftlichen Strömung auf eine gewisse Diät einen großen Wert legen. Damit ist durchaus nicht gemeint, daß irgend etwas für die Erlangung oder auch nur für das Verständnis höherer Welt- und Lebensverhältnisse erreicht werden soll durch gerade eine solche Lebensweise. Sie kann nur ein äußeres Hilfsmittel sein und darf nur so aufgefaßt werden, daß derjenige, der sich ein Verständnis für die geistigen Welten erwerben will, einen gewissen Widerstand finden kann an dem, worinnen er sich hineingelebt hat: an den Sitten und Gebräuchen der äußeren Welt. Und weil er durch diese Sitten und Gebräuche zu tief heruntergeführt worden ist in die rein materielle Welt, darum muß er, um sich die Übungen zu erleichtern, über das hinausgehen, was für die meisten Menschen das Normale ist. Würde er aber das zu seiner Askese rechnen, zu den Mitteln, die in die geistige Welt hinaufführen, dann würde er ganz fehl gehen. Denn niemanden kann der Vegetarismus in die höheren Welten hinaufführen; er kann nur eine Unterstützung sein, die man so auffaßt: Ich will gewisse Arten des Verständnisses mir eröffnen für die geistigen Welten; da habe ich ein Hindernis an meiner dichten Körperlichkeit, und das ist so stark, daß die Übungen nicht gleich in der richtigen Weise eingreifen; also unterstütze ich mich dadurch, daß ich meiner Leiblichkeit eine gewisse Erleichterung verschaffe. Eine solche Erleichterung ist zum Beispiel der Vegetarismus, der durchaus nicht als ein Dogma aufgestellt wird, sondern nur als etwas, was einem Menschen das Verständnis für die geistigen Welten erleichtern kann. Niemand aber soll glauben, daß er etwa durch eine vegetarische Lebensweise geistige Kräfte entwickeln könnte. Denn die Seele bleibt, wie sie ist; nur der Körper wird schwächer. Wenn aber die Seele auf der einen Seite stärker geworden ist, wird sie auf der andern Seite dadurch, daß der Vegetarismus auf den Menschen wirkt, auch den schwächeren Körper von dem Zentrum der Seelenkräfte aus in entsprechender Weise stärker gestalten können, so daß ein Mensch, der sich in geistiger Art mit dem Vegetarismus entwickelt, kräftiger, tüchtiger und widerstandsfähiger für das Leben werden und es nicht nur mit jedem Fleischesser aufnehmen, sondern ihn an Leistungsfähigkeit sogar übertreffen kann. Das kommt aber gerade daher, daß nicht das eintritt, was viele glauben, wenn sie von denen, die in einer geistigen Strömung darinnen stehen und Vegetarier sind, sagen: Was sind das für arme Kerle, die nicht einmal das bißchen Fleischgenuß haben!

So lange der Mensch diese Stimmung entfalten würde, würde der Vegetarismus ihm nicht im mindesten etwas nützen können. So lange der Mensch Gier und Sucht hat nach Fleisch, nützt ihm der Vegetarismus gar nichts; sondern erst, wenn er auf dem folgenden Standpunkt steht, den ich durch eine kleine Erzählung klarmachen will.

Vor längerer Zeit wurde jemand gefragt: Warum essen Sie denn eigentlich kein Fleisch? Da sagte er: Ich will Sie mit einer Gegenfrage belästigen: Warum essen Sie kein Hundefleisch oder Katzenfleisch? – Das kann man doch nicht essen! – war die Antwort. – Warum denn nicht? – Nun, weil ich davor Ekel habe! – Gut, ganz so habe ich Ekel vor allem Fleisch!

Um diese Stimmung handelt es sich. Wenn der Genuß an der Fleischkost aufgehört hat, dann ist erst die Stimmung da, wo die Enthaltung von der Fleischkost in bezug auf die geistigen Welten irgend etwas nützt. Vorher kann die Entwöhnung vom Fleisch nur ein Hilfsmittel sein, sich die Begierde nach Fleisch abzugewöhnen. Aber wenn man die Begierde sich nicht abgewöhnen kann, dann ist es vielleicht besser, man fängt mit dem Fleisch wieder an; denn das fortwährende Sich-Quälen damit ist durchaus nicht der richtige Weg, um in das Verständnis der Geisteswissenschaft hineinzukommen.

Aus alledem sehen Sie charakterisiert, was man wahre und falsche Askese nennen kann. Zur falschen Askese werden aber leicht diejenigen geführt, die nur die Sucht haben, ihre inneren seelischen Kräfte und Fähigkeiten zu entwickeln, denn ihnen wird es ziemlich gleichgültig sein, die Außenwelt wirklich zu erkennen. Sie wollen ja zunächst nur diese seelischen Fähigkeiten entwickeln und dann abwarten, was da kommt. Das könnte man am besten, wenn man seinen Leib so viel quält wie möglich; dann wird er schwach, dann darf die Seele schwach bleiben und kann dann so in irgendeine geistige Welt hineinsehen, wenn sie auch noch so unbrauchbar ist zum Begreifen einer wirklichen geistigen Welt. Dies ist aber der Weg zur Täuschung; denn in dem Augenblick wo der Mensch sich den Rückweg verriegelt in die physische Welt zurück, tritt ihm keine wahre geistige Welt entgegen, sondern nur die Trugbilder seines eigenen Selbstes. Und sie müssen ihm aus dem Grunde entgegentreten, weil er die Seele läßt, wie sie ist. Weil er sein Ich auf dem Standpunkt stehen läßt, auf dem es steht, entwickelt es sich nicht zu höheren Kräften, und den Zusammenhang mit der Welt vermauert sich der Mensch dadurch, daß er die Funktionen, durch welche er mit der Welt in Beziehung tritt, herabdrückt. Er kommt durch seine Askese nicht nur dazu, weltfremd zu sein, sondern auch sich das anzuzüchten, was man nennen kann: Er sieht Bilder, die ihm seine eigene Seele auf der Stufe, bis zu der er gekommen ist, vorgaukeln kann; er sieht sein durch sein eigenes Selbst getrübtes Bild an Stelle einer wahren geistigen Welt. Und die zweite Folge ist die, welche uns auf moralischem Gebiete entgegentritt: wer so glaubt, gerade durch Demut und Hingabe an die geistige Welt ein richtiges Leben zu entfalten, der sieht gar nicht, daß er mit aller Gewalt in sein Selbst sich hineinspinnt, ein Egoist im ärgsten Sinne des Wortes wird, sich zu gar nichts hinentwickeln will als zu dem, wo er schon steht.

Dieser Egoismus, der ausarten kann in einen wilden Ehrgeiz und eine wilde Eitelkeit, ist deshalb so gefährlich, weil ihn der Betreffende, der ihn hat, selbst niemals sehen kann. Er selbst hält sich gewöhnlich für einen Menschen, der zu den Füßen seines Gottes in tiefster Demut hinsinkt, während der Teufel des Größenwahns in ihm spielt. Was er in Demut entwickeln soll, das weist er ab; denn er würde gerade dadurch demütig sein, daß er sich sagt: Nicht, wo ich stehe, sind die Kräfte der geistigen Welt; sondern die müssen erst entwickelt werden; ich muß hinaufsteigen; ich darf nicht mit den Kräften, die ich schon habe, warten.

So sehen wir, wie zu Täuschung, Irrtum, Eitelkeit und Selbstsucht, ja, zu allen möglichen Wahnsinnsuntergründen gerade diese Art von Askese führen kann, die zunächst auf Ertötung des Äußeren ausgeht und nicht auf Erstarkung des Innern. Insbesondere würde es in unserer heutigen Zeit von dem größten Übel sein, wenn jemand nicht durch Erhöhung seiner Seelenkräfte, sondern durch Abtötung des Äußeren in die geistige Welt sich erheben wollte. Er spinnt sich dadurch nur in sein eigenes Selbst ein. Daher kann auch für den gegenwärtigen Menschen das Vorbild zur Askese nicht von denen geholt werden, die zu ihrer Zeit vielleicht auf einer einsamen Seeleninsel den Zugang gesucht haben zu einer geistigen Welt; sondern das heutige Ideal einer wahren Askese kann nur bei der heutigen, der modernen Geisteswissenschaft gesucht werden, die fest auf dem Boden der Wirklichkeit steht; durch die der Mensch seine Kräfte und Fähigkeiten entwickelt, durch die er hinaufsteigt zum Begreifen einer geistigen Welt, die aber dennoch eine Welt der Wirklichkeit ist; nicht eine Welt, in welche der Mensch sich einspinnt.

Nun gibt es aber noch andere Schattenseiten einer solchen einseitigen Askese. Wenn Sie die ganze umliegende Natur betrachten, werden Sie finden, daß, je weiter wir hinaufgehen vom Pflanzenreich zum Tierreich und Menschenreich, die Lebensverhältnisse nach und nach einen ganz anderen Charakter annehmen. Beschäftigen Sie sich mit dem, was man nennen könnte «Pflanzenkrankheiten», so werden Sie sehen, daß diese Pflanzenkrankheiten einen durchaus anderen Charakter tragen als das, was man Krankheiten beim Tier oder gar erst beim Menschen nennt. Denn Krankheiten der Pflanzen werden nur von außen bewirkt, durch irgendwelche unnormalen Verhältnisse von Wind und Wetter, Licht und Sonnenschein. Diese Verhältnisse der Außenwelt können die Pflanzen krank machen. Gehen Sie nun zum Tier hinauf, so können Sie sehen, daß auch das Tier in seinen inneren Verhältnissen, wenn es sich selbst überlassen ist, einen weit größeren Fonds von Gesundheit hat als der Mensch. Der Mensch ist eben nicht nur imstande, durch das Leben, in das er hineingestellt ist, durch die Verhältnisse, die ihm von außen entgegentreten, sich krank zu machen, sondern auch durch alles, was sich in sein Inneres oder von dort nach außen ergießt. Damit hängt es nun auf der einen Seite zusammen, daß die Seele, wenn sie nicht richtig dem Körperlichen angepaßt ist, wenn dasjenige, was als geistige Anlage aus früheren Verkörperungen herstammt, sich in seiner Innerlichkeit nicht vollständig anpassen kann an die äußere Körperlichkeit, schon dadurch innere Ursachen der Erkrankung auftreten, die oft so falsch beurteilt werden können. Da sehen wir, wie innere Krankheiten auftreten können als Symptome dafür, daß kein rechtes Zusammenpassen zwischen Leib und Seele da ist. Wir können oft sehen, daß

Menschen, bei denen solche Symptome auftreten, daß die Leiber nicht recht zusammenpassen, gern darauf zielen, in die höheren Welten hinaufzukommen, indem sie das Leibliche abzutöten versuchen, weil sie durch ihre Krankheitsverhältnisse schon dazu geführt sind, ihre Seele abzutrennen von dem Körperlichen, das nicht vollständig durchdrungen ist von dem Seelischen. Bei solchen Menschen tritt uns dann entgegen, daß der Leib sich in der verschiedensten Weise in sich selber verhärtet, daß er sich in sich selbst gestaltet; und da sie sich in ihrer Seele nicht stärker gemacht haben, sondern gerade ihre Schwäche benutzt haben, um frei zu werden von den Eindrücken der Leiblichkeit, und dadurch ihre gesundenden, erstarkenden und kräftigenden Fähigkeiten dem Leibe entziehen, kann dann der Leib die Disposition zu allen möglichen Erkrankungen erhalten. Während eine gesunde Askese die Kräftigung und Stärkung der Seele entwickeln wird, so daß die Seele auch wieder zurückwirkt auf den Leib und ihn stark machen wird gegen jede Krankheitseinwirkung von außen, wird eine falsche Askese den Menschen angreifbar machen für jeden von außen kommenden Krankheitseinfluß.

Das ist der gefährliche Zusammenhang zwischen jeder falschen Askese und den Krankheiten gerade in unserer Zeit. Und das ist es auch, was in weiteren Kreisen, in denen man sich leicht Mißverständnissen gegenüber solchen Dingen hingibt, allerlei Irrtümer hervorrufen kann über das, was geisteswissenschaftliche Weltanschauung dem Menschen bringen kann. Denn gewiß werden diejenigen, die auf dem Wege einer falschen Askese zu einer Anschauung der geistigen Welt kommen wollen, ein abschreckendes Bild bieten können für die Außenstehenden; denn sie werden durch ihre falsche Askese ein breites Angriffsfeld den schädlichen Einflüssen der Außenwelt geben können; sie werden nicht gestärkt und gekräftigt sein gegen die Irrtümer unserer Zeit, sondern sie werden ihnen erst recht ausgesetzt sein.

Das kann uns auch gerade an mancher theosophischen Geistesströmung unserer Zeit entgegentreten. Dadurch, daß mancherlei sich «Theosophie» nennt, ist es noch nicht mit einem Freibrief versehen, um als geistige Strömung manchen entgegengesetzten Strömungen der Gegenwart gewachsen zu sein. Wenn Materialismus in der Welt draußen herrscht, so ist er ein wenig dem angemessen, was von draußen kommt, den Begriffen, die man sich in der Sinneswelt von dem machen muß, worauf der sinnliche Blick gerichtet ist. Daher kann man sagen, daß der Materialismus der äußeren Welt, der nichts von einer geistigen Welt weiß, in gewisser Weise berechtigt ist. Wenn aber eine Weltanschauung auftritt, die über die geistige Welt etwas mitteilen will, und die, weil sie nicht auf einer wirklichen Erstarkung der geistigen Kräfte beruht, in sich die materialistischen Vorurteile der Zeit in ihren karikierten Formen hineinnimmt, dann ist das um so schlimmer. Daher ist eine solche theosophische Weltanschauung, in welche die Irrtümer der Zeit eingedrungen sind, unter Umständen viel schädlicher als eine materialistische, und es darf wohl darauf hingewiesen werden, daß wirklich materialistische Vorstellungen im weitesten Umfange gerade in die theosophische Weltanschauung eingedrungen sind. Da spricht man dann vom Geistigen nicht als vom Geist, sondern als ob der Geist nur eine unendlich verfeinerte nebulose Materie sei. Wenn man vom Ätherleib spricht, stellt man sich nur das Physische über einen gewissen Grad hinaus verfeinert vor und spricht dann von Äther-«Schwingungen». Beim Astralischen sind dann diese Schwingungen noch feiner, im Mentalen wiederum feiner und so weiter. Überall sind «Vibrationen», überall «Schwingungen». Man kommt eigentlich niemals in eine wirkliche geistige Welt mit seinen Vorstellungen hinein, sondern bleibt bei solchen Vorstellungen stehen, die sich auf eine materielle Welt beziehen sollten. Da erlebt man es denn, daß sich die Menschen in Wahrheit einen materialistischen Dunst vormachen bei den allergewöhnlichsten Lebenserscheinungen. Wenn man zum Beispiel irgendwo ist, wo man spüren kann, daß eine gute Stimmung herrscht, wo die Seelen der Menschen zusammenklingen, und einer, der das fühlt, etwa sagt, es herrsche eine harmonische Stimmung in diesem Kreis von Menschen, so mag das alltäglich ausgedrückt sein, aber es ist richtig und führt eher zu einem richtigen Verständnis, als wenn in einer Gesellschaft von Theosophen einer sagt: Oh, hier sind feine Vibrationen! – Dazu muß man ja erst theosophischer Materialist sein und sich eine grobklotzig gedachte Materie vorstellen, um davon sprechen zu können. Und dem, der ein Gefühl dafür hat, vergeht dann seine Stimmung; das Ganze vernebelt sich, wenn die Betreffenden ihre «vibrations» oder Vibrationen herumtanzen lassen. Da sehen wir, wie auf diesem Gebiete durch das Eindringen materialistischer Vorstellungen in eine geistige Weltanschauung ein abschreckendes Bild geschaffen werden kann für die Außenstehenden, die dann sagen können: Diese Leute haben eine geistige Welt; aber es ist auch nicht anders als bei uns: bei uns tanzt der Lichtäther, bei denen tanzt sogar der geistige Äther, das ist ein und derselbe Materialismus! Materialismus hier, Materialismus da!

Das sollte man durchaus im rechten Lichte sehen! Dann würde man nicht mehr eine falsche Anschauung gewinnen können über das, was die geisteswissenschaftliche Weltanschauungsströmung in unserer Zeit den Menschen bringen kann. Dann würde man einsehen, daß Askese auch etwas sein kann, was durch Erstarkung des Seelenlebens hinaufführt in die geistige Welt und dadurch auch wieder neue Kräfte hineinbringen kann in unser physisch-materielles Dasein. Diese Kräfte sind dann keine krankmachenden Kräfte, sondern gesund wirkende Kräfte; sie führen unserem Leiblichen gesunde Lebenskräfte zu. – Es ist freilich schwerer zu konstatieren, ob eine Weltanschauung uns gesunde Lebenskräfte zuführt oder kranke; die kranken sieht man in der Regel, während man die gesunden gewöhnlich nicht beachtet. Wer es beobachten kann, der wird sehen, wie diejenigen, die in einer wahren Geistesströmung stehen und sich von ihr befruchten lassen, gesunde Kräfte aus ihr ziehen, die bis in das Physische gesundend herunterwirken können. Und der wird auch sehen, wie die Krankheitserscheinungen nur wirken können, wenn etwas von der Außenwelt, was nicht aus einer geistigen Strömung fließt, hineingetragen wird in eine geistige Strömung. Das wirkt dann aber schlimmer innerhalb der geistigen Strömung, als wenn es draußen bleibt, wo der Mensch durch die Konventionen davor geschützt ist, daß gewisse Irrtümer zu starke Wirkungen hervorbringen.

Wenn wir diese Dinge so aufnehmen, werden wir wahre Askese auffassen als eine Vorübung zu einem höheren Leben, als eine Entwickelung von Kräften, und werden das gute alte griechische Wort wiederum so verstehen, wie es gemeint ist. Denn «askein» heißt «sich bemühen», «sich stark machen», ja sogar «sich schmükken», daß sich die Menschlichkeit an einem offenbaren kann gegenüber der Welt. Askese ist ein Sich-Starkmachen, wenn sie in ihrem richtigen Sinne aufgefaßt wird. Wenn sie aber so aufgefaßt wird, daß der Mensch die Seele lassen will, wie sie ist, und dann durch Herabstimmen der äußeren Leiblichkeit etwas erreichen will, dann trennt er die Seele von dem Leib und macht den Leib zum Angriffspunkt aller möglichen schädlichen Einflüsse, und dann ist Askese ein Quell aller möglichen Erkrankungsverhältnisse des Leibes.

Was die Licht- und Schattenseiten des Egoismus sind, wird sich uns in der Betrachtung des Wesens des Egoismus zeigen. Heute wird sich Ihnen aber gezeigt haben, daß es bei der wahren, richtigen Askese darauf ankommt, wie sie wirkt, was sie fruchtet, wie sie sich in die Welt gerade so hineinstellt, daß sie niemals Selbstzweck sein kann, sondern nur Mittel zur Erreichung eines höheren Menschheitszieles, zum Hineinleben in die höheren Welten. Daher muß der Mensch, wenn er zu dieser Askese schreiten will, einen sicheren Boden der Wirklichkeit unter seinen Füßen haben. Er darf nicht fern und fremd werden der Welt, in die er hineingestellt ist; sondern er muß jederzeit die Welt wiedererkennen. Was er aus der höchsten der Welten herunterbringen kann in diese Welt, das muß er hier – in dieser Welt – wiederum an seiner Arbeit bemessen und beurteilen können; denn sonst könnten leicht diejenigen Recht haben, welche behaupten, Askese wäre nicht Arbeit, sondern Müßiggang! Müßiggang kann allerdings sehr leicht der Anlaß zu einer falschen Askese werden – und besonders in unserer heutigen Zeit. Wer aber seine Verhältnisse sicher und fest macht und nicht den Boden unter den Füßen verliert, der beachtet, gerade einer so ernsten Sache wie unsern menschlichen Fähigkeiten gegenüber, ein höchstes Ideal in der Askese. Oh, es können unsere Ideen hoch hinaufsteigen, wenn wir uns ein Ideal für alles Üben menschlicher Fähigkeiten, wie sie wirken sollen in der Welt, vor Augen führen.

Sehen wir uns einmal das Alte Testament in seinem Anfange an. Da heißt es: «Und Gott sprach: Es werde Licht!» . . . Von Tag zu Tag läßt Gott aus der geistigen Welt die physisch-sinnliche Welt entstehen; und am Schlusse eines jeden Tages fühlt sich der Gott befriedigt, wenn er die physische Welt, die aus der geistigen herausgeschaffen ist, ansieht, so daß er sagen kann: Es ist gut! «Und Gott sahe, daß es gut war!» – So müssen wir von dem festen Boden der Wirklichkeit, auf dem wir zunächst stehen, uns unser gesundes Denken, unsern sicheren Charakter, unsere unbeirrten Gefühle erhalten, hineinsteigen in die geistige Welt, die Tatsachen, aus denen alle physische Welt herausgeboren ist, erforschen, aber wir müssen uns die Möglichkeit bewahren, wenn wir die gewonnenen Kräfte in der physischen Welt zur Anwendung bringen und sehen, wie sie in die Welt hineinpassen, uns dann sagen zu können: «Wenn wir uns als Geistesforscher, als Geisteswisser und -erkenner zur Umwelt stellen und sehen, wie die Kräfte, die wir entwickelt haben, in die Welt hineinpassen, dann zeigt sich uns, daß es gut war.» Wenn wir unsere Kräfte so in der wirklichen Welt erproben, die wir durch eine richtige Askese gewinnen können, dann erwerben wir uns das Recht, daß wir jetzt sagen können, wenn wir sie gebrauchen: «Siehe da, sie sind gut!»

DAS WESEN DES EGOISMUS

Goethes «Wilhelm Meister»

Berlin, 25. November 1909

Irgendwo und irgendwann wurde einmal eine Gesellschaft begründet. Sie hatte auf ihr Programm geschrieben: «Die Abschaffung des Egoismus»; das heißt, sie wollte ihre Mitglieder dazu verpflichten, sich zur Selbstlosigkeit, zur Freiheit von allem Egoismus zu erziehen. Sie hatte, wie das alle Gesellschaften tun, sich ihren Präsidenten gewählt, und es handelte sich nun darum, dasjenige, was der Hauptgrundsatz dieser Gesellschaft war, von ihr aus in der Welt zu propagieren. Es wurde in dieser Gesellschaft in der mannigfaltigsten Weise immer wieder und wieder betont, daß keines der Mitglieder irgendwo, namentlich innerhalb der Gesellschaft, auch nur den geringsten egoistischen Wunsch für sich haben sollte, oder gar laut werden lassen sollte irgend etwas von einem egoistischen Begehren und dergleichen.

Nun war das gewiß eine Gesellschaft mit einem außerordentlich lobenswerten Programm und mit einem hohen menschlichen Ziel. Aber man konnte nicht zugleich sagen, daß die Mitglieder in sich selber suchten die Verwirklichung gerade desjenigen, was der allererste Programmpunkt war. Sie lernten kaum irgendwie kennen menschliche unegoistische Wünsche. Es spielte sich sehr häufig innerhalb der Gesellschaft das Folgende ab. Der eine sagte: «Ja, ich möchte dies und das. Das könnte mir doch von der Gesellschaft gewährt werden. Aber wenn ich zum Vorsitzenden gehe, so bringe ich einen egoistischen Wunsch vor. Das ist ganz gegen das Programm der Gesellschaft, das geht doch nicht!» Da sagte ein anderer: «Ganz einfach: Ich gehe für dich. Da vertrete ich deinen Wunsch und bringe etwas vor, was ganz und gar selbstlos ist. Aber sieh einmal! Ich möchte auch etwas haben. Das ist freilich auch etwas durchaus Egoistisches. Das kann man in unserer Gesellschaft nicht vorbringen nach unserem Hauptprogrammpunkt!» Da sagte nun der erste: «Wenn du für mich so selbstlos bist, so werde ich für dich auch etwas tun. Ich werde für dich zum Vorsitzenden gehen und das verlangen, was du willst!» Und so geschah es. Erst kam der eine zum Vorsitzenden; dann, zwei Stunden später, kam der andere. Beide hatten ganz unegoistische Wünsche vorgebracht. Aber das vollzog sich nun nicht nur einmal, sondern das war eigentlich in dieser Gesellschaft so gang und gäbe. Und es konnte selten etwas Egoistisches, irgendein egoistischer Wunsch eines Mitgliedes erfüllt werden, denn er wurde immer in der selbstlosesten Weise von dem andern vorgebracht.

Ich sagte, «irgendwo und irgendwann» gab es diese Gesellschaft. Selbstverständlich ist das, was ich eben charakterisiert habe, eine durchaus hypothetische Gesellschaft. Aber wer ein wenig im Leben Umschau hält, der wird vielleicht sagen: Ein wenig ist von dieser Gesellschaft überall und immer. Es sollte ja auch das, was eben gesagt worden ist, nur vorgebracht werden, um zu kennzeichnen, wie gerade das Wort «Egoismus» eines von denjenigen ist, die im eminentesten Sinne zu Schlagworten werden können, wenn sie nicht unmittelbar in bezug auf das, was sie bezeichnen, in der Welt auftreten, sondern wenn sie in einer Maske, in einem Deckmantel auftreten und in einer gewissen Weise dadurch über sich selbst hinwegtäuschen können.

Das Schlagwort Egoismus und auch sein Gegenteil, das ja seit langer Zeit üblich geworden ist, der Altruismus, die Selbstlosigkeit, sollen uns heute beschäftigen. Aber nicht als Schlagwörter, sondern indem wir ein wenig in das Wesen des Egoismus eindringen wollen. Wo vom Standpunkte der Geisteswissenschaft derlei Dinge betrachtet werden, handelt es sich ja immer weniger darum: Was für eine Sympathie oder Antipathie kann diese oder jene Eigenschaft hervorrufen? Wie kann man sie nach diesem oder jenem schon einmal vorhandenen menschlichen Urteil werten? – sondern es handelt sich vielmehr darum, zu zeigen, wie das, worauf sich das betreffende Wort bezieht, in der menschlichen Seele oder sonst in der Realität entspringt, und in welchen Grenzen es geltend ist; und wenn es bekämpft werden soll als diese oder jene Eigenschaft, wie weit es sich dann bekämpfen läßt durch die menschliche Natur oder die sonstigen Wesenheiten des Daseins.

Seinem Wort nach würde ja der Egoismus diejenige menschliche Eigenschaft sein, wodurch der Mensch solche Interessen im Auge hat, die der Erhöhung seiner eigenen Persönlichkeit förderlich sind, während das Gegenteil, der Altruismus, diejenige menschliche Eigenschaft wäre, welche bezweckte, die menschlichen Fähigkeiten in den Dienst anderer, der ganzen Außenwelt zu stellen. Wie sehr man, wenn man nicht auf die Sache eingeht, sondern sich an Worte hält, gerade hier auf einem gefährlichen Boden steht, das kann eine ganz einfache Betrachtung zeigen. Nehmen wir an, irgend jemand erwiese sich als ein besonderer Wohltäter nach dieser oder jener Seite hin. Es könnte durchaus sein, daß er ein Wohltäter nur aus Egoismus ist, vielleicht aus ganz kleinlichen egoistischen Eigenschaften, vielleicht aus Eitelkeit oder dergleichen. Damit, daß jemand so ohne weiteres ein «Egoist» genannt wird, ist er in bezug auf seinen Charakter noch ganz und gar nicht abgetan. Denn wenn der Mensch nur sich befriedigen will, aber lauter edle Eigenschaften hat, so daß er sich dann am besten gefördert sieht, wenn er den Interessen anderer dient, so kann man sich ja einen solchen «Egoisten» vielleicht gerade gefallen lassen. Das scheint ein Spiel mit Worten zu sein, ist es aber nicht, weil dieses Spiel mit Worten unser ganzes Leben und Dasein durchsetzt und überall, auf allen Gebieten des Daseins, zum Ausdruck kommt.

Für alle Dinge, die sich im Menschen finden, können wir wenigstens etwas Analoges, etwas, das als Gleichnis dienen kann, im übrigen Weltall finden. Daß wir für diese hervorragende Eigenschaft der menschlichen Natur gleichnisweise etwas im Weltall finden können, das mag uns ja der *Schiller*sche Spruch andeuten:

> Suchst du das Höchste, das Größte, die Pflanze kann es dich lehren:
> Was sie willenlos ist, sei du es wollend! – das ist's!

Schiller stellt darin vor den Menschen das Pflanzendasein hin und empfiehlt ihm, in seinem Charakter etwas auszubilden, was so edel wie die Pflanze auf einer gewissen niederen Stufe ist. Und der große deutsche Mystiker *Angelus Silesius* spricht ungefähr dasselbe aus:

> Die Ros' ist ohn Warum, sie blühet, weil sie blühet,
> Sie acht't nicht ihrer selbst, fragt nicht, ob man sie siehet.

Auch da werden wir auf das Pflanzendasein hingewiesen. Die Pflanze nimmt, was sie zum Wachstum braucht, in sich auf; sie fragt nicht nach «Warum» und «Weil»; sie blüht, weil sie blüht, und kümmert sich nicht darum, wem sie dient. Und dennoch: weil sie ihre Lebenskräfte in sich aufnimmt, weil sie aus der Umgebung alles herauszieht, was sie gerade für sich braucht, dadurch gerade wird sie für ihre Umgebung – schließlich auch für den Menschen – dasjenige, was sie sein kann. Sie wird das denkbar nützlichste Geschöpf, wenn sie gerade jenen Gebieten der Pflanzenwelt angehört, die dem Leben der höheren Wesen dienen können. Und es ist zwar schon oftmals gesagt worden, ist aber durchaus nicht trivial, wenn noch einmal gesagt wird:

Wenn die Rose selbst sich schmückt,
Schmückt sie auch den Garten.

Der Garten wird geschmückt durch die Rose, wenn sie selbst so schön wie möglich ist. Wir können das einmal verbinden mit dem Wort Egoismus und sagen: Wenn die Rose so recht egoistisch schön sein will, sich so herrlich als möglich gestalten will, wird durch sie der Garten so schön als möglich. Dürfen wir das, was sich so an einem niederen Naturreich ausdrückt, in gewisser Weise auch auf den Menschen ausdehnen? Wir brauchen es gar nicht zu tun; viele andere haben es vor uns getan, und am schönsten hat es *Goethe* getan. Als Goethe ausdrücken wollte, was der Mensch im eigentlichsten Sinne des Wortes ist, wodurch er am meisten die Würde und den ganzen Inhalt seines Daseins zeigt, sprach er die Worte aus: «Wenn die gesunde Natur des Menschen als ein Ganzes wirkt, wenn er sich in der Welt als in einem großen, schönen, würdigen und werten Ganzen fühlt, wenn das harmonische Behagen ihm ein reines, freies Entzücken gewährt: dann würde das Weltall, wenn es sich selbst empfinden könnte, als an sein Ziel gelangt aufjauchzen und den Gipfel des eigenen Werdens und Wesens bewundern.» Und ein andermal sagte Goethe in dem herrlichen Buche über «Winckelmann», wo auch die eben angeführten Worte stehen: «Indem der Mensch auf den Gipfel der Natur gestellt ist, so sieht er sich wieder als eine ganze Natur an, die in sich abermals einen Gipfel hervorzubringen hat. Dazu steigert er sich, indem er sich mit allen Vollkommenheiten und Tugenden durchdringt, Wahl, Ordnung, Harmonie und Bedeutung aufruft, und sich endlich bis zur Produktion des Kunstwerkes erhebt.»

Die ganze Gesinnungsart Goethes zeigt uns aber, daß er nur spezialisiert auf den Künstler, und wie er namentlich meint: Wenn der Mensch auf den Gipfel der Natur gestellt ist, nimmt er alles zusammen, was die Welt in ihm ausdrücken kann und zeigt zuletzt der Welt aus sich selbst heraus ihr Spiegelbild; und die Natur würde aufjauchzen, wenn sie dieses ihr Spiegelbild in der Seele des Menschen wahrnehmen und empfinden könnte! Was heißt das anderes als: Alles, was uns im Weltendasein umgibt, was draußen Natur, was draußen Geist ist, konzentriert sich im Menschen, steigt hinauf auf einen Gipfel und wird in dem einzelnen Menschen, in dieser menschlichen Individualität, in diesem menschlichen Ego so schön, so wahr, so vollkommen als möglich sein. Daher wird der Mensch sein Dasein am besten erfüllen, wenn er so viel als möglich heranzieht aus der Umwelt, und dieses sein Ich, sein Ego, so reich als möglich gestaltet. Dann eignet er sich alles an, was in der Welt ist, und was in ihm selbst zur Blüte, ja, zur Frucht des Daseins kommen kann.

Es liegt einer solchen Anschauungsweise zugrunde, daß der Mensch gar nicht genug tun kann, um wirklich in sich selber alles zusammenzufassen, was in der Umwelt ist, um eine Art Blüte und Gipfel des übrigen Daseins darzustellen. Wollte man das «Egoismus» nennen, so könnte man es ja tun. Man könnte dann sagen: Das menschliche Ego ist dazu da, ein Organ zu sein für das, was sonst ewig in der übrigen Natur verborgen bliebe, und was nur dadurch zum Ausdruck kommen kann, daß es im menschlichen Geiste sich konzentriert. So möchte man sagen, daß es zum Wesen des Menschen gehört, in seinem Selbst zusammenzufassen das übrige Dasein, das um ihn herum ist. Nun liegt es aber in der Natur und im Wesen des Menschen, daß er dasjenige, was als allgemeines Gesetz draußen in den niederen Reichen zum Höchsten, zum Größten führt, in sich selbst zur Verirrung, zum Irrtum bringen kann. Das ist verbunden mit dem, was wir menschliche Freiheit nennen. Niemals könnte der Mensch ein freies Dasein haben, wenn er nicht in sich selber die Fähigkeit hätte, gewisse Kräfte, die in ihm sind, in einseitiger Weise zu mißbrauchen, so daß diese Kräfte auf der einen Seite zum höchsten Dasein führen, auf der anderen Seite das Dasein verkehren, vielleicht sogar zur Karikatur machen. Das kann uns durch einen einfachen Vergleich klar werden. Gehen wir noch einmal zur Pflanze zurück.

Bei der Pflanze fällt es uns gar nicht ein, im allgemeinen von Egoismus zu sprechen. Nur um uns das Gesetz des Egoismus in der ganzen Welt klar zu machen, haben wir gesagt: Was sich an den Pflanzen ausdrückt, könnte Egoismus genannt werden. Aber bei der Pflanze sprechen wir keineswegs von Egoismus. Wenn das Pflanzendasein nicht im materialistischen Sinne, sondern dem Geiste nach betrachtet wird, dann kann man bemerken, daß die Pflanze in gewisser Weise gefeit ist, überhaupt zum Egoismus zu kommen. Auf der einen Seite ist sie wohl in ihrem Dasein darauf angewiesen, sich so schön zu machen, als es ihr möglich ist. Und sie fragt sich nicht: Wem dient diese Schönheit? Wenn aber die Pflanze ihr ganzes Dasein in sich selber zusammenfaßt, wenn sie zur höchsten Entfaltung ihres Eigenwesens aufsteigt, dann ist für sie bereits der Zeitpunkt eingetreten, wo sie dieses Eigenwesen abgeben muß. Es ist etwas Eigentümliches um den Sinn des Pflanzendaseins. Goethe sagt sehr schön in seinen Sprüchen in Prosa: «In den Blüten tritt das vegetabilische Gesetz in seine höchste Erscheinung, und die Rose wäre nur wieder der Gipfel dieser Erscheinung... Die Frucht kann nie schön sein; denn da tritt das vegetabilische Gesetz in sich (ins bloße Gesetz) zurück.» Das heißt, ihm ist klar, daß die Pflanze, wenn sie blüht, ihr eigenes Gesetz am augenscheinlichsten zum Ausdruck bringt. In dem Augenblick, wo sie blüht, muß sie aber auch bereit sein, ihr Schönstes in der Befruchtung abzugeben, da ist sie angewiesen, dieses ihr Selbst hinzuopfern an ihre Nachfolgerin, an den Fruchtkeim. Daher liegt wirklich etwas Großes darinnen, daß die Pflanze in dem Augenblick, wo sie zur Ausprägung ihres Ich kommen würde, sich selbst hinopfern muß. Das heißt, wir sehen an diesem niederen Reiche, daß der Egoismus in der Natur bis zu einem Punkt heransteigt, wo er sich selbst vernichtet, wo er sich hingibt, um etwas Neues hervorzubringen. Was am höchsten in der Pflanze entfaltet ist, was man die

Individualität, das Selbst der Pflanze nennen könnte, was mit der Blüte in voller Schönheit hervorbricht, das beginnt zu welken in dem Moment, wo der neue Pflanzenkeim hervorgebracht ist.

Nun fragen wir uns einmal: Ist im Menschenreiche vielleicht etwas Ähnliches der Fall? Und in der Tat, wenn wir die Natur und das Geistesleben eben dem Geiste nach betrachten, werden wir finden, daß im Menschenreiche etwas ganz Ähnliches der Fall ist. Der Mensch ist ja nicht nur dazu berufen, Wesen seinesgleichen hervorzubringen, das heißt in der Gattung zu leben, sondern, was über die Gattung hinausgeht, das Leben der Individualität in sich selber zu führen. Was Egoismus beim Menschen ist, werden wir in seiner wahren Gestalt erst richtig erkennen können, wenn wir die Wesenheit des Menschen so vor uns hinstellen, wie wir das in den letzten Vorträgen kennengelernt haben.

Im geisteswissenschaftlichen Sinne betrachten wir den Menschen nicht bloß als einen physischen Leib, den ja der Mensch gemeinschaftlich hat mit der ganzen mineralischen Natur, sondern wir sprechen davon, daß der Mensch in sich trägt als ein höheres Glied seiner Wesenheit zunächst den Ätherleib oder Lebensleib, den er mit allem Lebenden gemeinschaftlich hat; daß er sodann mit dem gesamten Tierreich gemeinsam hat den Träger von Lust und Leid, Freude und Schmerz, den wir den astralischen Leib oder den Bewußtseinsleib nennen; und wir sprechen davon, daß innerhalb dieser drei Glieder des Menschen sein eigentlicher Wesenskern lebt, das Ich. Dieses Ich müssen wir auch als den Träger des Egoismus im berechtigten und unberechtigten Sinne ansehen. Nun besteht alle Entwickelung des Menschen darin, daß er von seinem Ich aus die drei übrigen Glieder seiner

Wesenheit umgestaltet. Auf einer unvollkommenen Stufe des Daseins ist das Ich der Sklave der drei unteren Glieder, des physischen Leibes, des Ätherleibes und des astralischen Leibes. Wenn wir nun den astralischen Leib betrachten, können wir sagen: der Mensch folgt auf einer untergeordneten Stufe seines Daseins allen Trieben, Begierden und Leidenschaften. Aber je höher er sich entwickelt, desto mehr läutert er seinen astralischen Leib, das heißt, er verwandelt dasjenige, dessen Sklave er ist, in etwas, was von seiner höheren Natur, von seinem Ich aus beherrscht wird, so daß das Ich immer mehr und mehr Herrscher und Läuterer wird der übrigen Glieder der menschlichen Wesenheit. Und auch das ist schon in vorhergehenden Vorträgen angeführt worden, daß der Mensch heute mitten in dieser Entwickelung drinnen steht und einer Zukunft entgegengeht, in welcher das Ich immer mehr Herrscher geworden sein wird über alle drei Glieder der menschlichen Natur. Denn indem der Mensch den astralischen Leib umwandelt, erzeugt er in demselben dasjenige, was wir das «Geistselbst» nennen, oder mit einem Ausdruck der orientalischen Philosophie «Manas». Wie der Mensch heute lebt, hat er einen Teil seines astralischen Leibes umgewandelt in Manas. Weiter wird es dem Menschen in der Zukunft möglich sein, seinen Ätherleib umzugestalten; und den so umgestalteten Teil des Ätherleibes nennt man den «Lebensgeist», oder die «Buddhi» mit einem Ausdruck der orientalischen Philosophie. Und wenn der Mensch Herr wird über die Vorgänge seines physischen Leibes, dann bezeichnen wir diesen umgewandelten Teil des physischen Leibes als «Atman» oder als den «Geistesmenschen». So blicken wir auf eine Zukunft, von der heute nur die Anfänge vor uns stehen, in welcher der Mensch bewußt von seinem Ich aus der Regler, der Herrscher sein wird über seine gesamte Tätigkeit.

Aber was so einmal bewußt dem Menschen zu eigen sein wird, das ist in der menschlichen Natur vorbereitet seit langen Zeiten. Und in einer gewissen Weise hat das Ich auch schon unbewußt oder unterbewußt gearbeitet an den drei Gliedern der menschlichen Natur. Wir finden, daß dieses Ich schon in grauer Vorzeit einen Teil des astralischen Leibes, den wir auch den Empfindungsleib nennen, umgewandelt hat in die «Empfindungsseele»; daß umgewandelt worden ist ein Teil des Ätherleibes in dasjenige, was wir in den verflossenen Vorträgen «Verstandesseele» oder «Gemütsseele» nannten; und endlich ist ein Teil des physischen Leibes umgewandelt zum Dienste des Ich, das ist die «Bewußtseinsseele». So haben wir drei Glieder der menschlichen Wesenheit als Innerlichkeit der menschlichen Natur: die Empfindungsseele, die im Grunde genommen wurzelt im Empfindungsleib; die Verstandes- oder Gemütsseele, die im Ätherleibe wurzelt; und die Bewußtseinsseele, die im physischen Leibe wurzelt. Des Menschen Innerlichkeit interessiert uns heute vor allen Dingen insoweit, als das Verhältnis seines Empfindungsleibes zur Empfindungsseele in Betracht kommt.

Wenn wir einen Menschen heranwachsen sehen von der Geburtsstunde an und betrachten, wie immer mehr und mehr seine Fähigkeiten sich wie aus dunklen Untergründen seiner Leiblichkeit herausentwickeln, so können wir sagen: Da arbeitet sich an das Tageslicht herauf des Menschen Empfindungsseele. Denn den Empfindungsleib hat der Mensch auferbaut erhalten aus der ganzen Umgebung seines Seins heraus. Das können wir verstehen, wenn wir uns wieder an ein Goethewort erinnern:

Das Auge ist vom Lichte für das Licht gebildet. – Wenn wir irgendein menschliches Sinnesorgan nehmen, durch das der Mensch zum Bewußtsein der physischen Außenwelt kommt, so gilt nicht nur der eine, von *Schopenhauer* einseitig hervorgekehrte Satz, daß das Licht nicht wahrgenommen werden könnte, wenn der Mensch kein Auge hätte, sondern auf der anderen Seite gilt ebenso der Satz: Wenn es kein Licht gäbe, könnte es kein Auge geben. In unendlich langen Zeiträumen hat – wie Goethe sagt – das Licht, das überall ausgebreitet ist, am Organismus gearbeitet, indem es aus unbestimmten Anfängen jenes Organs heraus gearbeitet hat, das heute fähig ist, das Licht zu schauen. Das Auge ist durch das Licht am Lichte für das Licht gebildet. Wenn wir auf unsere Umwelt schauen, können wir darin die Kräfte sehen, die am Menschen die Fähigkeiten herausgearbeitet haben, dieser Umwelt sich bewußt zu werden. So ist der ganze Empfindungsleib, das ganze Gefüge, wodurch wir in ein Verhältnis kommen zur Umwelt, herausgearbeitet aus den lebendigen Kräften der Umwelt. Daran haben wir als Menschen keinen Anteil. Ein Produkt, eine Blüte der Umwelt ist der astralische Leib. Darinnen erscheint nun im Empfindungsleib die Empfindungsseele. Diese Empfindungsseele ist dadurch entstanden, daß das Ich gewissermaßen herausgliederte, plastisch herausgestaltete aus der Substanz des Empfindungsleibes die Empfindungsseele. So lebt das Ich im Empfindungsleib und saugt gleichsam die Substanz heraus für die Empfindungsseele.

Nun kann dieses Ich in zweifacher Weise arbeiten: Einmal so, daß es in sich selber jene innerlichen seelischen Fähigkeiten der Empfindungsseele entwickelt, die im Einklang stehen mit den Fähigkeiten und Eigenschaften des Empfindungsleibes und damit harmonisch zusammenklingen. Das kann uns klar werden an einem Beispiel, das wir der Erziehung entnehmen können. Gerade die Erziehung gibt uns die schönsten und praktischsten Grundsätze für das, was Geisteswissenschaft ist.

Der Empfindungsleib ist herausgebaut aus der Umgebung. An dem Empfindungsleib arbeiten diejenigen, welche als Erzieher um das Kind herum sind vom Anfang des physischen Daseins an. Sie können dem Empfindungsleib dasjenige übermitteln, was das Ich anweist, solche seelischen Eigenschaften zu haben, die mit den Eigenschaften des Empfindungsleibes im Einklang stehen. Aber es kann auch etwas an das Kind herangebracht werden, was widerspricht den Eigenschaften des Empfindungsleibes. Wenn das Kind so erzogen wird, daß es in der lebendigsten Weise Interesse hat für alles, was durch seine Augen in es eintritt, wenn es in der richtigen Weise sich zu erfreuen vermag an den Farben und Formen, oder wenn es sich in der richtigen Weise zu beseligen weiß an dem Ton, wenn es allmählich Harmonie hervorzubringen vermag zwischen dem, was von außen hereinschaut, und dem, was in der Empfindungsseele auftaucht als Freude, als Lust, als Anteil und Interesse am Dasein, dann ist das, was von innen kommt, ein richtiges Spiegelbild des Daseins; dann kann das zusammenklingen, was in der Seele lebt, mit dem äußeren Dasein. Dann können wir davon sprechen, daß der Mensch nicht nur in sich lebt, nicht nur fähig ist, in seinem Empfindungsleib eine Empfindungsseele auszugestalten, sondern daß er fähig geworden ist, wieder aus sich herauszugehen; da ist er nicht nur imstande, dasjenige, wozu ihn die Natur befähigt, zu sehen, zu hören, sondern da ist er imstande, zu dem Gesehenen, zu dem Gehörten wieder hinauszugehen, sich zu ergießen in die

Umwelt, zu leben in dem, was ihm sein Empfindungsleib vermittelt. Dann ist nicht nur Einklang zwischen Empfindungsleib und Empfindungsseele vorhanden, dann ist Einklang vorhanden zwischen der Umwelt und den Erlebnissen der Empfindungsseele. Dann ergießt sich die Empfindungsseele in die Umwelt; dann ist der Mensch wirklich eine Art Spiegel des Universums, eine Art Mikrokosmos, eine kleine Welt, die sich – nach Goethe – mit Behagen fühlt in der weiten, schönen und großen Welt.

Wir können noch ein anderes Beispiel gebrauchen: Wenn ein Kind heranwachsen würde auf einer einsamen Insel, fern von jeder menschlichen Gesellschaft, dann könnte es gewisse Fähigkeiten nicht in sich entwickeln. Es würde nicht Sprache, nicht die Fähigkeit des Denkens, nicht jene edlen Eigenschaften entwickeln, die nur aus dem Zusammenleben mit Menschen aufleuchten können in der menschlichen Seele. Denn das sind Eigenschaften, die sich im Innern des Menschen, in der Seele entwickeln.

Nun kann der Mensch sich so entwickeln, daß er mit seinen Eigenschaften wieder herausgeht aus sich selber, einen Einklang schafft mit der Umwelt; oder aber er kann auch diese Eigenschaften in sich selber verhärten, sie in sich selber zum Vertrocknen bringen. Zum Vertrocknen bringt der Mensch dasjenige, was in der Empfindungsseele auftaucht, wenn er zwar die Eindrücke der Außenwelt, Farbe, Ton und so weiter in sich aufnimmt, aber in sich selber kein Echo erweckt, um mit Lust und Interesse die Eindrücke wieder in die Außenwelt hinauszuergießen. Verhärtet wird der Mensch in sich, wenn er das, was er am Umgange mit Menschen entwickeln kann, nicht wiederum anwendet, um es im Zusammenhang mit Menschen auszuleben. Wenn er sich abschließt, nur in sich selber damit leben will, dann kommt er in eine Disharmonie zwischen sich und dem, was ihn umgibt. Eine Kluft richtet er auf zwischen seiner Empfindungsseele und seinem Empfindungsleib. Wenn der Mensch sich abschließt, nachdem er zuerst die Früchte der Menschheitsentwickelung genossen hat, wenn er das, was nur innerhalb seiner Mitmenschenwelt gedeihen kann, nicht wieder in den Dienst der Menschheit stellt, dann wird eine Kluft errichtet zwischen dem Menschen und der Umwelt; sei es der ganzen großen Umwelt, wenn der Mensch sich ohne Interesse der Außenwelt gegenüberstellt; sei es der menschlichen Umwelt, von der er die schönsten Interessen empfangen hat. Und die Folge ist, daß der Mensch in sich selber vertrocknet. Denn was von außen an den Menschen herankommt, kann nur den Menschen fördern und beleben, wenn es nicht losgerissen wird von seiner Wurzel. Es ist so, wie wenn der Mensch losgerissen würde von seiner Lebenswurzel, wenn er nicht sein Seelisches in seine Außenwelt ergießen wollte. Und wenn der Mensch seinen Abschluß von der Außenwelt immer mehr und mehr steigert, so ist das Dahinwelken, der Tod des seelischen Lebens die Folge. Das ist gerade die schlimme Seite des Egoismus, die wir jetzt zu charakterisieren haben, die dadurch entsteht, daß der Mensch mit seinem Ich so arbeitet, daß er eine Kluft aufrichtet zwischen sich und der Umwelt.

Wenn der Egoismus diese Form annimmt, daß der Mensch nicht die Blüte der ganzen Außenwelt ist und nicht fortwährend ernährt und belebt wird von der Außenwelt, dann führt er zu seinem eigenen Ersterben. Das ist der Riegel, der im allgemeinen dem Egoismus vorgeschoben ist. Und hier zeigt sich, worinnen das

Wesen des Egoismus besteht: Es besteht auf der einen Seite darin, daß in der Tat das Weltall, das um uns herum ist, in dem Menschen selber einen Gipfel und eine Blüte erlangt dadurch, daß der Mensch die Kräfte dieses Weltalls in sich hineinziehen kann; daß er aber andererseits dasjenige bewußt ausführen muß, was die Pflanze unbewußt ausführt. In dem Augenblick, wo die Pflanze in sich selbst ihr Wesen ausprägen soll, führt dasjenige, was hinter der Pflanze ist, das Egoistische der Pflanze in eine neue Pflanze über. Aber der Mensch als ein selbstbewußtes Wesen, als ein Ich-Träger, ist in die Lage versetzt, diesen Einklang in sich selber herzustellen. Was er von außen empfängt, das soll er auf einer gewissen Stufe wiederum hingeben, sozusagen ein höheres Ich in seinem Ich gebären, das nicht in sich verhärtet, sondern das mit der ganzen übrigen Welt sich in Einklang setzt.

Diese Erkenntnis kann dem Menschen auch durch die Betrachtung des Lebens kommen, daß der Egoismus, wenn er sich einseitig ausbildet, sich in sich selber ertötet. Die gewöhnliche Betrachtung des Lebens kann dazu führen, dies zu bewahrheiten. Wir brauchen nur einmal auf diejenigen Menschen zu schauen, die keinen lebendigen Anteil haben können an der großen Gesetzmäßigkeit und an der Schönheit der Natur, aus der heraus der menschliche Organismus selber gebildet ist. Wie leidvoll muß es denjenigen berühren, der die ganzen Zusammenhänge betrachten kann, wenn die Menschen gleichgültig an all dem vorübergehen, da doch ihr Auge, ihr Ohr aus dem Äußeren entstanden ist, wenn sie sich dem verschließen, worinnen die Wurzeln ihres Daseins liegen und nur in sich selber grübelnd sein wollen. Da sehen wir, wie das Dasein, das in dieser Weise in sich selber verkehrt wird, den Menschen auch wiederum straft. Der Mensch, der achtlos an dem vorbeigeht, dem er sein eigenes Dasein verdankt, der geht als ein blasierter Mensch durch die Welt; und die Folge ist, daß er von Begierde zu Begierde eilt und gar nicht erkennt, daß er dasjenige, was ihn befriedigen soll, sucht in einem unbestimmten Nebulosen, während er selber sein Wesen ausgießen sollte in dasjenige hinein, aus dem das Seinige genommen ist. Wer durch die Welt geht und sagt: Ach, die Menschen sind mir so zur Last, ich kann gar nichts mit ihnen anfangen; ein jeder stört mir mein Dasein; ich bin viel zu gut für diese Welt! – der sollte nur bedenken, daß er dasjenige verleugnet, aus dem er selber hervorgewachsen ist. Wäre er auf einer einsamen Insel aufgezogen worden ohne die Menschheit, für die er sich zu gut hält, er wäre dumm geblieben, er hätte gar nicht die Fähigkeiten entwickelt, die er hat. Was er an sich so groß und lobenswert findet, könnte nicht da sein ohne diejenigen Menschen, mit denen er nichts anfangen kann. Er müßte sich klar sein, daß er nur durch seine Willkür das, was in ihm lebt, abtrennt von seiner Umgebung, daß er dasjenige, was sich so auflehnt gegen die Umgebung, gerade der Umgebung zu verdanken hat. Wenn der Mensch sich so auflehnt gegen Natur- und Menschendasein, erstirbt in ihm nicht nur das Interesse für Natur- und Menschendasein, sondern dann verwelkt in ihm die Lebenskraft; dann geht er durch ein ödes, unbefriedigtes Dasein. Alle diejenigen Existenzen, die in Weltschmerz schwelgen, weil sie nirgends Interesse fassen können, die sollten sich einmal fragen: Wo ist der Grund meines Egoismus? Hier zeigt sich aber auch, daß es im Weltall ein Gesetz gibt: die Selbstkorrektur alles Daseins. Wo der Egoismus verkehrt auftritt, da führt er zur Verödung des Daseins. Wenn der Mensch ohne

Anteil an seinen Mitmenschen und an der übrigen Welt durch das Leben geht, dann läßt er nicht nur seine Kräfte ungehoben, die er aufwenden könnte für Welt und Dasein, sondern er verödet und vernichtet sich selber. Das ist das Gute am Egoismus, daß er, wenn er auf die Spitze getrieben wird, den Menschen zermalmt.

Wenn wir das große Gesetz, das wir aus dem Wesen des Egoismus gewonnen haben, jetzt anwenden auf die verschiedenen Fähigkeiten der menschlichen Seele, können wir jetzt zum Beispiel fragen: Wie wirkt nun der menschliche Egoismus zurück auf die Bewußtseinsseele, wodurch der Mensch zum Wissen, zur Erkenntnis seiner Umwelt kommt? Mit anderen Worten: Wann kann nur eine Erkenntnis wirklich fruchtbar sein? Nur dann kann eine Erkenntnis wirklich fruchtbar sein, wenn sie den Menschen in Einklang bringt mit der ganzen übrigen Welt; das heißt, nur diejenigen Begriffe und Ideen sind wirklich belebend für die menschliche Seele, die genommen sind aus der Umwelt, aus dem lebendigen Weltbild. Nur wenn wir eins werden mit der Welt, wird diese Erkenntnis belebend sein. Daher ist alle Erkenntnis, welche von der Seele loskommt, welche vor allen Dingen die großen Wahrheiten des Daseins Schritt für Schritt sucht, so gesundheitsfördernd für die Seele – und von da aus auch für den äußeren physischen Leib des Menschen. Dagegen ist alles, was uns herausbringt aus dem lebendigen Zusammenhang mit der Welt, alles Grübeln in sich selber, was nur in sich hineinbrütet, etwas, was uns in Mißklang bringt mit der ganzen übrigen Welt, uns in uns selber verhärtet. Hier ist wiederum Gelegenheit, hinzuweisen auf das weit und breit vorhandene Mißverständnis des Wortes «Erkenne dich selbst!» welches seine Bedeutung hat für alle Zeiten. Erst wenn der

Mensch begriffen hat, daß er der ganzen Welt angehört, daß sein Selbst nicht nur innerhalb seiner Haut liegt, sondern über die ganze Welt ausgebreitet ist, über Sonne, Sterne, über alle Wesen der Erde, und daß sich dieses Selbst nur einen Ausdruck verschafft innerhalb seiner Haut, erst wenn er seine Verwobenheit mit der ganzen Welt erkannt hat, kann er den Spruch anwenden: «Erkenne dich selbst!» Dann ist Selbsterkenntnis Welterkenntnis. Wenn er sich aber nicht vorher damit durchdrungen hat, ist er genau so gescheit wie der einzelne Finger, der etwa glauben wollte, er könnte ein eigenes Selbst entfalten ohne den Organismus. Schneiden Sie ihn ab, so wird er ganz gewiß in drei Wochen kein Finger mehr sein. Der Finger gibt sich nicht der Illusion hin, daß er ohne den Organismus bestehen kann. Nur der Mensch meint, daß er ohne Zusammenhang sein könnte mit der Welt. Welterkenntnis ist Selbsterkenntnis, und Selbsterkenntnis ist Welterkenntnis. Und alles Brüten in sich selber ist nur ein Zeichen, daß wir nicht von uns loskommen können.

Daher ist es ein ungeheurer Unfug, der gerade heute in gewissen theosophischen Kreisen getrieben wird, wenn man sagt: Nicht in der Welt draußen, nicht in den vom Geist durchwobenen Erscheinungen, sondern in dem eigenen Selbst liege die Lösung der Daseinsrätsel. «Den Gott in der eigenen Brust finden», so hört man heute manche Anweisung geben. «Ihr braucht euch nicht zu bemühen, draußen im Weltall nach Offenbarungen des Weltgeistes zu suchen; blickt nur in euch selber hinein, da findet ihr schon alles!» Eine solche Anweisung erweist dem Menschen einen recht schlechten Dienst; sie macht ihn hochmütig, egoistisch in bezug auf die Erkenntnis. Dadurch kommt es denn, daß gewisse theosophische Richtungen, statt den Menschen zur Selbstlosigkeit zu erziehen, statt ihn loszulösen von seinem eigenen Selbst und in Verbindung zu bringen mit den großen Daseinsrätseln, ihn in sich selber verhärten, wenn sie behaupten, er könne die ganze Wahrheit und die ganze Weisheit in sich selber finden. An den Hochmut, an die Eitelkeit der Menschen kann man appellieren, wenn man sagt: Ihr braucht nichts zu lernen in der Welt; ihr findet alles in euch selber! An die Wahrheit appelliert man nur, wenn man zeigt, daß der Einklang mit der großen Welt uns dahin führt, wo der Mensch in sich selber größer und dadurch innerhalb der Welt größer werden kann.

So ist es auch mit dem, was wir das menschliche Gefühl, den ganzen Inhalt der menschlichen Gemüts- oder Verstandesseele nennen können. Das wird kräftiger, wenn der Mensch eine Harmonie herzustellen weiß zwischen sich und der Außenwelt. Nicht dadurch kann der Mensch stark und kräftig werden, daß er vom Morgen bis zum Abend darüber nachbrütet: Was soll ich jetzt denken? Was soll ich jetzt tun? Was tut mir nun wieder weh? – und so weiter, sondern dadurch, daß er auf sein Herz wirken läßt, was an Schönheit und Größe in der ganzen Umgebung ist, daß er Verständnis und Interesse hat für alles, was in andern Herzen warm erglüht, oder was andere Menschen entbehren. In dem Aufsteigenlassen derjenigen Gefühle, welche Verständnis, lebendigen Anteil entwickeln mit unserer Umwelt, bilden wir Lebenskräfte in der Gefühlswelt in uns selber aus. Da überwinden wir den engherzigen Egoismus und erhöhen und bereichern unser Ich, indem wir es in Einklang stellen in dem wahren Egoismus mit unserer Umwelt. Das kommt insbesondere zum Ausdruck, wo das menschliche Wollen in Betracht kommt, die eigentliche Bewußtseinsseele. So lange der Mensch nur wollen kann für sich selber, so lange seine Willensimpulse nur das anstreben, was seinem eigenen Wesen förderlich ist, wird er sich immer in sich unbefriedigt fühlen. Erst wenn er in der Außenwelt sieht das Spiegelbild seines Willensentschlusses, wenn sich da die Verwirklichung seiner Willensimpulse abspielt, kann er sagen, daß er sein Wollen mit dem in Einklang gebracht hat, was in der Umwelt geschieht. Da ist es in der Tat so, daß unsere eigene Stärke und Kraft nicht an dem ausgebildet wird, was wir für uns selber wollen, sondern daß wir wollen für die Umwelt, für die anderen Menschen; daß sich unser Wille realisiert und als Spiegelbild wieder in uns hereinscheint. Wie das Licht das Auge aus uns herausbildet, so bildet sich unsere Seelenstärke aus uns selber heraus durch die Welt unserer Taten, unseres Wirkens.

So sehen wir, wie der Mensch als selbstbewußtes Wesen durch eine richtige Erfassung seines Ich, seines Ego, den Einklang herstellt mit dem, was wir die Außenwelt nennen, bis er aus sich herauswächst und das vollzieht, was wir nennen können die Geburt eines höheren Menschen, und er etwas in sich hervorbringt, wie die Pflanze auf einer niederen Stufe aus sich ein neues Wesen hervorbringt, da, wo sie vor der Gefahr steht, sich selber zu verhärten. So müssen wir das Wesen des Egoismus erfassen. Gerade das Ich, das sich befruchten läßt von der Umwelt, das auf einem Gipfel des Daseins ein neues Ich hervorbringt, wird dazu reif sein, überzufließen in den Taten, welche sich sonst nur ausdrücken können in wertlosen Forderungen, in wertlosen sittlichen Postulaten. Denn nur durch Welterkenntnis wird ein Wollen entfacht, das sich auch wieder auf die

Welt beziehen kann. Durch irgendwelche Programmpunkte einer Gesellschaft wird man niemals zur Erfüllung sittlicher Forderungen kommen können, und wenn noch so viele Gesellschaften die allgemeine Menschenliebe zu ihrem ersten Programmpunkt haben. Alles gewöhnliche Predigen von Menschenliebe nimmt sich da nicht anders aus, als wenn ein Ofen in einem kalten Zimmer steht und man zu ihm sagt: Lieber Ofen, deine sittliche Ofenpflicht ist es, das Zimmer warm zu machen! – Da könnten Sie sich stundenlang, tagelang hinstellen – dem Ofen wird es gar nicht einfallen, das Zimmer warm zu machen. So fällt es Menschen gar nicht ein, Menschenliebe zu üben, wenn Sie auch jahrhundertelang predigen, daß sich die Menschen lieben sollen. Führen Sie aber das menschliche Ego zusammen mit dem ganzen Welteninhalt, lassen Sie den Menschen Anteil gewinnen an dem, was zuerst hervorbricht aus den physischen Blumen, aus all den Schönheiten der Natur, dann werden Sie schon sehen, daß diese Anteilnahme auch wiederum die Grundlage ist für den höheren Anteil, den der Mensch am Menschen gewinnen kann. Und dadurch, daß der Mensch menschliche Wesenheiten, menschliche Naturen kennen lernt, dadurch lernt er in der Tat, wenn er Auge in Auge dem andern gegenübersteht, Verständnis zu haben für seine Fehler, für seine Vorzüge.

Solche Weisheit, die herausgeboren ist aus lebendiger Welteinsicht, geht über in das Blut, in die Taten, in den Willen. Und was man Menschenliebe nennt, das wird geboren aus solcher Weisheit heraus. Gerade so wie Sie gar nicht schwatzen brauchen vor dem Ofen: Lieber Ofen, es ist deine Pflicht, das Zimmer warm zu machen! – sondern einfach Holz und Feuer hineinlegen und einheizen, so sollten Sie dem Menschen Holz und Feuer geben, die seine Seele entzünden, erwärmen und durchleuchten: das ist lebendige Welterkenntnis, wo Verständnis der menschlichen Natur, wo harmonisches Zusammenklingen des menschlichen Ego mit der übrigen Außenwelt vorhanden ist. Da ersteht auch die lebendige Menschenliebe, das, was hinausfließen kann von Herz zu Herz, was die Menschen zusammenführt und erkennen lehrt, daß die Taten, die wir nur für uns selber tun, uns ertöten, uns veröden, daß aber die Taten, die fördernd aufgehen im Leben des andern, ein Spiegelbild sind, das auf unsere eigene Kraft zurückgeht. So wird durch den richtig verstandenen Egoismus unser Ich reich und entwickelungsfähig, wenn wir so viel als möglich unser eigenes Selbst ausleben an dem Selbst des andern, wenn wir nicht nur Eigengefühle, sondern so viel als möglich Mitgefühle entwickeln. So betrachtet die Geisteswissenschaft das Wesen des Egoismus.

Alle diejenigen, welche in ernster, würdiger Weise über das Dasein nachgedacht haben, hat vor allen Dingen das Wesen dessen, was wir heute berührt haben, im tiefsten Sinne interessiert. Das Wesen des Egoismus mußte die höchststehenden Menschen gerade in der Zeit interessieren, als sich der Mensch losgerissen hatte aus gewissen Beziehungen zu seiner Umgebung. Das 18. Jahrhundert ist ja dasjenige, wo des Menschen Individualität sich losrang aus der Umgebung. Einer derjenigen, die sich mit dem Problem des menschlichen Egoismus, des menschlichen Ich, befaßt haben, ist Goethe. Und die eigentliche Dichtung des Egoismus hat er uns gegeben wie ein Beispiel aus der Welt für das, was er über das Wesen des Egoismus gedacht hat. Diese Dichtung ist sein «Wilhelm Meister».

In ähnlicher Weise, wie ihn der «Faust» durch das Leben begleitet hat, so hat auch die Dichtung von «Wilhelm Meisters Lehrjahren» und die Fortsetzung als «Wilhelm Meisters Wanderjahre» Goethe durch das Leben begleitet. Bereits in den siebziger Jahren des 18. Jahrhunderts hat Goethe die Aufgabe in sich gefühlt, das eigenartige Leben des Wilhelm Meister als eine Art Abbild seines Lebens zu gestalten; und im höchsten Alter, als er bereits am Vorabend seines Todes stand, hat er diese zweite Dichtung in den «Wanderjahren» vollendet. Nun würde es zwar zu weit führen, auf die Einzelheiten des Wilhelm Meister einzugehen. Dennoch darf ich Sie vielleicht noch ein wenig auf das Problem des Egoismus skizzenhaft aufmerksam machen, wie es uns bei Goethe entgegentritt.

Man könnte sagen: So recht einen raffinierten Egoisten schildert Goethe in seinem Wilhelm Meister. Herausgeboren ist Wilhelm Meister aus dem Kaufmannsstande. Aber er ist egoistisch genug, um nicht, was ihm doch als Pflicht bedeutet wird, in diesem Beruf zu bleiben. Was will er denn eigentlich? Es zeigt sich gerade, daß er das eigene Selbst so hoch als möglich entwickeln will, so frei als möglich aus sich herausgestalten will. Eine Art vollkommener Mensch zu werden, das lebt in ihm als dunkle Ahnung. Nun führt Goethe diesen Wilhelm Meister durch die verschiedensten Lebensschicksale, um zu zeigen, wie das Leben wirkt an dieser Individualität, um sie höher zu bringen. Zwar weiß Goethe ganz genau, daß Wilhelm Meister herumgetrieben wird durch allerlei Lebensverhältnisse und doch nicht an ein ganz bestimmtes Ziel kommt. Daher nennt er ihn an einer Stelle einen «armen Hund»; aber zugleich sagt er, daß er doch wisse, daß ein

Mensch, wenn er auch durch Dummheit und Verirrung sich hindurcharbeiten muß, doch durch gewisse Kräfte, die nun einmal in der Welt sind, an ein gewisses Ziel oder wenigstens einen gewissen Weg geführt wird. Es ist Goethes niemals aus seiner Seele entschwundene Meinung, daß das Menschenleben nie völlig dem Zufalle unterliegt, sondern ebenso wie alle Dinge unter Gesetzen steht, und zwar unter geistigen Gesetzen. Deshalb sagt Goethe: Das ganze menschliche Geschlecht sei als ein großes, aufstrebendes Individuum zu betrachten, das sich über das Zufällige zum Herrn mache.

So will Goethe zeigen, wie Wilhelm Meister immer darauf aus ist, sein Ego zu erhöhen, zu bereichern und zu vervollkommnen. Aber zu gleicher Zeit führt Goethe seinen Wilhelm Meister in Lebensverhältnisse, denen im Grunde genommen der Unterboden des tatsächlichen Lebens mangelt. Nun könnten wir zwar aus der Natur des 18. Jahrhunderts uns begreiflich machen, warum er ihn dem realen Leben entrückt. Er führt ihn nämlich in die Sphäre des Schauspielertums hinein. Er soll also nicht den einen realen Lebensberuf gehen, sondern durch Kreise, die den Schein des Lebens, das Bild des Lebens entfalten. Die Kunst selber ist ja in gewisser Beziehung ein Bild des Lebens. Sie steht nicht in der unmittelbaren Wirklichkeit drinnen; sie erhebt sich über die unmittelbare Wirklichkeit. Goethe war sich wohl bewußt, daß derjenige, der als Künstler mit seiner Kunst allein steht, in die Gefahr kommt, den festen Boden der Wirklichkeit zu verlieren. Es ist ein schönes Wort, daß die Muse zwar begleiten, aber nicht leiten kann durch das Leben. Zunächst überläßt sich Wilhelm Meister durchaus der Leitung der Kräfte, die in der Kunst liegen, und zwar in einer besonders auf den schönen Schein gehenden Kunst, der Schauspielkunst.

Wenn wir ein wenig dieses Leben des Wilhelm Meister an uns vorüberziehen lassen, dann sehen wir, wie in der Tat er hin- und hergerissen wird durch Unbefriedigung und Freude. Zwei Episoden sind vor allem wichtig für das Verständnis des ersten Teils des «Wilhelm Meister», der «Lehrjahre». Herumgerissen zwischen Unbefriedigung und Lebensfreude wird Wilhelm Meister in seiner Schauspieler-Umgebung. Er gelangt endlich so weit, daß er zu einer Art Mustervorstellung des «Hamlet» kommt und gerade dadurch eine gewisse Befriedigung innerhalb desjenigen Elementes erlebt, in das er hineingetrieben ist. Dadurch erhöht er sein Ich. Die zwei Episoden, die in die Lehrjahre eingestreut sind, zeigen uns aber so recht, was Goethe im Hintergrunde hat: nämlich das Wesen des Egoismus.

Da ist zunächst die Episode mit der kleinen Mignon, die Wilhelm Meister bei einer etwas zweifelhaften Gesellschaft findet, und die ihn wie eine wunderbare Figur ein Stück begleitet. Es ist sehr merkwürdig, was Goethe einmal im späteren Alter zu dem Kanzler *von Müller* in einer bedeutungsvollen Weise über Mignon äußerte. Er knüpfte an ein Wort an, das Frau *von Staël* gebrauchte: daß alles, was über Mignon gesagt ist, eigentlich eine Episode ist, die gar nicht in die Dichtung hineingehöre. Goethe meinte: es wäre in der Tat eine Episode, und wer nur an dem äußeren Fortgang der Erzählung Interesse habe, der könne schon sagen, diese Episode könnte ja auch fortbleiben. Aber es wäre ganz unrecht, meinte Goethe, zu glauben, daß die Geschichte der Mignon *nur* eine Episode sei; sondern der ganze Wilhelm Meister sei eigentlich wegen dieser merkwürdigen Gestalt gedichtet.

Nun drückte sich ja Goethe im unmittelbaren Gespräch so aus, daß er gewisse Dinge radikal darstellte, die nicht so wörtlich zu nehmen sind. Aber wenn wir tiefer hineingehen, können wir auch sehen, warum er dieses Wort zu dem Kanzler von Müller sagte. In dieser Gestalt der oder des Mignon – diese kleine Figur sollte eigentlich gar keinen Eigennamen haben, denn sie sollte bedeuten «der Liebling» – stellt Goethe dar ein Menschenwesen, das gerade so lange lebt, bis sich in ihm der Keim eines solchen Egoismus ausbilden könnte, der überhaupt als Egoismus in Frage kommt. Sehr merkwürdig ist die ganze Psychologie dieser Mignon. Da entwickelt sich dieses Mädchen, entwickelt eigentlich in einer naiven Weise alles, was man nennen könnte: Aufgehen im äußeren Leben. Niemals bemerkt man an dieser Wesenheit irgendeine Eigenschaft, welche uns zeigen könnte, daß es selbst diejenigen Dinge, die andere Menschen nur aus der Selbstsucht heraus tun, auch aus der Selbstsucht tun würde; sondern es tut sie aus der Selbstverständlichkeit seiner Natur heraus. Man möchte sagen, dieses kleine Wesen wäre kein Mensch, wenn es nicht alles das tun würde; es ist noch so naiv, es ist noch ganz so Mensch, daß sich der Egoismus noch nicht geregt hat. In dem Augenblicke, da in Wilhelm Meister eine Lebensepisode beginnt, die das Band zerreißt, das ihn mit Mignon verbindet, da welkt sie dahin und stirbt wie die Pflanze, die auch stirbt, wenn sie einen gewissen Punkt des Daseins erreicht hat. Sie ist ein Wesen, das noch gar nicht Mensch ist, noch gar nicht «Ich«» ist, welches das kindlich Naive, die allgemeine Menschlichkeit im Zusammenhang mit der ganzen Umwelt zum Ausdruck bringt. Und sie stirbt wie die Pflanze. Man könnte sagen, anwendbar ist auf Mignon wirklich der Spruch:

Die Ros' ist ohn Warum, sie blühet, weil sie blühet,
Sie acht't nicht ihrer selbst, fragt nicht, ob man sie
siehet.

Da könnte man wirklich sagen: Zwei Dinge, von zwei verschiedenen Menschen gemacht, sind zwei ganz verschiedene Dinge, wenn sie auch dasselbe darstellen! Was andere aus Egoismus tun, das tut sie aus der Selbstverständlichkeit ihrer Natur heraus; und in dem Augenblick, wo in Frage kommen könnte, daß so etwas wie eine egoistische Regung in ihrer Seele erwacht, da stirbt sie. Das ist das Zauberhafte an diesem Wesen, daß wir einen Menschen ohne Ichheit vor uns haben, und daß sie unsern Händen entfällt, als sich der Egoismus regen könnte. Und da Goethe vor allem an dem Wilhelm Meister das Problem des Egoismus interessierte, so finden wir es begreiflich, daß ihm damals die Worte kamen: Was ihr in Wilhelm Meister suchen sollt, das findet ihr eigentlich an dem Gegenbilde, an Mignon. Was in dem kleinen Geschöpf sich zeigt, gleich in dem Augenblicke ersterbend, als es da sein will, das ist es gerade, was dem Wilhelm Meister so große Schwierigkeiten macht, um sein Ich zu entwickeln, und deswegen er durch die ganze Erziehung der Lebensschule durchgeführt werden soll.

Dann ist eingeflochten in den «Wilhelm Meister» – scheinbar ohne Zusammenhang – jener Teil, der betitelt ist die «Bekenntnisse einer schönen Seele». Man weiß ja, daß diese «Bekenntnisse» fast wörtlich entnommen sind den Aufzeichnungen der Freundin Goethes, *Susanne von Klettenberg*. Was aus dem Herzen dieser Dame floß, das haben wir in den «Bekenntnissen einer schönen Seele» zu suchen, die wir in «Wilhelm Meister» finden. Da zeigt sich gerade in diesen Bekenntnissen – man könnte sagen – an einem höchsten Punkt das Wesen des Egoismus. Und wie? Diese schöne Seele, Susanne von Klettenberg, ist ja zu hohen Stufen des menschlichen Lebens hinaufgestiegen. Aber sie zeigt gerade in diesen Bekenntnissen, wenn wir in jene hohen Regionen den Menschen hinauf verfolgen, die Gefahren des Egoismus, die Kehrseite der Bereicherung, der Inhaltserfüllung des Ich. Denn ihre eigene Entwickelung gibt uns Susanne von Klettenberg in den «Bekenntnissen einer schönen Seele». Da zeigt sie erst, wie sie Freude hat an der Umgebung wie andere Menschen, wie aber dann eines Tages etwas in ihrer Seele erwacht, das ihr sagt: In dir lebt etwas, was dich dem Gotte in dir näher bringt! Das erste, was sie da erlebt, das ist, daß diese inneren Erlebnisse sie der äußeren Welt entfremden. Sie hat kein Interesse an der Umgebung. Sie findet überall Freude und Seligkeit und namentlich ein inneres Glück in dem Verkehr, den sie hat mit dem, was sie innerlich ihren «Gott» nennt und erlebt. Sie zieht sich ganz in ihr Innenleben zurück. Im Grunde genommen fühlt diese schöne Seele, daß das eigentlich nichts anderes ist als ein raffinierter Egoismus. Dieses Aufdämmern eines Geistigen im Innern, das den Menschen der Umwelt entfremdet, das ihn kalt und herzlos macht gegen die Umwelt, ihn herausschält aus der Umwelt, das mag ihm zunächst eine Befriedigung, ein gewisses Glück gewähren. Auf die Dauer gibt es ihm kein Glück. Denn dadurch, daß es ihn der Umwelt entfremdet, verödet es ihn in sich selber. Aber diese schöne Seele ist zugleich eine energisch in sich strebende Seele, und so kommt sie von Stufe zu Stufe. Sie kann sich nicht völlig loslösen von dem, was von außen kommen und die Harmonie herstellen kann. So sucht sie immer die geheimnisvollen Untergründe in den Symbolen der verschiedenen Religionen, um dasjenige gespiegelt zu sehen, was in ihrem Ego als ihr Göttliches aufgestiegen ist. Aber das ist ihr im Grunde genommen nicht genügend, was sie da in den äußeren Formen erleben kann. Sie will weiter. Und da wird sie zu einer merkwürdigen Stufe ihres Lebens geführt. Da sagt sie sich eines Tages: Alles, was als Menschheit auf unserer Erde ist, das ist dem Gotte nicht zu gering gewesen, als daß er herabgestiegen wäre und sich selber in einem Menschen verkörpert hätte. Und da fühlt sie die Außenwelt in diesem Momente nicht etwa erniedrigt deswegen, weil sie nicht das Geistige selber, sondern nur der Ausdruck des Geistigen ist, oder weil sie etwa gar einen Abfall des Geistigen darstellt, sondern in diesem Augenblicke fühlt sie, daß diese Außenwelt wirklich geistdurchdrungen ist, und daß der Mensch kein Recht hat, sich loszulösen von dem, was ihn umgibt. Da tauchte ein anderes Erlebnis auf, das ihr sagte: Wahr ist es, was im Beginne unserer Zeitrechnung in Palästina sich zugetragen haben soll. Sie nimmt teil daran, sie erlebt selber in sich den ganzen Lebensgang des Christus Jesus bis zur Kreuzigung und zum Sterben. Sie erlebt in der Menschheit das Göttliche, und sie erlebt es so, wie sie klar schildert, daß alles äußere Bildhafte, alles, was physisch-sinnlich in Bildern auftauchen könnte, zurücktritt; daß es ein rein geistig-seelisches Erlebnis, ein unsichtbar Sichtbares, ein unhörbar Hörbares wird. Sie fühlt sich jetzt vereinigt nicht mit einem abstrakten Göttlichen, sondern mit einer Göttlichkeit, die der Erdenwelt selber angehört. Wieder aber hat sie sich in einer gewissen Weise entfernt und findet nicht den Weg zu den gewöhnlichen Lebensverhältnissen. Da tritt etwas an sie heran, wodurch sie imstande wird, in jedem einzelnen Naturobjekt, in jedem Einzeldasein, in all den Verhältnissen, die uns täglich umgeben, etwas zu erblicken, was Ausprägung des Geistigen ist. Das betrachtet sie als eine Art höchste Stufe. – Und es ist charakteristisch für Goethe, daß er selbst eine Art Bekenntnis gefunden hat, wo er die «Bekenntnisse einer schönen Seele» mitteilen konnte.

Was wollte er daran als einen wichtigen Erziehungspunkt für Meister zeigen? Wilhelm Meister sollte dieses Manuskript lesen und dadurch um eine Stufe höher geführt werden. Es sollte ihm gezeigt werden, daß der Mensch in sich selber ein lebendiges, reges Seelenleben gar nicht hoch genug entwickeln kann; daß er gar nicht hoch und weit genug gehen kann in dem, was man Umgang mit der geistigen Welt nennen kann; daß aber ein Sich-Abschließen von der Außenwelt nicht zu einer Befriedigung seines Daseins führen kann, und daß der Mensch erst dann die große Welt um uns herum versteht, wenn er sein reich gewordenes Inneres über die Umwelt ausgießt.

So will Goethe zeigen: Man kann die Umwelt zunächst anschauen so, wie sie ist. Da wird man das gewöhnliche Triviale sehen und wird haften an dem Alltäglichen. Da wird man vielleicht sagen: Das ist das gewöhnliche Alltägliche, das Geistige findet man nur in seinem Innern! Und man kann es in seinem Innern auf einer höchsten Stufe finden. Aber wenn man es dort gefunden hat, ist man um so mehr um seines eigenen Selbstes willen verpflichtet, wieder in die Außenwelt zu gehen. Dann findet man das, was man früher gewöhnlich gefunden hat, in seiner Geistigkeit. Dieselbe Welt kann vorliegen einmal dem Trivialling, und einmal demjenigen, der in seinem Innern den Geist gefunden hat. Der eine findet die gewöhnliche triviale Welt des heutigen Monismus, der andere findet in dieser selben Welt, weil er zuerst die eigenen geistigen Fähigkeiten bereichert und die Organe in sich entwickelt hat, das Geistige hinter allem Sinnlichen. So ist für Goethe diese Innenentwickelung ein Umweg, um Welterkenntnis zu gewinnen. Das stellt vor allem jene Seele dar, die Goethe in dem Wilhelm Meister charakterisiert. Wilhelm Meister wird gerade dadurch vorwärts gebracht, daß geheimere Vorgänge des Lebens auf ihn einwirken. Weniger sind es die äußeren Erlebnisse, als gerade das Sich-lebendig-Hineinversetzen in die Erlebnisse und in den Entwickelungsgang einer solchen anderen Seele.

Man hat an Goethes Wilhelm Meister getadelt, daß hinter ihm steht, nachdem die «Lehrjahre» des Wilhelm Meister zu Ende gehen, so etwas wie eine geheime Gesellschaft, die für ihn selber unsichtbar den Menschen leitet. Man hat gesagt, das könnte den heutigen Menschen nicht mehr interessieren; so etwas gab es nur im 18. Jahrhundert. Aber für Goethe lag hinter allem etwas ganz anderes. Es sollte gezeigt werden, daß das Ego des Meister wirklich den Weg finden sollte durch die verschiedenen Labyrinthe des Lebens, und daß eine gewisse geistige Führung in der Menschheit vorhanden ist. Was uns in «Wilhelm Meister» als die «Gesellschaft des Turmes» entgegentritt, durch die Wilhelm Meister geleitet wird, das sollte nur eine Einkleidung sein der geistigen Mächte und Kräfte, welche den Menschen führen, wenn auch sein eigener Lebensweg durch «Dummheit und Verwirrung gehen möge»; so wird Meister weiter geführt durch unsichtbare Mächte. In unserer Zeit wird ja über solche Dinge recht von oben herunter abgesprochen. Aber in unserer Zeit haben ja auch die Philister das einzige Recht gepachtet, über solche Persönlichkeiten, wie Goethe zum Beispiel, ein abschließendes Urteil zu fällen. Wer die Welt kennt, der wird zwar zugeben: Niemand kann in einem Menschen mehr finden, als er selber in sich hat. Und so könnte das jeder gegenüber Goethe behaupten. Aber just der Philister behauptet das nicht; sondern er findet *alles,* was in Goethe ist. Und wehe dem, der etwas anderes behauptet. Denn er hat die ganze Weisheit in sich und kann die ganze Weisheit überschauen! Selbstverständlich wird dadurch Goethe zum Philister. Das ist nicht Goethes Schuld.

So wird Wilhelm Meister weitergeführt in dem zweiten Teil, in den «Wanderjahren». Nun haben sich Philister und Nichtphilister über das Kompositionslose und Unkünstlerische der «Wanderjahre» aufgeregt. Ja, es ist etwas Arges, was uns Goethe da aufgetischt hat. Da hat er auf der Höhe seines Lebens aus seinen eigenen Lebenserfahrungen heraus darstellen wollen, wie ein Mensch durch die verschiedensten Labyrinthe des Lebens durchgehen kann. Er hat in gewisser Weise ein Spiegelbild von sich selber darstellen wollen. Und er sagt auch, wie das zustandegekommen ist. Zunächst hatte er sich mit dem ersten Teil der «Wanderjahre» recht viel Mühe gegeben. Wir wollen nichts beschönigen. Dann fing man aber an mit dem Druck, bevor eben das weitere fertig war. Und nun stellte sich heraus, daß der Drucker schneller setzen als Goethe schreiben konnte. Goethe führte nun skizzenhaft die Handlung fort. Er hatte in früheren Jahren verschiedenes geschrieben an Märchen und Novellen, so zum Beispiel die Geschichte von der «Heiligen Familie», die Geschichte von dem «nußbraunen Mädchen», auch das «Märchen von der neuen Melusine» und anderes. Das alles ist in den «Wanderjahren» enthalten, obwohl es ursprünglich nicht dafür bestimmt war. Da verfuhr Goethe so, daß er an verschiedenen Stellen solche Geschichten hineinlegte und schnell Übergänge machte. Das ist recht kompositionslos. Aber die Geschichte ging trotzdem nicht schnell genug. Da hatte Goethe noch manche Arbeiten von früher. Die gab er seinem Sekretär *Eckermann* und sagte ihm: Schieben Sie davon hinein, was hineinzuschieben geht! So machte Eckermann zurecht, was noch da war, und die einzelnen Teile sind dann auch oft recht lose zusammengelötet. Da kann man sagen: Das ist ein ganz kompositionsloses Werk! Und wer es vom künstlerischen Standpunkt aus beurteilen will, der mag es tun. Aber schließlich hat Eckermann keine Zeile dazu geschrieben. Das sind alles Goethes Arbeiten, und zwar solche Arbeiten, in denen er immer zum Ausdruck brachte, was in seiner Seele gelebt hatte. Und immer stand vor ihm die Gestalt des Wilhelm Meister. So konnte er die Ereignisse des Lebens, welche auf seine Seele gewirkt hatten, da hineinnehmen. So hatten sie auf ihn selber gewirkt. Und da der «Wilhelm Meister» ein Spiegelbild von ihm selber ist, so stellen sich diese Dinge im Grunde genommen ebenso fortschlängelnd in den Verlauf der Dichtung hinein, wie sie sich für Goethe selber fortschlängelnd dargestellt haben. Und wir bekommen durchaus kein unzutreffendes Bild dadurch. Man hat gesagt: Da ist keine Spannung drinnen, da wird immerfort durch weise Ausführungen die Handlung unterbrochen! Man hat den Roman nicht gelesen und kritisiert ihn in Grund und Boden. Die Betreffenden hatten von ihrem Standpunkt aus natürlich recht. Aber es gibt einen andern Standpunkt. Man kann nämlich Ungeheures lernen gerade an diesen «Wanderjahren», wenn man das Interesse und den Willen hat, um sich hinaufzuranken an den Erlebnissen, von denen Goethe selber gelernt hat. Und das ist auch etwas. Muß denn immer alles eine gute Komposition haben, wenn etwas da ist, was uns in anderer Weise dienen kann? Ist denn das so schlimm? Vielleicht für solche ist es sehr schlimm, daß soviel Weisheit in «Wilhelm Meister» ist, welche schon alles wissen und welche nichts mehr zu lernen brauchen.

Gerade im zweiten Teil findet sich in wunderbarer Weise ausgedrückt, wie sich das Ich immer mehr und mehr erhöhen und zum Gipfel des Daseins werden kann. Da wird uns insbesondere schön gezeigt, wie Wilhelm Meister seinen Sohn nach einer ganz merkwürdigen Erziehungsanstalt bringt. Wiederum haben Philister ein ganz absprechendes Urteil über diese Erziehungsanstalt gefällt. Sie haben gar nicht daran gedacht, daß Goethe diese Anstalt nicht da oder dort in Wirklichkeit umsetzen wollte, sondern daß er, wie symbolisch, eine Art Anschauung über das Erziehungswesen in seiner «pädagogischen Provinz» geben wollte. Da fällt denen, die dieser Anstalt nähertreten, gleich auf, wie in gewissen Gebärden sich auslebt, was in des Menschen Seele ist. Da ist eine Gebärde, wo die Hände auf der Brust zusammengeschlagen werden und die Zöglinge nach oben blicken. Sodann sieht man eine Gebärde, wo die Hände auf dem Rücken zusammengenommen werden, wenn der Mensch neben den Menschen sich stellt. Aber etwas ganz Besonderes gibt es, wo das Seelische durch die Gebärde des sich zur Erde Neigens zum Ausdruck kommt. Auf die Frage, was das alles für eine Bedeutung habe, wird erklärt, daß die Knaben in der Seele, in ihrem Ich erwachen lassen sollen, was man die «drei Ehrfurchten» nennt, und wodurch der Mensch seine Seele immer höher und höher hinaufentwickeln kann. Sie werden als das wichtigste Erziehungsprinzip vor den Menschen hingestellt. Zuerst soll der Mensch in Ehrfurcht aufschauen lernen zu dem, was über ihm ist; dann soll er Ehrfurcht lernen vor dem, was unter ihm ist, damit er in entsprechender Weise weiß, wie er aus dem, was unter ihm ist, wiederum herausgewachsen ist; dann soll er lernen Ehrfurcht haben vor dem, was neben ihm ist, was gleichwertig ist als Mensch neben Mensch; denn dadurch erst kann der Mensch die rechte Ehrfurcht vor dem eigenen Ich haben. Dadurch kommt er in die richtige Harmonie zur Umwelt, wenn er die richtige Ehrfurcht hat gegen das, was über ihm ist, gegen das, was unter ihm ist und gegen das, was neben ihm ist. Dadurch wird auch sein Ego in der richtigen Weise entwickelt, und der Egoismus kann nicht irregehen.

Dann wird gezeigt, wie die wichtigsten Religionen der Menschheit hineinwirken sollen in die menschliche Seele. Die Volks- oder ethnischen Religionen sollen sich hineinleben als solche Götter oder Geister, die über dem Menschen stehen; dann soll sich einleben, was man nennen könnte die philosophischen Religionen, durch das, was sich als Ehrfurcht vor dem Gleichen in die Seele senkt; und dasjenige, was uns hinunterführt in das Dasein, was sonst leicht verachtet werden kann, was uns den Tod, den Schmerz und die Hindernisse in der Welt in der richtigen Weise mit Ehrfurcht betrachten läßt, das führt uns zum richtigen Verständnis der christlichen Religion. Denn das wird betont, daß die christliche Religion uns zeigt, wie der Gott hinuntersteigt in die sinnlichen Hüllen, wie er auf sich nimmt die ganze Misere des Lebens und durch alles Menschliche hindurchgeht. Die Ehrfurcht vor dem Unteren soll gerade ein richtiges Verständnis der christlichen Religion geben.

So wird uns die genaue Entwickelung des Menschen gezeigt. Und Goethe stellt uns dann dar, wie Wilhelm Meister hineingeführt wird in eine Art Tempel, wo in bedeutungsvollen Bildern die drei Religionen von frühester Jugend an den Knaben, die da erzogen werden sollen, vor die Seele treten, und wie alles in Einklang gebracht werden soll in dieser utopischen Erziehungsanstalt. Aber diese Anstalt drückt mehr eine Denkweisheit, eine Vorstellungsart aus, wie der Mensch aufwachsen soll von frühester Kindheit an, damit er auf der einen Seite den Zusammenklang findet mit der Umwelt und auf der anderen Seite wiederum auch die Möglichkeit, immer höher und höher sein Ich hinaufzuführen. Bis ins einzelnste wird das dargestellt. Es wird zum Beispiel gezeigt, wie sich die Knaben nicht unterscheiden durch Äußerlichkeiten; sie haben nicht gleiche Kleider, die sie nach den Altersstufen erhalten, sondern sie werden hingeführt zu Kleidern der verschiedensten Art, wo sie selber auswählen sollen. So wird dadurch die Eigenart der Kinder entwickelt. Ja, weil immer eine Art von Korpsgeist sich geltend macht, und das Individuelle zurücktritt gegenüber dem Nachmachen eines Mächtigeren, so daß einzelne Knaben die Uniformen eines anderen wählen, so wird sogar der Grundsatz verfolgt, daß nach einiger Zeit solche Kleider dann fortgetan und durch andere allmählich ersetzt werden. Kurz, Goethe will darstellen, wie der heranwachsende Mensch erzogen werden soll – bis auf die Gebärden hin – in all dem, was ihn auf der einen Seite führen kann zu Harmonie mit der Umwelt, und was auf der andern Seite wieder die individuelle innere Freiheit entwickelt – bis auf den Anzug hin.

Man nennt das vielleicht eine Phantasterei; man sucht auch zu behaupten, daß so etwas niemals in dieser Gestalt bestanden hat. Aber Goethe selbst wollte ja davon nur sagen, daß es irgendwie und irgendwann verwirklicht werden kann, daß diese Gedanken einfließen sollen ins Überall und Immer und sich einleben, wo sie sich einleben können. Diejenigen, welche das nicht für möglich halten, könnte man aufmerksam machen auf *Fichte,* der vor seinen Studenten ein hohes Ideal entwikkelte; aber er war sich bewußt und sagte besonders für diejenigen, die von Wirklichkeit nicht viel wissen, aber sich doch Wirklichkeitsgeister nennen: Daß die Ideale im gewöhnlichen Leben sich nicht unmittelbar verwirklichen lassen, das wissen wir andern auch, vielleicht sogar noch besser; aber wir wissen auch, daß Ideale dafür da sein müssen, um dem Leben ein Regulativ zu sein, und um sich in Leben umzusetzen! – Das ist etwas, was immer wieder betont werden muß. Und diejenigen, welche keine Ideale haben wollen, von denen sagt Fichte, sie zeigen dadurch nur, daß in der Rechnung der Vorsehung auf sie eben nicht gezählt worden sei. Und er setzt hinzu, es möge ihnen ein guter Gott zur rechten Zeit Regen und Sonnenschein, eine gute Verdauung und womöglich auch gute Gedanken verleihen! Dieses selbstverständliche Wort könnte man auch gegenüber denjenigen anwenden, welche von der Erziehungsanstalt in Goethes «Wilhelm Meister» behaupten, daß sie sich nicht verwirklichen lasse. Sie läßt sich verwirklichen im Größten und im Kleinsten, wenn Menschen dazu vorhanden sind, die solche Grundsätze auch unter unsern alltäglichen Verhältnissen in das Leben einzuführen versuchen.

Und eine zweite Episode im «Wilhelm Meister» ist diejenige, wo uns eine Persönlichkeit vorgeführt wird, die im höchsten Maße zeigt das Aufgehen des Ich in dem großen Selbst der Welt. Diese Persönlichkeit wird uns in der merkwürdigen Gestalt der Makarie geschildert. Da zeigt Goethe eine Persönlichkeit, die innerlich erwacht ist, die den Geist in sich selber so weit entwickelt hat, daß sie in dem lebt, was die Welt als Geist durchzieht. Goethe stellt sie so dar, daß sie durch ein inneres Wissen, das in ihr lebt nach der Auferweckung ihrer Seele, durch die Entfesselung ihrer inneren Kräfte dasjenige von innen heraus weiß, was ein geschickter, auf der Höhe seiner Zeit stehender Astronom über die Bahnen der Sterne berechnet. Was höchste geisteswissenschaftliche Untersuchungen sind, das stellt Goethe dar an der Stelle, wo er zum Ausdruck bringt, wie sich die Seele gerade durch Geisteswissenschaft einleben kann in das ganze Universum, wie Selbsterkenntnis Welterkenntnis und Welterkenntnis Selbsterkenntnis werden kann.

So stellt er gleichsam um seinen Wilhelm Meister herum lauter Bilder, die uns zeigen, wie das menschliche Selbst sich entwickeln muß. Im rechten Sinne ist Goethes Wilhelm Meister von Anfang bis zu Ende ein Beispiel für die Entwickelung des Menschen in der Weise, daß das Wesen des Egoismus in bezug auf diese Entwickelung ins Auge gefaßt wird.

Wenn wir bei einem Dichter einen Ausdruck eines so bedeutsamen Problemes der Geisteswissenschaft sehen, so ist das für uns ein neuer Beweis dafür – was sich uns schon zeigte bei Betrachtungen über den «Faust», über das «Märchen von der grünen Schlange und der schönen Lilie» und über die «Pandora» –, daß wir in Goethe einen Genius vor uns haben, der eins ist mit dem, was wir als Geisteswissenschaft im echten, wahren Sinne bezeichnen. Goethe selber spricht so, wenn er sagt: Das

Wesen des Egoismus zu erfassen ist nur möglich, wenn man den Menschen seiner ganzen Wesenheit nach betrachtet, wenn man weiß, wie das Weltall den Menschen aus dem Geiste heraus dahin führen mußte, daß er in die Versuchungen des Egoismus fällt. Hätte der Mensch nicht in den Egoismus fallen können, so könnte er auch nicht wie eine Blüte alles dessen dastehen, was draußen ausgebreitet ist. Verfällt er aber dieser Versuchung, so verfällt er dem, was ihn selber ertötet. So ist die Weisheit in der ganzen Welt die, daß alles, was in der Welt gut ist, sich überschlagen kann, um in dem Menschen als Freiheit erscheinen zu können; daß aber in dem Augenblick, wo der Mensch seine Freiheit mißbraucht, wo er sich im Menschen überschlägt, eine Selbstkorrektur eintritt.

Das ist wieder ein solches Kapitel, das uns zeigt, wie alles Üble, alles Schlimme in der Menschennatur, wenn wir es von einem höheren Gesichtspunkt aus betrachten, sich umwandeln kann in das Gute, in das, was dem Menschen ein Unterpfand ist für seinen ewigen, stetig steigenden Fortschritt. So werden uns alle Lehren der Geisteswissenschaft, wenn wir uns nicht scheuen, bis in die Tiefen des Schmerzes, des Übels hinunterzusteigen, etwas, was zu den höchsten Höhen des Geistes und aller Menschlichkeit führt, und was uns eine Bestätigung dessen ist, was aus der alten griechischen Weisheit und Dichtung zu uns herübertönt als das schöne Wort, mit dem wir unsere heutige Betrachtung abschließen wollen:

> Der Mensch ist eines Schattens Traum,
> doch wenn der Sonne Strahl hereinscheint
> zu ihm, gottgesandt, so wird hell der Tag
> und reizdurchtränkt alles Leben!

BUDDHA UND CHRISTUS

Berlin, 2. Dezember 1909

Seit ihrem Bestehen hängt es der geisteswissenschaftlichen Bewegung an, daß sie verwechselt wird mit mancherlei anderen Tendenzen und Bestrebungen der Gegenwart. So hängt es ihr insbesondere an, daß sie geziehen wird, irgendwelche orientalische Geistesströmungen, namentlich die buddhistische Geistesströmung in die Kultur des Abendlandes verpflanzen zu wollen. Daher muß die Geistesforschung besonders das heutige Thema interessieren, das Betrachtungen anstellen will über die Bedeutung der Buddha-Religion auf der einen Seite und die des Christentums auf der anderen Seite, und zwar von dem Gesichtspunkt aus, wie er sich für eine geisteswissenschaftliche Betrachtung ergibt. Diejenigen der verehrten Zuhörer, die schon öfter hier an diesen Vorträgen teilgenommen haben, werden wissen, daß es sich hier handelt um eine im wissenschaftlichen Sinne gehaltene, weit ausgreifende Betrachtung über die Welterscheinungen vom Gesichtspunkte des Geisteslebens aus.

Wer sich nun ein wenig mit dem Wesen des Buddhismus befaßt hat, wird seinerseits wissen, wie der Stifter des Buddhismus, der Gotama Buddha, eigentlich immer alle die Fragen abgelehnt hat, die sich auf die Entwikkelung der Welt und auf die Grundlagen unseres Daseins beziehen; wie er nicht darüber sprechen wollte. Und wie er einzig und allein sprechen wollte über dasjenige, wodurch der Mensch zu einem in sich befriedigenden Dasein kommen könne. So wird man schon von diesem

Gesichtspunkt aus die Geisteswissenschaft oder Theosophie, da sie durchaus nicht ablehnt, über die Quellen des Weltendaseins, über die großen Entwickelungstatsachen zu sprechen, nicht einseitig mit dem Buddhismus verwechseln dürfen. Und wenn eine ganz bestimmte Anschauung innerhalb der Geisteswissenschaft immer mehr und mehr mit dem Buddhismus zusammengeworfen wird, nämlich die Anschauung von den wiederholten Erdenleben des Menschen und von dem, was als geistige Verursachung von früheren Erdenleben in spätere Erdenleben hinüberzieht, so darf ohne weiteres gesagt werden: Es ist sonderbar, wenn der Geisteswissenschaft der Vorwurf gemacht wird, diese Anschauung von der Wiederverkörperung des Menschen, von den wiederholten Erdenleben, sei Buddhismus. Es ist deshalb sonderbar, weil man doch endlich begreifen sollte, daß es der Geisteswissenschaft nicht darum zu tun ist, sich zu diesem oder jenem Namen zu bekennen, sondern um das, was als Wahrheit erforschbar ist, ganz unabhängig von jeglichen Namen in unserer Zeit. Wenn aber doch die Lehre von der Wiederverkörperung der Menschen oder den wiederholten Erdenleben auch unter den Anschauungen des Gotama Buddha zu finden ist, wenn auch in ganz anderer Form, so ist das für die Theosophie oder Geisteswissenschaft der heutigen Zeit nichts anderes, als wenn unsere elementaren Lehren über Geometrie bei *Euklid* zu finden sind. Und ebensowenig wie einem Lehrer der Geometrie der Vorwurf gemacht werden darf, daß er «Euklidismus» treibe, ebensowenig sollte der Geisteswissenschaft, wenn sie eine Lehre wie die von der Wiederverkörperung zu der ihrigen macht, deshalb der Vorwurf des Buddhismus gemacht werden, weil bei Buddha ähnliche Anschauungen zu finden sind. Aber es ist dennoch notwendig, darauf hinzuweisen, daß gerade Geisteswissenschaft ein Instrument ist, um eine jegliche Religion – also auf der einen Seite auch die, welche unserer europäischen Kultur zugrunde liegt, das Christentum, und auf der andern Seite das buddhistische Bekenntnis – nach den Quellen im geisteswissenschaftlichen Sinne zu prüfen.

Daß Geisteswissenschaft «Buddhismus» sein wolle, das ist ja nicht nur ein von Nichtkennern der Theosophie heut gemachter Vorwurf; sondern es ist das etwas, was zum Beispiel auch der große Orientalist, der um die orientalischen Religionsbekenntnisse und ihr Bekanntwerden in Europa verdienstvolle *Max Müller* sich durchaus nicht ausreden ließ; und gegenüber einem Schriftsteller hat er einmal darüber eine Bezeichnung gewählt, die er in einem Gleichnis zum Ausdruck brachte. Er sagte: Wenn ein Mensch irgendwo auftreten würde mit einem Schwein, das gut grunzen kann, so würde kein Mensch deswegen hinzulaufen und etwas besonderes daran finden, daß ein Mensch herumgeht mit einem gut grunzenden Schwein. Wenn aber ein Mensch allein auftreten würde, der das Grunzen des Schweins täuschend nachahmen kann, da würden dann die Leute herbeilaufen und das als ein besonderes Wunder anschauen! – Max Müller wählt dieses Beispiel, weil er mit dem Schwein, das seiner Natur nach grunzt, den wirklichen Buddhismus bezeichnen wollte, der auch in Europa bekannt geworden ist. Um diese wirkliche Lehre des Buddhismus, so meint er, kümmere sich kein Mensch in Europa; während der falsche Buddhismus oder, wie er sagt, «der theosophische Schwindel der Frau Blavatsky» überall Zuspruch fände, wo es nur möglich sei. – Man kann dieses Gleichnis eigentlich nicht besonders glücklich finden; aber abgesehen davon, daß es nicht glücklich genannt werden kann, die echte Lehre des Buddhismus, die auf so mühevolle Weise zustande gekommen ist, in dieser Weise verglichen zu sehen, will ja auch Max Müller damit sagen, daß Frau *Blavatsky* den Buddhismus gerade in schlechter Weise dargestellt hat. Also es läßt sich auch wieder nicht damit vergleichen, daß es einem Menschen in täuschender Weise gelungen sei, das Grunzen des Schweines gut nachzuahmen; denn in diesem Falle müßte man ja annehmen, daß es eben der Madame Blavatsky besonders gut gelungen sei, das Grunzen des Schweines nachzuahmen. Und das werden auch heute von den verständigen Theosophen die wenigsten glauben wollen, daß Frau Blavatsky, der man als Verdienst anrechnen muß, daß sie den Stein ins Rollen gebracht hat, glücklich das wiedergegeben hat, was echter und wahrer Buddhismus ist. Aber das ist auch gar nicht nötig. Ebensowenig wie jemand, der Geometrie treiben will, den Euklid gut wiedergeben muß, ebensowenig hat er es nötig, dem wirklichen Sinne nach Buddhismus zu treiben, wenn er Theosophie lehren will.

Wenn wir im Sinne der Geisteswissenschaft uns nun hineinvertiefen wollen in den Geist des Buddhismus, um ihn dann vergleichen zu können mit dem Geist des Christentums, so tun wir am besten, wenn wir nicht gleich auf die großen Lehren gehen, welche ja leicht in dieser oder jener Weise interpretiert werden können, sondern wenn wir versuchen, uns an den Symptomen eine Vorstellung der Tragweite und der Bedeutung des Buddhismus zu verschaffen – also an dem, was wirksam ist in der Vorstellungsweise und in der ganzen Denkungsart des Buddhismus. Da kommen wir am besten zurecht, wenn wir uns an eine innerhalb des buddhistischen Bekenntnisses sehr angesehene Schrift halten: das sind die Fragen des Königs Milinda an den buddhistischen Weisen Nagasena.

Da werden wir zunächst an ein Gespräch erinnert, welches so recht aus dem Innern heraus uns den Geist buddhistischer Denkungsweise geben kann. Da will der mächtige, der geistvolle König Milinda Fragen stellen an den buddhistischen Weisen Nagasena. Er, der König Milinda, der niemals von einem Weisen besiegt worden ist, denn er wußte immer dasjenige zurückzuweisen, was man seinen Anschauungen entgegengestellt hat, will sich mit dem buddhistischen Weisen Nagasena unterhalten über die Bedeutung des Ewigen, des Unsterblichen in der Menschennatur; über das, was sich von Verkörperung zu Verkörperung hinüberzieht.

Nagasena fragt den König Milinda: Wie bist du hierher gekommen, zu Fuß oder im Wagen? – Im Wagen. – Nun wollen wir einmal untersuchen, meint Nagasena, was der Wagen ist. Ist die Deichsel der Wagen? – Nein. – Ist das Rad der Wagen? – Nein. – Ist das Joch der Wagen? – Nein. – Ist der Sitz, worauf du gesessen hast, der Wagen? – Nein. – Und so, meint Nagasena, kann man alle Teile des Wagens durchgehen; alle Teile sind nicht der Wagen. Dennoch ist alles, was wir da vor uns haben, der Wagen, nur aus einzelnen Teilen zusammengesetzt; das ist nur ein «Name» für das, was aus den Teilen zusammengesetzt ist. Sehen wir von den Teilen ab, so haben wir eigentlich nichts anderes als nur einen Namen!

Der Sinn und der Zweck dessen, was Nagasena hier dem König vorbringen will, ist der: abzulenken den Blick von dem, worauf das Auge ruhen kann in der physisch-sinnlichen Welt. Er will zeigen, daß eigentlich nichts in der physischen Welt dasjenige ausmacht, was mit dem «Namen» irgendeines Zusammenhanges bezeichnet wird, um so die Wertlosigkeit und Bedeutungslosigkeit des Physisch-Sinnlichen in seinen Teilen darzulegen. Und um den ganzen Gebrauch dieses Gleichnisses klarzumachen, meint Nagasena: So ist es auch mit dem, was den Menschen zusammenfaßt, und was sich von Erdenleben zu Erdenleben hinüberzieht. Sind Hände und Beine und Kopf dasjenige, was von Erdenleben zu Erdenleben geht? Nein! Was du heute tust, und was du morgen tust, ist das dasjenige, was von Erdenleben zu Erdenleben geht? Nein! Was ist es also, was wir zusammenfassen an einem Menschen? Name und Form ist es! Aber damit ist es so, wie mit Namen und Form des Wagens. Wenn wir die einzelnen Teile zusammenfassen, haben wir nur einen Namen. Wir haben nichts Besonderes außer den Teilen!

Und um das noch besonders anschaulich zu machen, können wir auf ein anderes Gleichnis unsere Aufmerksamkeit lenken, das wiederum der Weise Nagasena entwickelte vor dem König Milinda. – Da sagt der König Milinda: Du sagst, weiser Nagasena, daß sich von einer Verkörperung in die andere hinüberlebt Name und Form dessen, was als Mensch vor mir steht. Ist es nun der Name und die Form desselben Wesens, die wiedererscheinen in einer neuen Verkörperung, in einem neuen Erdenleben? Da sagte ihm Nagasena: Siehe einmal, der Mangobaum trägt eine Frucht. Es kommt ein Dieb, der stiehlt diese Frucht. Der Eigentümer des Mangobaumes sagt: «Du hast mir meine Frucht gestohlen!» Der Dieb aber erwidert: «Das ist nicht deine Frucht! Deine Frucht war das, was du in die Erde hineingesenkt hast – das hat sich aufgelöst. Was aber auf dem Mangobaum wächst, das trägt nur denselben Namen, das ist nicht deine Frucht!» – Da meinte Nagasena: Es ist wahr, es trägt denselben Namen und dieselbe Form; es ist nicht dieselbe Frucht. Aber deshalb kann man den Dieb doch bestrafen, wenn er gestohlen hat! Und so – meinte der Weise – wäre es mit dem, was in einem späteren Erdenleben wiedererscheint gegenüber dem, was in früheren Verkörperungen da war. Es ist so, wie mit der Frucht des Mangobaumes, die in die Erde hineingesenkt worden ist. Aber nur dadurch, daß der Eigentümer die Frucht in die Erde gesenkt hat, ist es möglich, daß die Frucht auf dem Baume wächst. Deshalb muß man die Frucht ansehen als das Eigentum desjenigen Menschen, der die Frucht in die Erde gesenkt hat.

So ist es mit dem Menschen, mit den Taten und Schicksalen des neuen Lebens; man muß sie ansehen als die Wirkung und Frucht des vorhergehenden Lebens. Aber was erscheint, ist etwas Neues, wie die Frucht auf dem Mangobaume etwas Neues ist.

So hatte Nagasena das Bestreben, dasjenige aufzulösen, was einmal in einem Erdenleben da ist, um zu zeigen, wie nur die Wirkungen sich hinüberleben in das spätere Erdenleben.

An solchen Dingen kann man sozusagen den ganzen Geist der buddhistischen Lehre besser spüren als an den großen Prinzipien, die in der einen oder der anderen Weise interpretiert werden können. Wenn wir den Geist solcher Gleichnisse auf uns wirken lassen, dann sehen wir anschaulich genug, daß der Buddhist seine Bekenner ablenken will von dem, was als ein einzelnes Ich, als eine bestimmte Persönlichkeit hier als Mensch vor uns steht; und hinweisen will er vor allem darauf, daß dasjenige, was in einer neuen Verkörperung erscheint, zwar die

Wirkung dieser Persönlichkeit ist, daß man aber kein Recht habe, von einem einheitlichen Ich im wahren Sinne des Wortes zu sprechen, das sich hinübererstreckt von einem Erdenleben in das andere.

Wenn wir nun herübergehen vom Buddhismus zum Christentum, so können wir, obwohl das Gleichnis nie gewählt worden ist, das Beispiel des Nagasena im christlichen Sinne umschreiben und es etwa in der folgenden Weise gestalten. Wir könnten sagen: Es könnte etwa der König Milinda wieder auferstanden sein, sagen wir als Christ; und es würde sich das Gespräch, wenn der Geist des Christentums darinnen waltete, in folgender Weise abspielen müssen. Nagasena müßte sagen: Sieh hier die Hand! Ist die Hand der Mensch? Nein! Die Hand ist nicht der Mensch. Denn wenn nur eine Hand da wäre, wäre kein Mensch da. Wenn wir aber die Hand abschneiden vom Menschen, dann verdorrt sie und würde in drei Wochen keine Hand mehr sein. Wodurch also ist die Hand eine Hand? Durch den Menschen ist sie eine Hand! – Ist das Herz der Mensch? Nein! Ist das Herz irgend etwas für sich Bestehendes? Nein! Denn wenn wir das Herz aus dem Menschen entfernen, so ist das Herz bald kein Herz mehr – und der Mensch kein Mensch mehr. Also durch den Menschen ist das Herz ein Herz, und durch das Herz ist der Mensch ein Mensch. Und umgekehrt ist der Mensch nur dadurch auf der Erde ein Mensch, daß er das Herz als ein Instrument besitzt! So haben wir im lebendigen Organismus des Menschen Teile, die als Teile nichts sind, die nur in unserer Zusammensetzung etwas sind. Und wenn wir uns überlegen, was die einzelnen Teile nicht sind, so sehen wir, daß wir zurückkommen müssen auf etwas, das unsichtbar hinter ihnen waltet, was sie zusammenhält, was sich ihrer als Instrumente bedient, die es gebraucht. Und wenn wir auch alle einzelnen Teile ins Auge fassen können, so haben wir den Menschen nicht erfaßt, wenn wir ihn bloß als Zusammenfassung der einzelnen Teile betrachten. Und nun könnte Nagasena zurückblicken auf das Gleichnis mit dem Wagen und könnte jetzt – allerdings aus dem christlichen Geiste heraus gesprochen – sagen: Wahr ist es, die Deichsel ist nicht der Wagen; denn mit der Deichsel kannst du ja nicht fahren. Wahr ist es, die Räder sind nicht der Wagen; denn mit den Rädern kannst du ja nicht fahren. Wahr ist es, das Joch ist nicht der Wagen; denn mit dem Joch kannst du ja nicht fahren. Wahr ist es, der Sitz ist nicht der Wagen; denn mit dem Sitz kannst du ja nicht fahren! Ob zwar der Wagen nur ein Name ist für die zusammengesetzten Teile, so fährst du doch nicht mit den Teilen, mit denen du nicht fahren kannst, sondern du fährst mit etwas, was nicht die Teile sind. Mit dem «Namen» ist doch etwas Besonderes gemeint! Da werden wir zu etwas geführt, was in keinem der Teile ist!

Daher geht das Bestreben des buddhistischen Geistes dahin, sozusagen von dem, was man sieht, den Blick abzulenken, um hinauszukommen über das, was man sieht; und man verneint die Möglichkeit, in diesem Gesehenen etwas Besonderes zu haben. – Der Geist der christlichen Denkweise – und auf die kommt es uns an – sieht die einzelnen Teile eines Wagens oder auch eines anderen äußeren Gegenstandes so an, daß überall hingewiesen wird von den Teilen auf das, was das Ganze ist. Und weil die Denkweise und Vorstellungsart so ist – und darauf kommt es an –, deshalb sehen wir, daß aus der buddhistischen Anschauungsweise eine ganz besondere Konsequenz, und aus der christlichen Denkweise wiederum eine ganz besondere Konsequenz erwächst. Die Konsequenz aus der buddhistischen Anschauungsweise zeigt sich, wenn ich das, was ich jetzt angedeutet habe, einfach bis ans Ziel hin verfolge:

Ein Mensch steht vor uns. Er ist zusammengesetzt aus gewissen Teilen. Dieser Mensch handelt in der Welt. Er begeht diese oder jene Taten. Indem er so als Mensch vor uns steht, wird ihm aus seinem buddhistischen Bekenntnisse die Wertlosigkeit alles dessen gezeigt, was da ist. Es wird ihm gezeigt, die Nichtigkeit und Seinslosigkeit dessen, was da ist. Und er wird darauf hingewiesen, daß er sich frei machen soll von dem Hängen an dem Nichtigen, um zu einem wirklichen, zu einem höheren Dasein zu kommen; daß er den Blick ablenken soll von dem, worauf das Auge ruht, und was sich irgendein menschliches Erkenntnisvermögen an der Sinnenwelt erwerben kann. Weg von der Sinnenwelt! Denn das, was da geboten wird, wenn wir es nur zusammenfassen als Name und Form, zeigt sich in seiner Nichtigkeit. Keine Wahrheit ist in dem, was in der Sinnenwelt vor uns steht!

Wozu führt die christliche Vorstellungsart? Sie betrachtet den einzelnen Teil nicht als einzelnen Teil; sie betrachtet ihn so, daß in ihm ein Ganzes, ein einheitliches Reales waltet. Sie betrachtet die Hand so, daß sie nur dadurch die Hand ist, daß der Mensch sie gebraucht, daß der Mensch sie zur Hand macht. Hier ist das, was vor dem Auge steht, ein Etwas, das unmittelbar hinweist auf das, was hinter ihm steht. Daher folgt aus dieser Denkweise etwas ganz anderes als aus der buddhistischen Denkweise.

Es folgt daraus, daß wir sagen können: Hier steht ein Mensch vor uns. Was er ist als Mensch mit seinen

Teilen, mit seinen Taten, das kann er nur dadurch sein, daß hinter alledem eine geistige Wesenheit als Mensch steht, welche dasjenige macht und bewirkt, was er tut; die sowohl die einzelnen Teile bewegt, wie sie die einzelnen Taten vollbringt. Was sich in den Teilen zeigt und sich auslebt, das hat sich hineinergossen in dasjenige, was man sieht; das wird in dem, was man sieht, Früchte erleben, Resultate erleben, und aus einem Erlebnis in der Sinnenwelt etwas heraussaugen, was wir ein «Ergebnis» nennen können, und es selber hineintragen in eine folgende Verkörperung, in ein folgendes Leben. Da steht hinter allem Äußeren der Akteur, das Tätige, was nicht die äußere Welt zurückweist, sondern was die äußere Welt so handhabt, daß die Früchte aus ihr gesogen und in das nächste Leben hineingetragen werden.

Wenn wir als Bekenner der Geisteswissenschaft auf dem Boden der wiederholten Erdenleben stehen, so müssen wir sagen: Was den Menschen zusammenhält in einem Erdenleben, das hat für den Buddhismus keinen Bestand; nur seine Taten haben Wirkungen für das nächste Leben. Was für das Christentum den Menschen zusammenhält in einem Erdenleben, das ist ein volles Ich. Das hat Bestand. Das trägt selbst in das folgende Erdenleben hinüber all die Früchte dieses einen Lebens.

So sehen wir, daß eine ganz bestimmte Konfiguration des Denkens, auf die es viel mehr ankommt als auf Theorien und Prinzipien, diese beiden Weltanschauungen ganz gewaltig unterscheidet. Würde unsere Zeit nicht besonders dazu neigen, bei allem nur auf Theorien zu sehen, so würde man das Charakteristische einer Geistesrichtung leichter erfassen aus ihrer Vorstellungsart heraus, aus den Symptomen.

Mit dem, was gesagt worden ist, hängt auch das allerletzte zusammen, was uns auf der einen Seite in der buddhistischen, auf der anderen Seite in der christlichen Denkungsweise erscheint. Da haben wir in der buddhistischen Denkungsweise mit ungeheuer bedeutungsvollen Worten den Kern der Lehre durch den Stifter des Buddhismus selber ausgesprochen. Der heutige Vortrag wird wahrhaftig nicht dazu gehalten, um etwa irgend etwas Gegnerisches zu entwickeln gegen den großen Stifter der buddhistischen Weltanschauung; sondern es soll die buddhistische Weltanschauung in ganz objektiver Weise charakterisiert werden. Gerade die Geisteswissenschaft muß sich als das richtige Instrument erweisen, um ohne Sympathie oder Antipathie für dieses oder jenes in den Kern der verschiedenen Geistesströmungen der Welt einzudringen.

Die Buddha-Legende erzählt da deutlich genug, wenn auch in bildhafter Form, was der Stifter des Buddhismus wollte. Da wird erzählt, daß der Gotama Buddha geboren wurde als der Sohn des Königs Suddhodana, daß er in einem fürstlichen Palaste erzogen wurde, wo er nur umgeben war von dem, was das Menschenleben zu erhöhen vermag. Nichts lernte er in seiner Jugend kennen von Menschenleid und Menschenschmerz; umgeben war er nur von Glück, Freude und Zerstreuung. Da wird uns dann erzählt, wie er einmal den königlichen Palast verließ und wie ihm da Leiden und Schmerzen, alle die Schattenseiten des Lebens zum ersten Male entgegentraten. Da sah er einen siechen, kranken Menschen, da sah er einen alten, dahinwelkenden Greis, und vor allem sah er einen Leichnam. Und daraus bildete er sich die Anschauung, daß es wohl anders um das Leben stehen müsse, als es sich ihm bisher drinnen im fürstlichen

Palast gezeigt hatte, wo er nur die Freuden des Lebens zu sehen bekam, nie aber Krankheit und Tod gesehen hatte; wo er nie die Anschauung gewonnen hat, daß das Leben hinwelken und sterben könne. Und aus dem, was er jetzt kennengelernt hatte, bildete er sich die Anschauung, daß das wahre Leben in sich schließe Leiden und Schmerzen. Schwer lastete es auf der großen Seele des Buddha, daß das Leben in sich enthält Leiden und Schmerzen, wie sie sich ihm darstellten in dem Kranken, in dem Greis und in dem Leichnam.

Denn er sagte sich: Was ist das Leben wert, wie es sich mir dargestellt hat, wenn ihm eingeboren ist Alter, Krankheit und Tod! Und daraus entstand dann die monumentale Lehre des Buddha von den Leiden des Lebens, die er in die Worte zusammenfaßte: Geburt ist Leiden! Alter ist Leiden! Krankheit ist Leiden! Tod ist Leiden! Alles Dasein ist erfüllt von Leiden. Daß wir mit dem, was wir lieben – so führte Buddha selbst später diese Lehre weiter aus –, nicht immer vereint sein können, ist Leiden! Daß wir vereint sein müssen mit dem, was wir nicht lieben, ist Leiden! Daß wir nicht erhalten können in jeder Lebenslage, was wir wollen, was wir begehren, ist Leiden! So ist Leiden überall, wohin wir den Blick lenken. Wenn auch das Wort «Leiden» bei Buddha nicht so gemeint ist, wie es in unserer Zeit seinen Sinn hat, so ist doch das damit gemeint, daß der Mensch überall dem preisgegeben ist, was von außen gegen ihn anstürmt, wogegen er keine aktiven Kräfte entfalten kann. Leben ist Leiden. Deshalb muß man untersuchen, sagte Buddha, welches die Ursachen des Leidens sind.

Da bot sich ihm die Erscheinung in der Seele dar, die er bezeichnete mit dem «Durst nach Dasein», mit dem

«Durst nach Existenz» überhaupt. Wenn überall, wo wir hinblicken, Leiden in der Welt ist, so müssen wir sagen: Den Menschen muß Leiden befallen, wenn er in diese Welt des Leidens hineintritt. Was ist die Ursache, daß der Mensch leiden muß? Die Ursache ist, daß er einen Trieb, einen Durst nach Verkörperung in diese Welt hat. Die Leidenschaft, aus der geistigen Welt heraus in eine physische Körperlichkeit zu treten, die äußere Welt des Physischen wahrzunehmen: darinnen liegt der Grund für das Menschendasein. Daher gibt es nur eine Erlösung vom Leiden, nämlich die: den Durst nach Dasein zu bekämpfen. Und den Durst nach Dasein kann man bekämpfen, wenn man im Sinne des großen Buddha in sich entwickelt den sogenannten «achtgliedrigen Pfad», der ja gewöhnlich dadurch erklärt wird, daß man sagt, er bestünde in der rechten Einsicht, im rechten Ziel, rechten Wort, rechter Tat, rechten Leben, rechten Streben, rechten Gedanken und im rechten Sich-Versenken. Also in dem richtigen Erfassen des Lebens, in dem richtigen Sich-Hinstellen in das Leben ergibt sich uns nach dem großen Buddha etwas, was nach und nach den Menschen dazu führt, die Leidenschaft nach dem Dasein in sich zu ertöten, was ihn so weit bringt, endlich nicht mehr herabsteigen zu müssen zu einer physischen Verkörperung, was ihn erlöst von einem Dasein, wo Leiden ausgegossen ist überall. Das sind im Sinne des großen Buddha die «vier heiligen Wahrheiten»:

Erstens: die Erkenntnis des Leidens;
zweitens: die Erkenntnis der Ursachen des Leidens;
drittens: die Erkenntnis der Notwendigkeit der Aufhebung des Leidens;
viertens: die Erkenntnis der Mittel zu der Aufhebung des Leidens.

Das sind jene vier heiligen Wahrheiten, welche er, nachdem seine Erleuchtung unter dem Bodhibaum eingetreten war, verkündet hat in der großen Predigt zu Benares im 5. bis 6. Jahrhundert vor unserer Zeitrechnung.

«Erlösung von den Leiden des Daseins!» das ist es, was der Buddhismus vor allem in den Vordergrund stellt. Das macht ihn zu dem, wodurch man ihn bezeichnen kann als eine «Erlösungsreligion» im eminentesten Sinne des Wortes, eine Religion der Erlösung von den Leiden des Daseins, und weil mit allem Dasein Leid verknüpft ist, von dem Dasein, das heißt, von dem Verlauf der Wiedergeburten des Menschen überhaupt!

Das ist ganz im Einklange mit der im ersten Teile des heutigen Vortrages angezeigten Vorstellungsart. Denn wenn schon der Gedanke, der sich an die äußere Sinnenwelt heftet, nur Nichtigkeit erblickt, wenn ihm das, was die einzelnen Teile zusammensetzt, nur Name und Form ist, wenn nichts hinübergeht, was die Wirkungen der einen Verkörperung in das nächste Leben hinüberführt, dann können wir sagen, daß das «wahre Dasein» erst errungen werden kann, wenn der Mensch über alles hinauskommt, was er in der äußeren Sinneswelt findet.

Es ist nun nicht richtig, und das könnte eine jede einfache Betrachtungsweise zeigen, wenn man das Christentum in demselben Sinne eine «Erlösungsreligion» nennen wollte wie den Buddhismus. Wenn man das Christentum von diesem Gesichtspunkt aus in der richtigen Weise neben den Buddhismus stellen will, so könnte man es eine «Religion der Wiedergeburt» nennen. Denn das Christentum geht aus von der Erkenntnis, daß alles, was in dem einzelnen Leben eines Menschen vor uns steht, Früchte ergibt, welche für die innerste Wesenheit des Menschen wichtig und wert sind, und die hinübergetragen werden vom Menschen in ein neues Leben und dort auf einer höheren Vollkommenheitsstufe ausgelebt werden. Alles, was wir erleben und heraussaugen aus den einzelnen Leben, das erscheint immer wieder, das wird immer vollkommener und vollkommener und erscheint zuletzt in seiner vergeistigten Gestalt. Das scheinbar Nichtigste in unserem Dasein wird, wenn es aufgenommen ist von dem Geistigen, auferweckt auf einer vollkommeneren Stufe, wird dem Geistigen einverleibt. Nichts ist nichtig im Dasein, weil es wieder aufersteht, wenn es der Geist in die richtige Form gebracht hat. Eine Religion der Wiedergeburt, der Auferstehung des Besten, was wir erlebt haben, das ist das Christentum nach seiner Denkweise, wonach alles, was vor uns steht, nicht ein Nichtiges ist, sondern Bausteine, um das große Gebäude zu erbauen, das entstehen soll durch die Zusammenfügung alles dessen, was wir in der Sinnenwelt Geistiges vor uns haben. Eine Religion der Erlösung vom Dasein ist der Buddhismus, während im Gegensatz dazu das Christentum eine Religion der Wiedergeburt auf geistiger Stufe ist.

Das zeigt sich uns in der Denkweise im kleinsten wie im größten und in seinen letzten Prinzipien. Und wenn wir die eigentlichen Ursachen für diese Verschiedenheit suchen, dann können wir sagen: Sie liegen in dem ganz entgegengesetzten Charakter der orientalischen und unserer abendländischen Kultur. Es ist ein radikaler Unterschied in bezug auf die Vorstellungsart jener Kultur, aus welcher der Buddhismus herausgewachsen ist, und jener Kultur, in welche sich das Christentum hineinergossen hat im Abendlande. Man kann mit einfachen Worten diesen Unterschied bezeichnen. Er liegt darinnen, daß alle eigentlich orientalische Kultur, die noch nicht ihre Befruchtung vom Abendlande aus erfahren hat, ungeschichtlich, unhistorisch ist – daß alle abendländische Kultur historisch, geschichtlich ist. Das ist auch letzten Endes der Unterschied zwischen christlicher und buddhistischer Denkungsart. Christliche Denkungsart ist historisch; sie erkennt an, daß es nicht nur wiederholte Erdenleben gibt, sondern daß es darinnen Geschichte gibt; das heißt, dasjenige, was zunächst auf einer unvollkommeneren Stufe erlebt wird, das kann sich im Laufe der Inkarnationen zu immer vollkommeneren Stufen und höheren Graden hinaufentwickeln. Sieht der Buddhismus die Erlösung von dem Erdendasein in der Erhebung in sein Nirwana, so sieht das Christentum das Ziel seiner Entwickelung darin, daß alle Erzeugnisse und Errungenschaften der einzelnen Erdenleben in immer höheren und höheren Vollkommenheitsgraden erglänzen und vergeistigt ihre Wiederauferstehung erleben am Ende des Erdendaseins.

Ungeschichtlich ist der Buddhismus, ganz im Sinne des Kulturbodens, auf dem er erwachsen ist. Ungeschichtlich ist er dadurch, daß er der Außenwelt entgegenstellt und ihr einfach gegenübersetzt den Menschen, wie er in ihr handelt. Der buddhistische Bekenner sagt: Blicken wir zurück auf frühere Verkörperungen des Menschen, blicken wir hin auf spätere Verkörperungen des Menschen: der Mensch steht dieser Außenwelt entgegen. Er fragt nicht: Stand vielleicht der Mensch in früheren Zeiten der Außenwelt anders gegenüber, oder wird er ihr vielleicht in der Zukunft anders gegenüberstehen? Das aber fragt das Christentum. Daher kommt der Buddhismus zu der Anschauung, daß das Verhältnis des Menschen zu der Welt, in welche er hineinverkörpert ist, ein immer gleichbleibendes ist; daß der Mensch, wenn er durch den Durst nach Dasein getrieben wird und sich in eine Verkörperung hineinbegibt, in eine Welt des Leidens hineinkommt, gleichgültig ob sie den Menschen in der Vergangenheit zum Durst nach Dasein getrieben hat, oder ob sie ihn jetzt dazu treibt. Immer ist es das Leiden, das die äußere Welt ihm bringen muß. So wiederholen sich die Erdenleben, ohne daß der Begriff der Entwickelung in Wahrheit zu einem geschichtlichen gemacht wird im Buddhismus. Das wird uns auch anschaulich und erklärlich machen, daß der Buddhismus im Grunde genommen nur in der Abkehr von diesen ewig sich wiederholenden Erdenleben sein Nirwana, seinen glückseligen Zustand sehen kann. Und so wird es uns weiter erklärlich sein, daß der Buddhismus in der äußeren Welt selber die Quellen des Leidens sehen muß. Er sagt: Begibst du dich überhaupt in die Sinneswelt, so mußt du leiden; denn aus der Sinneswelt muß dir Leiden kommen!

Das ist nicht christlich. Die christliche Anschauung ist durchaus historisch und geschichtlich. Sie fragt nicht einfach nach dem zeitlosen und geschichtslosen Gegenüberstehen zur Außenwelt. Sie sagt wohl: Es steht der Mensch, wenn er von Verkörperung zu Verkörperung schreitet, einer Außenwelt gegenüber. Wenn aber diese Außenwelt ihm Leiden bringt, wenn sie ihm etwas darbietet, was ihn nicht befriedigt, was ihn nicht mit einem innerlichen, harmonischen Dasein erfüllt, so rührt das nicht davon her, daß das Dasein im allgemeinen so ist, daß der Mensch leiden muß; sondern es rührt davon her, daß der Mensch sich in ein falsches Verhältnis gebracht hat zu der Außenwelt, daß er sich nicht richtig hineinstellt in die Welt! Auf ein bestimmtes Ereignis weist das

Christentum und auch das Alte Testament hin, wodurch der Mensch sich selbst in seinem Innern so entwickelt hat, daß er durch sein Inneres das Dasein in der äußeren Welt zu einem Quell des Leidens machen kann. Also ist es nicht die Außenwelt, nicht das, was uns in die Augen dringt, was uns an die Ohren tönt; nicht die Welt, in die wir hineinverkörpert werden, ist es, was uns Leiden bringt; sondern das Menschengeschlecht hat einstmals in sich selber etwas entwickelt, wodurch es nicht in der richtigen Weise zu dieser Außenwelt in Beziehung steht. Das hat sich dann fortgeerbt von Geschlecht zu Geschlecht, woran die Menschen heute noch zu leiden haben. So könnte man im christlichen Sinne sagen, daß die Menschen von Anfang ihres Erdendaseins an sich nicht in ein richtiges Verhältnis gebracht haben zur Außenwelt.

Das könnten wir nun ausdehnen auf die Grundbekenntnislehre der beiden Religionen. Der Buddhismus wird jederzeit betonen: Die äußere Welt ist eine Maja, eine Illusion! Dagegen wird das Christentum sagen: Wohl ist zunächst das, was der Mensch von der äußeren Welt sieht, etwas, von dem er glaubt, daß es eine Illusion sei; aber das hängt nur vom Menschen ab, der seine Organe so gestaltet hat, daß er vom äußeren Schleier nicht durchblickt auf die geistige Welt. Nicht die Außenwelt selber ist die Täuschung; sondern die menschliche Anschauung ist der Quell der Täuschung. Buddhistisch ist es, zu sagen: Blicke hin auf das, was dich als die Felsen umgibt, was als der Blitz zuckt, es ist Maja oder Illusion! Was als Donner rollt, es ist Maja oder die große Täuschung, denn die Außenwelt, wie sie da ist, ist Maja, die große Täuschung! – Nicht richtig ist es, so würde im Sinne der christlichen Vorstellungsart zu sagen sein, daß die Außenwelt als solche eine Täuschung ist! Sondern der Mensch hat bis heute noch nicht die Möglichkeit gefunden, seine geistigen Sinne – mit Goethes Worten: seine Geistesaugen und Geistesohren – sich zu eröffnen, die ihm zeigen würden, wie die Außenwelt in ihrer wahren Gestalt zu sehen ist! Nicht das ist der Grund, daß wir von Täuschung, von Maja umgeben sind, weil die Außenwelt diese Maja wäre, sondern weil der Mensch ein unvollkommenes Wesen ist, das es noch nicht dahin gebracht hat, die Außenwelt in der wahren Gestalt zu sehen. So sucht das Christentum in einem vorgeschichtlichen Ereignis eine Tatsache, welche das Menschenherz dazu gebracht hat, sich nicht die richtige Anschauung von der Außenwelt zu bilden. Und in der Entwickelung – durch die Verkörperungen hindurch – muß man im christlichen Sinne das Wiedererringen dessen sehen, was man Geistesaugen, Geistesohren nennen kann, um die Außenwelt in ihrer wahren Gestalt zu sehen. So sind die wiederholten Erdenleben nicht bedeutungslos, sondern sie sind der Weg dazu, um dasjenige, wovon der Buddhismus die Menschen befreien will, gerade in einem geistigen Lichte zu sehen; um in der Außenwelt den Geist zu sehen. Eroberung der Welt, die uns heute als physisch erscheint, durch das, was der Mensch heute noch nicht hat, was er sich aber erringen soll als ein Geistiges; Überwindung des menschlichen Irrtums, als ob die Außenwelt nur eine Illusion, nur Maja wäre: das ist der innerste Impuls des Christentums.

Daher stellt das Christentum nicht einen Lehrer hin wie der Buddhismus, der da sagt: Die Welt ist ein Quell des Leidens! Heraus aus dieser Welt in eine andere, die ganz anders ist – in eine Welt des Nirwana! Sondern das Christentum stellt als einen mächtigen Impuls, der die

Welt vorwärts bringen soll, den Christus hin, der der Welt den stärksten Hinweis gebracht hat auf das menschliche Innere, aus dem der Mensch jene Kräfte entwickeln kann, wodurch er jede Verkörperung, in welcher er auf der Erde lebt, so benutzen kann, daß er die Früchte des einen Daseins zu jedem späteren Dasein durch seine eigene Kraft hinübertragen kann. Nicht sollen die Verkörperungen abgeschlossen werden, um in ein Nirwana zu kommen, sondern es soll alles, was in diesen Verkörperungen aufgenommen werden kann, benutzt werden, um es zu verarbeiten, damit es die Auferstehung im geistigen Sinne erfahren kann.

Das ist der tiefste Unterschied, der auf der einen Seite den Buddhismus zu einer ungeschichtlichen Anschauungsweise macht, und der auf der anderen Seite das Christentum zu einer geschichtlichen Anschauungsweise macht, die in einem «Fall» des Menschen den Quell von Leiden und Schmerzen sucht, in der «Auferstehung» auch wieder die Heilung von Schmerzen und Leiden. – Nicht dadurch werdet ihr frei von den Schmerzen und Leiden, daß ihr aus dem Dasein hinausgeht; sondern wenn ihr den Irrtum wieder gut macht, durch welchen der Mensch sich in ein falsches Verhältnis gebracht hat zur Umwelt. In euch liegt der Grund, warum die Außenwelt ein Quell des Leidens ist! Wird euer Verhältnis zur Umwelt richtig, dann werdet ihr sehen, daß die Außenwelt zwar in Wahrheit als Sinnenwelt zerfließt wie Nebel vor der Sonne, daß sie aber alle eure Taten, die ihr in ihr erlebt habt, im Geistigen wieder auferstehen läßt!

Damit ist das Christentum eine Lehre der Wiedergeburt, der Auferstehung, und nur als eine solche darf sie neben den Buddhismus hingestellt werden. Das heißt allerdings: die beiden Bekenntnisse im Sinne der geisteswissenschaftlichen Anschauung gegenüberstellen, auf die tiefsten Impulse der beiden Lehren eingehen!

Bis in alle Einzelheiten kann man das rechtfertigen, was jetzt im allgemeinen gesagt worden ist. Man kann zum Beispiel auch im Buddhismus so etwas finden wie eine «Bergpredigt». Da heißt es:

Derjenige, der das Gesetz hört, das heißt dasjenige, was der Buddha als Gesetz verkündigt, der ist glücklich oder selig. Wer über die Leidenschaften sich erhebt, der ist selig. Wer in der Einsamkeit zu leben vermag, der ist selig. Wer mit den äußeren Kreaturen zu leben vermag, ohne daß er ein Böses tut, der ist selig. Und so weiter.

So könnten wir die buddhistischen Seligpreisungen als ein Gegenstück ansehen zu den Seligpreisungen der «Bergpredigt» im Matthäus-Evangelium. Wir müssen sie nur in der richtigen Weise erfassen. Vergleichen wir sie einmal mit dem, was im Matthäus-Evangelium zu finden ist.

Da hören wir zunächst das gewaltige Wort: «Selig sind die, die da Bettler sind um Geist; denn sie werden in sich finden die Reiche der Himmel.» Da wird nicht nur gesagt: «Selig sind die, die das Gesetz hören»; sondern da wird noch ein Nachsatz hinzugefügt. Es wird gesagt: Selig sind die, welche arm sind an Geist, so daß sie flehen müssen um Geist, «denn ihrer sind die Reiche der Himmel!» Was heißt das? Man versteht einen solchen Satz nur, wenn man sich die ganze geschichtliche Art der Anschauungsweise des Christentums vor die Seele rückt.

Da muß man wiederum darauf hinblicken, daß alle menschliche Seelenfähigkeit eine «Geschichte» erlebt hat, daß sich alle Seelenfähigkeit des Menschen entwikkelt hat. Geisteswissenschaft kennt real und wahrhaftig das Wort «Entwickelung», so daß dasjenige, was heute da ist, nicht immer da war. Die Geisteswissenschaft sagt uns: Was wir heute unseren Verstand, unser wissenschaftliches Denken nennen, das war in Urzeiten der Menschheit nicht vorhanden; dafür aber war in den Urzeiten der Menschheit etwas vorhanden, was man ein dunkles, dämmerhaftes Hellsehen nennen könnte. Auf die Art, wie der Mensch heute zu Erkenntnissen über die Außenwelt kommt, ist er früher nicht dazu gekommen. Früher ist in ihm etwas aufgestiegen wie eine «Urweisheit» der Menschheit, die weit hinausgeht über das, was wir heute schon wieder haben ergründen können. Wer die Geschichte kennt, der weiß, daß es eine solche Urweisheit gibt. Während die Menschen in Urzeiten nicht gewußt haben, wie man Maschinen baut, Eisenbahnen konstruiert und mit Hilfe der Naturkräfte die Umwelt beherrscht, haben sie früher Anschauungen gehabt über die göttlich-geistigen Urgründe der Welt, die weit über unsere heutigen Erkenntnisse hinausgehen.

Diese Anschauungen waren aber nicht durch Nachdenken erworben. Das wäre eine ganz falsche Vorstellung. Man hat nicht so vorgehen können, wie die heutige Wissenschaft vorgehen kann. Wie Eingebungen, die in der Seele aufstiegen, ist es dem Menschen gegeben worden; wie Offenbarungen, Inspirationen in dumpfer, dämmerhafter Art, so daß der Mensch nicht dabei war, als sie in ihm aufstiegen. Aber er konnte erblicken, daß sie da waren; sie waren da als wirkliche Nachbilder der geistigen Welt, der wirklich vorhandenen Urweisheit. – Aber die menschliche Entwickelung bestand darinnen, daß die Menschen von Leben zu Leben fortschritten und immer weniger von dieser Urweisheit hatten, von dem alten dämmerhaften Hellsehen. Denn das sollte ja gerade der Menschheit gebracht werden, daß das alte Hellsehen sich verlor, und an seine Stelle das Erfassen der Dinge durch die Verstandestätigkeit trat. In der Zukunft wird der Mensch beides vereinigen; er wird hellseherisch in die geistige Welt hineinschauen können und gleichzeitig die Formen des heutigen Erkennens in die Zukunft hinein mitbringen. Heute leben wir in einem Zwischenzustand. Das alte Hellsehen ist verlorengegangen, und was dem Menschen heute eigen ist, das ist erst im Laufe der Zeit entstanden. Wodurch ist der Mensch dazu gekommen, von seinem innersten Selbstbewußtsein aus die Sinneswelt mit dem Verstande zu erkennen? Wann tritt insbesondere das Selbstbewußtsein an den Menschen heran?

Das war in der Zeit – so genau wird nur gewöhnlich die Weltentwickelung nicht betrachtet –, in welcher gerade der Christus Jesus in die Welt hineintrat. Da standen die Menschen an einem Wendepunkt der Entwickelung, wo das alte dämmerhafte Hellsehen verlorengegangen, und der Ausgangspunkt gegeben war für das, was heute unsere besten Errungenschaften liefert. Gerade beim Eintreten des Christus in die Menschheitsentwickelung war der Wendepunkt von der alten zur neuen Zeit. Wahrhaftig, der Christus war der Wendepunkt von der alten zur neuen Anschauung! Und es ist einfach ein technischer Ausdruck für diese Errungenschaften, die der Mensch damals erfuhr, als er anfing, durch sein Selbstbewußtsein – nicht mehr durch Eingebungen – die Welt zu erkennen, wenn Johannes der Täufer die Worte verkündet: «Das Himmelreich ist nahe herbeigekommen!» Das heißt, die «Erkenntnis der Welt in Begriffen und Ideen» ist nahe herbeigekommen. Mit anderen Worten: Der Mensch ist nicht mehr angewiesen auf das alte Hellsehen, sondern er wird von sich aus die Welt erkennen und erforschen. Und den mächtigsten Impuls für das, was der Mensch aus seinem Ich heraus – nicht durch Eingebungen – erkennen soll, den hat der Christus Jesus gegeben.

Daher liegt etwas Tiefes schon in diesen ersten Worten der Bergpredigt, etwas, was ungefähr sagen wollte: Die Menschen stehen heut auf dem Standpunkt, daß sie Bettler um Geist sind. Früher haben sie hellseherische Anschauungen gehabt und hineinschauen können in die geistige Welt. Das ist jetzt verlorengegangen. Aber es wird die Zeit kommen, wo der Mensch durch die innere Kraft seines Ich, durch das sich in seinem Innern offenbarende Wort einen Ersatz finden kann für die alte Hellsichtigkeit. – Daher sind «selig» nicht nur diejenigen, welche in alten Zeiten den Geist errungen hatten durch Eingebungen dumpfer, dämmerhafter Art, sondern diejenigen sind selig, welche heute kein Hellsehen mehr haben, weil die Entwickelung dazu geführt hat. Oh, sie sind nicht unselig, die da Bettler sind um Geist, weil sie verarmt sind am Geist. Selig sind sie, denn ihrer ist dasjenige, was sich durch ihr eigenes Ich offenbart, was sie sich durch das Selbstbewußtsein erringen können.

Und sehen wir weiter. «Selig sind die, welche da leiden»; denn wenn auch die sinnliche Außenwelt Leiden verursacht durch die Art, wie sich der Mensch in die Außenwelt hineingestellt hat, so ist doch jetzt die Zeit gekommen, wo der Mensch, wenn er sein Selbstbewußtsein erfassen wird und die in seinem Ich liegenden Kräfte entfaltet, erkennen wird das Heilmittel gegen das Leid. In sich selber wird er die Möglichkeit finden, sich über das Leid zu trösten. Gekommen ist die Zeit, wo ein äußerer Trost seine einzigartige Bedeutung verliert, weil das Ich die Kraft finden soll, von innen heraus das Heilmittel gegen das Leid zu finden. Selig sind die, welche in der Außenwelt alles, was früher darin gefunden wurde, nicht mehr finden können. So ist auch der höchste Sinn der Seligpreisung «Selig sind die, welche nach Gerechtigkeit dürsten; denn sie sollen satt werden»: im Ich selber wird ein Quell gefunden werden, um ausgleichende Gerechtigkeit zu finden für das, was in der Welt ungerecht ist.

So ist der Christus Jesus der Hinweis auf das menschliche Ich, auf den göttlichen Teil im Menschen selber, und damit der Hinweis darauf: Nehmt das, was im Christus als ein Vorbild lebt, in euer Inneres auf; dann findet ihr dadurch die Kraft, von Verkörperung zu Verkörperung die Früchte des Erdendaseins zu tragen. Denn wichtig ist es für das Leben des Menschen in der geistigen Welt, daß der Mensch dasjenige erobere, was im Erdendasein erlebt werden kann.

Daher ist ein Ereignis, das ja zunächst nur als ein schmerzliches genannt werden kann im Christentum, der Tod des Christus Jesus, das Mysterium von Golgatha. Dieser Tod hat ja nicht die gewöhnliche Bedeutung des Todes; sondern der Christus stellt hier den Tod hin als den Ausgangspunkt eines unsterblichen, unbesiegbaren Lebens. Dieser Tod ist nicht bloß so, daß der Christus Jesus sich vom Leben befreien will; sondern dieser Tod wird erlebt, weil von ihm aus eine Wirkung nach aufwärts führt, und weil aus diesem Tode ewiges, unvergängliches Leben fließen soll.

Das ist etwas – so empfanden auch diejenigen, welche in den ersten Jahrhunderten des Christentums lebten –, was immer mehr und mehr erkannt werden wird, wenn das Verständnis des Christus-Impulses ein größeres geworden ist, als es heute ist. Dann wird man verstehen, daß sechs Jahrhunderte vor dem Christus einer der größten Menschen aus seinem Palaste herausgetreten ist, einen Toten, einen Leichnam gesehen hat, sich das Urteil bildete: Der Tod ist Leiden! Befreiung vom Tode ist Erlösung! und daß er nichts zu tun haben wollte mit dem, was dem Tode unterworfen ist. Nun gehen sechs Jahrhunderte bis zum Christus hin. Und nachdem weitere sechs Jahrhunderte vergangen sind, wird ein Symbolum aufgerichtet für das, was die zukünftige Menschheit erst erkennen wird. Was ist dieses Symbolum?

Nicht ein Buddha, nicht ein Auserlesener – nein, naive Menschen gingen hin und sahen das Symbolum: sahen das Kreuz aufgerichtet und einen Leichnam darauf. Und sie sagten nicht: Der Tod ist Leiden! – sie wandten sich nicht ab, sondern sie sahen in diesem Leichnam dasjenige, was ihnen Bürge war für das Ewige des Lebens, für das, was allen Tod besiegt, was hinausweist aus aller Sinneswelt. – Der edle Buddha sah einen Leichnam; er wandte sich ab von der Sinneswelt und kam zu dem Urteil: Der Tod ist Leiden! Diejenigen, welche da als naive Menschen hinsahen zu dem Kreuz mit dem Leichnam, sie wandten sich nicht ab – sie sahen darauf hin, weil es ihnen das Zeugnis dafür war, daß aus diesem Erdentode ewiges Leben quillt!

So sechshundert Jahre vor der Begründung des Christentums der Buddha vor dem Leichnam, so sechshundert Jahre nach dem Erscheinen des Christus die einfachen Leute, die das Symbolum sahen, das ihnen ausdrückte, was durch die Begründung des Christentums geschehen war. Niemals ist ein ähnlicher Umschwung in der Entwickelung der Menschheit vor sich gegangen!

Wenn man also die Dinge objektiv erfaßt, kann man sich noch mehr klar sein darüber, worinnen das Große, Bedeutsame des Buddhismus besteht.

Wir haben gesagt: Die Menschen gingen aus von einer Urweisheit, und im Laufe der verschiedenen Inkarnationen ging ihnen diese Urweisheit immer mehr und mehr verloren. Das Auftreten des großen Buddha bedeutet das Ende einer alten Entwickelung; es bedeutet den mächtigen, weltgeschichtlichen Hinweis darauf, daß die Menschen verloren haben das alte Wissen, die alte Urweisheit. Daraus ist dann geschichtlich zu erklären die Abkehr vom Leben. Der Christus ist der Ausgangspunkt einer neuen Entwickelung, welche in diesem Leben die Quellen des Ewigen sieht. – In unserer Zeit ist noch keine Klärung eingetreten in bezug auf diese wichtigen Tatsachen der Menschheitsentwickelung. Daher kann es kommen, weil eben die Dinge noch ungeklärt sind, daß es in unserer Zeit herrliche, edle Naturen gibt, wie der im Jahre 1898 zu Potsdam verstorbene Oberpräsidialrat *Theodor Schultze,* die, weil sie in der äußeren Anschauung nicht finden können, was sie für ihr reiches Innenleben brauchen, sich zu etwas anderem wenden und eine Erlösung in dem finden, was ihnen der Buddhismus heute sein kann. Und der Buddhismus zeigt ihnen ja in einem gewissen Sinne, wie der Mensch, herausgehoben aus dem Sinnesdasein, durch eine gewisse Entfaltung seiner inneren Kräfte zu einer Erhöhung über sich selbst kommen kann. Das ist aber nur möglich, weil der größte Impuls, der innerste Quell des Christentums noch so wenig erfaßt ist.

Die Geisteswissenschaft soll einmal das Instrument sein, um immer tiefer und tiefer in die Vorstellungsart des Christentums hineinzudringen. Und gerade die Entwickelungsidee, welche die Geisteswissenschaft ehrlich nimmt, wird imstande sein, die Menschen hinzuführen zu einem genauen und intimen Erfassen des Christentums, so daß sich die Geisteswissenschaft der Hoffnung hingeben darf, daß gegenüber dem verkannten Christentum das richtig verstandene Christentum sich immer mehr herausarbeiten wird, ohne daß sie den Buddhismus in unsere Zeit hineinverpflanzt. Es wäre eine kurzsichtige Anschauung, wenn irgendeine geisteswissenschaftliche Richtung Buddhismus nach Europa hineinverpflanzen wollte. Wer die Bedingungen des europäischen Geisteslebens kennt, der weiß, daß selbst diejenigen Richtungen, welche heute scheinbar das Christentum bekämpfen, das ganze Arsenal ihrer Waffen aus dem Christentum selber entnommen haben. Kein *Darwin*, kein *Haeckel* wäre möglich – so grotesk es klingt –, wenn es nicht aus der christlichen Erziehung heraus möglich geworden wäre so zu denken, wie Darwin und Haeckel gedacht haben; wenn nicht die Gedankenformen da wären, mit denen diejenigen, die mit dem Christentum selber erzogen worden sind, sozusagen die eigene Mutter bekämpfen. Was diese Leute sagen, das ist scheinbar oft gegen das Christentum gerichtet. Es ist gegen das Christentum gemeint, so wie sie es sagen. Daß sie aber so denken können, das haben sie aus der christlichen Erziehung heraus. Daher wäre es zum mindesten aussichtslos, wenn es auch jemand wollte, etwas Orientalisches in unsere Kultur hineinzutragen; denn es widerspräche allen Bedingungen unseres Geisteslebens im Abendlande. Man muß sich nur klar sein über die Grundlehren der beiden Religionen.

Wer das Geistesleben genauer betrachtet, der weiß allerdings, daß die Dinge noch so wenig geklärt sind, daß es Geister gibt, die selbst von der höchsten philosophischen Warte herab die Abkehr vom Leben wollen, die sich sympathisch berührt fühlen von den Gedanken des Buddhismus. Eine solche Persönlichkeit haben wir in *Schopenhauer* vor uns. Sein ganzer Lebensnerv hat etwas, was wir als «buddhistisch» bezeichnen können. So, wenn er zum Beispiel sagt: Das höchste Menschenbild steht dann vor uns, wenn wir dasjenige sehen, was wir einen «Heiligen» nennen, der in seinem Leben alles überwunden hat, was die äußere Welt geben kann; der nur noch in seinem Körper dasteht, nichts mehr in sich birgt als Ideale von der Umwelt; der nichts will, sondern der nur noch darauf wartet, bis sein Körper selber zerstört ist, so daß jede Spur verwischt ist von dem, was ihn mit der Sinnenwelt verknüpft hat, damit er durch die Abkehr von der Sinnenwelt vernichten kann sein Sinnendasein, daß nichts mehr übrig bleibt von dem, was im Leben führt von Furcht zu Leid, von Leid zu Schrecken, von Lust zu Schmerz!

Das ist Hereinragen buddhistischer Empfindung in unser Abendland. Da müssen wir sagen: Gewiß, durch unsere ungeklärten Verhältnisse gibt es das, weil nicht genau verstanden wird, was der tiefste Impuls dessen ist, was im Christentum lebt an Inhalt und an Form. Was haben wir durch das Christentum errungen? Rein auf den Impuls gesehen, haben wir dasjenige errungen, wodurch sich eine der bedeutsamsten Persönlichkeiten gerade in dieser Beziehung so scharf abhebt von Schopenhauer. Wenn Schopenhauer sein Ideal sieht in jemandem, der alles überwunden hat, was ihm das äußere Leben geben kann an Lust und Schmerz, der nur noch wartet, bis die letzten Spuren des Zusammenhanges seines Körpers sich auflösen, so stellt uns dagegen *Goethe* einen strebenden Menschen hin in seinem «Faust», der von Begierde zu Genuß und von Genuß zu Begierde schreitet, und der sich zuletzt so weit läutert und die Begierden umgestaltet, daß ihm das Heiligste, was in unser Leben hereinleuchten kann, selber zur Leidenschaft wird; der nicht dasteht und sagt: «Ich warte nur noch, bis die letzten Spuren meines Erdendaseins verlöscht sind», sondern der die großen Worte ausspricht: «Es kann die Spur von meinen Erdentagen nicht in Äonen untergehn!»

Das stellt Goethe in seinem Faust dem Sinn und dem Geiste nach in der Weise dar, wie er es in höherem Alter zu seinem Sekretär *Eckermann* sprach: Übrigens werden Sie zugeben, daß der Schluß, wo es mit der geretteten Seele nach oben geht, sehr schwer zu machen war, und daß ich bei so übersinnlichen, kaum zu ahnenden Dingen mich sehr leicht im Vagen hätte verlieren können, wenn ich nicht meinen poetischen Intentionen durch die scharf umrissenen christlich-kirchlichen Figuren und Vorstellungen eine wohltätig beschränkende Form und Festigkeit gegeben hätte.

Deshalb steigt Faust auf durch eine Stufenleiter des Daseins, die von den christlichen Symbolen genommen ist, vom Sterblichen zum Unsterblichen, vom Tode zum Leben.

So sehen wir in Schopenhauer förmlich das Hereinragen des buddhistischen Elementes in unsere abendländische Denkweise, das da sagt: Ich warte, bis ich den Vollkommenheitsgrad erreicht habe, wo mit meinem Leibe die letzten Spuren meines Erdendaseins verwischt sind! Und Schopenhauer glaubte mit dieser Anschauung die Gestalten, welche *Raffael* und *Correggio* in ihren Bildern geschaffen haben, interpretieren zu können. –

Goethe wollte eine strebende Individualität hinstellen, die sich bewußt war, daß alles, was im Erdendasein errungen ist, bleibend sein muß, der Ewigkeit einverwoben sein muß: «Es kann die Spur von meinen Erdentagen nicht in Äonen untergehn!»

Das ist der wahre, der realistische christliche Impuls, der zur Wiedererweckung der Erdentaten in ihrer Vergeistigung führt. Das ist Auferstehungs-Religion! Das ist Auferweckenlassen des Besten, was auf der Erde errungen wird. Das ist im wahren Sinne eine «realistische» Weltanschauung, die aus den spirituellen Höhen auch den höchsten Inhalt für das Dasein in der Sinneswelt herunterzuholen weiß. Und so können wir sagen: Gerade in Goethe erscheint uns – wie ein Morgenleuchten – ein sich selbst erst verstehendes Christentum der Zukunft, das alle Größe und Bedeutung des Buddhismus anerkennen wird, das aber im Gegensatz zu der Abkehr von den Verkörperungen hinaufführen wird zur Anerkennung eines jeden Daseins von Verkörperung zu Verkörperung. So sieht Goethe im Sinne des richtigen modernen Christen hin auf eine Vergangenheit, die uns aus einer Welt herausgeboren hat; und er sieht hin auf eine Gegenwart, in welcher wir uns etwas erringen, was – wenn es der richtigen Frucht nach erfaßt wird – in Äonen nicht untergehen kann. So kann Goethe, wenn er den Menschen im echt theosophischen Sinne anschließt an das Universum, nicht umhin, den Menschen auch anzuschließen nach der anderen Seite an den echten Inhalt des Christentums. Deshalb sagt er:

Wie an dem Tag, der dich der Welt verliehen,
Die Sonne stand zum Gruße der Planeten,
Bist alsobald und fort und fort gediehen,

Nach dem Gesetz, wonach du angetreten.
So mußt du sein, dir kannst du nicht entfliehen.
So sagten schon Sibyllen, so Propheten.

Diesen Ausspruch kann Goethe nicht hinstellen als etwas, was den Menschen anschließt an die ganze Welt, ohne darauf hinzuweisen, daß so, wie der Mensch herausgeboren ist aus der Konstellation des Daseins, er in der Welt etwas ist, was in Äonen nicht untergehen kann, was Auferstehung feiern muß in seiner vergeistigten Gestalt. Deshalb mußte er diesen Worten hinzufügen die andern:

Und keine Zeit und keine Macht zerstückelt
Geprägte Form, die lebend sich entwickelt.

Und wir können sagen: Und keine Macht und keine Zeit läßt untergehen, was in der Zeit errungen wird und reif wird als Früchte für die Ewigkeit!

EINIGES ÜBER DEN MOND IN GEISTESWISSENSCHAFTLICHER BELEUCHTUNG

Berlin, 9. Dezember 1909

Mit meinem heutigen Vortrag innerhalb unseres diesjährigen Winterzyklus bin ich allerdings in einer etwas schwierigeren Lage als in bezug auf alle übrigen Vorträge. Es sollen heute Andeutungen gegeben werden, welche ziemlich herausfallen aus der Anschauungsweise und Vorstellungsart, die man gegenwärtig als «wissenschaftlich» gelten läßt; und da das Vorstellen und die Anschauungsweise der Menschen sich erzieht an dem, was gewohnt und gebraucht ist im wissenschaftlichen und populär-wissenschaftlichen Verkehr, so darf wohl gesagt werden: weil der Gegenstand des heutigen Vortrages davon so fernab liegt, so kann gegenwärtig bei einem größeren Publikum auch nicht viel Neigung vorhanden sein, solche Andeutungen als etwas anderes anzusehen denn als eine Träumerei, mehr der Willkür des Denkens und Vorstellens entspringend als dem, was sie nun in Wirklichkeit doch sind: Konsequenzen geisteswissenschaftlicher Forschung. Deshalb bitte ich Sie, den heutigen Vortrag innerhalb unseres Winterzyklus als eine Art Episode zu betrachten, daß er eine Anregung geben soll nach einer gewissen Seite hin, die gerade in diesem Winter geisteswissenschaftlich weniger berührt wird, die vielleicht im nächsten Jahre eingehender behandelt werden wird. Es muß aber doch diese Anregung gegeben werden, um zu zeigen, daß dasjenige, was uns in diesem

Winter hier beschäftigt als Seelenwissenschaft, überall Richtungen angibt, die hinausführen aus dem unmittelbaren Umkreis des menschlichen Seelenlebens hinein in die großen Zusammenhänge des Weltendaseins, des ganzen Kosmos. Und dann bitte ich Sie auch zu berücksichtigen, daß aus einem weiten Gebiete heute ein ganz kurzes Kapitel andeutungsweise herausgehoben wird; daß daher der heutige Vortrag ganz genau auf sein Thema hin angesehen werden muß: «*Einiges* über den Mond in geisteswissenschaftlicher Beleuchtung!» Nicht aber etwas Erschöpfendes über das Thema kann das sein, was ich werde zu sagen haben.

Über den Mond werden Sie heute in den mannigfaltigsten populären Büchern dieses oder jenes vom Standpunkte der heutigen Wissenschaft lesen. Aber dieser Unterricht, den Sie sich da selber durch Vorträge oder durch die populäre oder sonstige wissenschaftliche Literatur geben können, wird Sie recht unbefriedigt lassen in bezug auf die eigentlichen Fragen über diesen merkwürdigen Begleiter unserer Erde, den wir den Mond nennen. Denn von Jahrzehnt zu Jahrzehnt im Laufe des 19. Jahrhunderts sind die Angaben der äußeren Wissenschaft über den Mond, nach einer gewissen Seite hin, mit Recht immer vorsichtiger und vorsichtiger geworden, aber auch immer spärlicher; und was man sonst in diesen Mitteilungen über den Mond finden kann, wird uns heute am allerwenigsten beschäftigen. Daß das Fernrohr und die astronomische Photographie uns ein gewisses Bild der Mondscheibe gibt, daß man das, was auf der Mondscheibe zu erkennen ist, bezeichnet als kraterförmige Gebilde, als allerlei Rillen, Mondebenen, Mondtäler und dergleichen, daß man sich daraus eine gewisse Anschauung bildet von dem rein räumlichen Antlitz des

Mondes, das alles ist es nicht, was uns beschäftigen soll. Aber im wirklich geisteswissenschaftlichen Sinne soll heute die Frage aufgeworfen werden: Hat der Mond irgendeinen besonderen Einfluß, eine besondere Bedeutung für das Erdenleben?

Von einer solchen Bedeutung des Mondes für das Erdenleben hat man ja in den verschiedenen verflossenen Jahrhunderten nach mancherlei Richtungen hin gesprochen. Und da man, was ja nicht zu leugnen ist, alles, was auf der Erde jahraus, jahrein geschieht, in Zusammenhang bringen muß mit der Stellung der Erde zur Sonne und den verschiedenen Verhältnissen in bezug auf ihre Bewegung zur Sonne, so hat man sich immer gefragt, ob außer den gewaltigen Einflüssen von Sonnenlicht, Sonnenwärme und sonstigen Sonnenwirkungen auf unsere Erde nicht auch das andere Himmelslicht, der Mond, irgendwelche Bedeutung habe für das Erdenleben, insbesondere vielleicht auch für das Menschenleben. Man war in gar nicht ferner Vergangenheit geneigt, von einem ziemlich starken Einfluß des Mondes auf das Erdenleben zu sprechen. Ganz abgesehen davon, daß es ja seit langen Zeiten üblich ist, diejenigen Erscheinungen der Erde, die man als Ebbe und Flut des Meeres bezeichnet, in Zusammenhang zu bringen mit den Anziehungen des Mondes, hat man auch immer von einem Einfluß des Mondes auf die Witterungsverhältnisse unserer Erde gesprochen. Und noch in der ersten Hälfte des 19. Jahrhunderts haben ganz ernsthafte wissenschaftliche Forscher und Ärzte Zusammenstellungen darüber gemacht, wie der Mond in seinen verschiedenen Erscheinungen bestimmte Wirkungen habe auf diese oder jene Krankheitsfälle beim Menschen, oder auf den Ablauf des menschlichen Lebens überhaupt. Man hatte es in der ersten Hälfte des 19. Jahrhunderts keineswegs bloß zu tun mit dem, was man Volksglauben oder Volksaberglauben nennen könnte, wenn man zum Beispiel von einem Einfluß der Mondphasen auf Fiebererscheinungen, auf asthmatische Erscheinungen, auf den ominösen Kropf und dergleichen sprach; sondern es gab immer auch Ärzte und wissenschaftliche Naturforscher, die solche Fälle registrierten, weil sie glaubten, annehmen zu müssen, daß der Wechsel der Mondphasen auf den Ablauf des menschlichen Lebens und auf Krankheit und Gesundheit Einfluß habe.

Mit dem Heranrücken jener wissenschaftlichen Denkweise, von der klar zu erkennen ist, daß sie ihre Morgenröte und ihren Sonnenaufgang in der Mitte des 19. Jahrhunderts hat, wurde die Neigung, dem Mond irgendeine Bedeutung für das Erdenleben zuzuschreiben, immer geringer. Einzig und allein blieb die Anschauung, daß der Mond der Veranlasser sei von Ebbe und Flut des Meeres. Dagegen wurde man immer weniger geneigt, dem Mond zum Beispiel irgendeinen Einfluß auf Witterungserscheinungen zuzuschreiben oder gar auf die anderen genannten Erscheinungen des menschlichen oder des sonstigen Lebens auf der Erde. Und insbesondere war es ein auf einem bestimmten Gebiete des naturwissenschaftlichen Erkennens im 19. Jahrhundert außerordentlich bedeutsamer und epochemachender Forscher, der einmal die ganze Schale seines Zornes über diejenigen ausgegossen hat, welche irgendwie noch Miene machten, von einem Einfluß des Mondes zu sprechen, sei es auch nur auf Witterungsverhältnisse oder sonstige Erscheinungen unserer Erde. Dieser hervorragende Forscher war der Entdecker von der Bedeutung der Pflanzenzelle, *Schleiden*. Er, der auf diesem Gebiete so Epochemachendes geleistet hat, er hat einmal in ganz intensiver Weise das Wort ergriffen gegen einen anderen deutschen Naturforscher, der gerade eine gewisse große Bedeutung erlangt hat da, wo es sich darum handelt, intime oder auch Grenzgebiete der Forschung ins Auge zu fassen, gegen *Gustav Theodor Fechner*. Es ist heute etwa ein halbes Jahrhundert her, daß jener berühmte «Mondenstreit» ausgefochten wurde zwischen dem bedeutsamen Entdekker der Pflanzenzelle und Gustav Theodor Fechner, der in seiner «Zend-Avesta» versucht hat, zum Beispiel die Anschauung, daß das pflanzliche Leben beseelt sei, durchzuführen; der in seiner Vorschule zur Ästhetik, in seiner «Psychophysik» manches geleistet hat für das intime naturwissenschaftliche Erkennen. Man darf vielleicht über diesen berühmten Mondenstreit nicht sprechen, ohne mit ein paar Worten auch Gustav Theodor Fechner genauer zu charakterisieren.

Gustav Theodor Fechner war ein Forscher, der auf der einen Seite mit ungeheurer Emsigkeit und mit einer wirklich großen Umsicht und Genauigkeit versuchte, überall die äußeren Tatsachen der Forschung zusammenzustellen; dann aber wandte er eine Methode an, die man nennen könnte die Methode der Analogien, um zu zeigen, wie alle Erscheinungen nicht nur im menschlichen Leben, sondern im pflanzlichen Leben zum Beispiel beseelt seien. Die Methode der Analogie wandte er an, indem er ausging von den Erscheinungen des menschlichen Lebens, indem er zeigte, wie dieses menschliche Leben verläuft, und dann ähnliche Tatsachen und Erscheinungen nahm, die sich der Anschauung, sagen wir als Leben der Erde, als Leben eines ganzen Sonnensystems, als Leben der Pflanzenwelt darbieten. Und indem er dann solche Erscheinungen mit dem menschlichen

Leben verglich, bot sich ihm Analogie über Analogie, und er versuchte daraus eine Anschauung zu gewinnen, die er etwa so formulierte: Wenn wir das menschliche Leben verfolgen mit seiner Beseelung, so zeigt sich uns diese Erscheinung; wenn wir die anderen Erscheinungen verfolgen, können wir gewisse Ähnlichkeiten mit dem Menschenleben feststellen. Warum also sollen wir die anderen Erscheinungen nicht auch als «beseelt» anerkennen?

Wer auf dem Boden der Geisteswissenschaft steht und gewohnt ist, alles, was sich auf das Geistesleben bezieht, in einem strengen Sinne wissenschaftlich so zu betrachten, wie der Naturforscher gewohnt ist, wissenschaftlich die äußere Erscheinungswelt zu betrachten, dem kommt manches, was Gustav Theodor Fechner in recht geistreicher Weise ausgeführt hat, wie eine bloße geistreiche Spielerei vor; und obwohl eine solche geistreiche Spielerei durchaus anregend sein kann, den Geist flüssig machen kann, so ist es doch notwendig, daß man mit der bloßen Analogiewirtschaft außerordentlich vorsichtig ist. Man kann sagen: Wenn jemand als ein anregender Geist wie Gustav Theodor Fechner so etwas tut, so ist es sehr interessant; wenn aber heute wiederum Leute, die wirklich zu dem Urteil berechtigen, daß sie die Welträtsel mit möglichst wenig Wissen und viel Behagen lösen möchten, sich auf Fechner berufen, und manches von ihm zu ihrer eigenen Vorstellungsart machen, so muß doch betont werden, daß der Nachahmer, der Nachbeter, durchaus nicht immer dieselbe Empfindung und Befriedigung in uns hervorrufen muß wie derjenige, der als erster auf diesem Gebiete eine gewisse Anregung gibt, die wir als geistreich anerkennen, aber durchaus nicht als etwas anderes gelten lassen können.

Schleiden braucht man ja nicht anders zu charakterisieren, als daß man sagt: Er ist der bedeutsame Entdekker der Pflanzenzelle. Damit ist es von vornherein begreiflich, daß ein solcher Geist, der alle seine Wahrnehmungs- und Erkenntnisfähigkeiten auf das Reale richten muß, auf das, was man eben mit den äußeren Werkzeugen wahrnehmen kann, auch die Neigung hat, auf diesem äußerlich Realen stehen zu bleiben, und nur wenig Sympathie empfinden kann für Analogien oder für alles, was da ausgesprochen wurde, um dasjenige, was – wie Schleiden sagte – zusammengesetzt ist aus einzelnen Pflanzen, und was ihm als dem ersten Entdecker wie ein Wunder vorkommen mußte, um das auf eine durch Analogien gewonnene Weise zu beseelen. So wurde für Schleiden alles ein ziemlicher Greuel, was, von einer solchen geistreichen Form ausgehend, über sozusagen im Kleineren spielende Zusammenhänge in der Natur sprach. Und gerade mit Rücksicht auf Gustav Theodor Fechners Analogien-Denkweise hat Schleiden dann die Schale seines Zornes ergossen und hat dabei auch die Mondfrage berührt. Er sagt mit Rücksicht nicht nur auf Fechner, sondern auf alle, welche gewohnt waren in alter Weise, wie es durch die Jahrhunderte hindurch geschehen war, dem Mond allerlei Einflüsse auf Witterung und andere Verhältnisse zuzuschreiben: Dem Mond geht es so, wie der Katze im Haushalt. Wenn im Haushalt etwas geschehen ist, was man nicht recht erklären kann, dann sagt man: die Katze hat es getan! Ebenso ist es, wenn man in der Natur irgend etwas findet, Witterungsverhältnisse oder dergleichen, was man nicht zurückführen kann auf die Tatsachen des Sonnenumlaufes und so weiter, daß man dann sagt: Nun, der Mond ist es, der sich da einmischt, und der das, was aus anderen Ursachen heraus nicht zu erklären ist, nun seinerseits bewirkt! – So wurde für Schleiden der Mond die Katze der Naturforschung, weil diese Naturforschung, wo sie noch keinen Aufschluß geben kann, sage: Der Mond hat es getan. Und diese Denkweise warf er denen vor, die sozusagen «Mondgläubige» in angedeuteter Art waren.

Gustav Theodor Fechner fühlte sich natürlich getroffen; denn die Spitze war ja hauptsächlich gegen ihn gerichtet. Und er unternahm jetzt eine Arbeit, die – gleichgültig, ob man sie zustimmend oder ablehnend betrachten will – außerordentlich anregend ist; denn trotzdem Einzelheiten heute vielfach überholt sind, ist diese 1856 von Fechner verfaßte Abhandlung «Schleiden und der Mond» eine außerordentlich interessante. Auf die Erscheinungen von Ebbe und Flut brauchte ja Fechner nicht besonders einzugehen, weil ja auch Schleiden sie gelten ließ. Dagegen war schon für alle Witterungsverhältnisse für Schleiden eben der Mond die Katze der Naturforschung. – Fechner machte sich nun daran, ganz genau dasselbe Tatsachenmaterial zu prüfen, das Schleiden angeführt hatte gegen die Katze, gegen die Mondforschung, und er hat aus demselben Material einen sehr merkwürdigen Schluß gezogen. Wer an der Hand dieses Buches die Ausführungen prüft, der wird schon sehen, daß Gustav Theodor Fechner auf diesem Gebiete ein außerordentlich vorsichtiger Mensch ist, der durchaus – eben nur auf einem intimeren Gebiete – naturwissenschaftlich zu Werke ging. Da bekommt Gustav Theodor Fechner denn zunächst heraus – aus einer Unzahl von Tatsachen, die wir einzeln nicht anzuführen brauchen, jeder kann sie nachlesen –, daß Regenmenge und Regenhäufigkeit für viele Beobachtungen sich so zeigten, daß sie mit zunehmendem Monde größer waren als mit abnehmendem Monde; größer, wenn der Mond in Erdnähe war, und kleiner, wenn der Mond in Erdferne war; und zwar so, daß man sogar die Menge der Niederschläge, die Menge des Regens bei zunehmendem Monde zu der Regenmenge bei abnehmendem Monde mit der Verhältniszahl von 107:100 bezeichnen kann. Und Fechner ging sehr vorsichtig zu Werke. – Ich bemerke, daß es sich nicht um Beobachtungen von zwei oder drei Jahren handelte; sondern gewisse Beobachtungsreihen waren auf Jahrzehnte ausgedehnt und bezogen sich nicht auf einen, sondern auf viele europäische Orte. – Aber Fechner sagte, um nun auch auf eine andere Weise den Zufall auszuschließen: Nehmen wir an, das sei ein bloßer Zufall, und es bewirkten andere Verhältnisse, die auf die Witterung einwirken, daß dieses Verhältnis von 107 :100 herauskommt. Da betrachtete Fechner nun auch zum Überfluß noch die Witterungsverhältnisse an allen geraden Tagen während des Mondenlaufes und an allen ungeraden Tagen. Denn er meinte: würde nicht zunehmender und abnehmender Mond die Ursache sein, so müßte, statt daß man die Tage des zunehmenden und des abnehmenden Mondes betrachtete, während der geraden und ungeraden Tage dasselbe Verhältnis herauskommen. Das ist aber nicht der Fall. Da kam eine ganz andere Zahl heraus; durchaus nicht ein konstantes, sondern ein veränderliches Verhältnis, von welchem man sagen kann, es ist dem Zufall unterworfen. Für Fechner war aber auch klar, daß er damit kein welterschütterndes Resultat gewonnen hatte; denn er mußte sich sagen: einen großen, gewaltigen Einfluß hat der Mond auf die Witterung nicht; aber die Tatsachen sprechen so, als ob der Mond doch einen Einfluß auf die Witterung habe. Und wie Sie schon gesehen haben, ging Fechner ganz wissenschaftlich vor, indem er nur die an den einzelnen Beobachtungsorten von strengen Forschern gewonnenen Resultate in Rechnung zog. Dann versuchte er ein Ähnliches in bezug auf Fieber und sonstige Lebenserscheinungen, und bekam auch da – nicht ein negatives, wenn auch nicht bedeutungsvolles, so doch ein Resultat, von dem man sagen kann: es läßt sich durchaus nicht ableugnen, daß solche Erscheinungen, wie das, sagen wir, der Volksglaube annimmt, anders verlaufen bei zunehmendem und anders bei abnehmendem Mond.

So sehen wir, wie die alte Anschauung über den Mond in einem geistvollen Menschen, in Fechner, um die Mitte des 19. Jahrhunderts noch einen letzten Kampf kämpfte.

Das ist so recht ein Beispiel dafür, daß es total unrichtig ist, wenn heute immer mehr und mehr die Behauptung auftaucht: die Wissenschaft hätte uns gezwungen oder zwänge uns, nicht mehr von irgendwelchen Annahmen über geistige Untergründe der Dinge zu reden, weil heute, um gleich etwas aus den letzten wissenschaftlichen Tagen und Jahren zu erwähnen, die Wissenschaft – so sagt man ja wohl – vor dem Tore derjenigen Kunst stünde, durch die es ihr gelingen werde, einfache Stoffe in irgendeiner Weise zu lebendiger Substanz zu vereinigen. Zwar haben wir – so wird man immer sagen – noch weit bis dahin, wo man zum Beispiel in der einfachsten Form «Eiweiß» werde herstellen können aus den Bestandteilen des Eiweiß: aus Kohlenstoff, Wasserstoff, Stickstoff und so weiter; aber wir stehen heute sozusagen nach der ganzen Tendenz der Wissenschaft davor, unbedingt zugeben zu müssen, daß das einmal werde geschehen können. Und wenn das einmal wird geschehen können – so sagen diejenigen, welche solche Behauptungen aufstellen –, dann darf überhaupt niemand mehr eine andere Anschauung haben als diejenige, welche in monistischer Weise einzelne materielle Glieder zusammenformen läßt zu dem, was man dann als geistige Wesenheit erkennt. – Wenn man so spricht, dann beruft man sich wohl auf die neueren Ziele und Errungenschaften der Wissenschaft und meint: man könnte gar nicht mehr davon sprechen, daß wir eine Berechtigung haben, hinter dem, was die Sinne wahrnehmen, was die äußere Wissenschaft zu sagen vermag, etwas Geistiges zu erkennen, denn soweit seien wir doch glücklich über die Zeiten hinaus – wird man sagen –, wo man irgendwelche unbestimmte Lebensweisheiten hinter dem, was man sinnlich wahrnehmen kann, behaupten konnte.

Da darf man doch die Frage aufwerfen: Ist es denn wirklich die Wissenschaft, die dazu zwingt sozusagen, die Geistesforschung abzulehnen? Ist es zum Beispiel ein wissenschaftliches Resultat – und ich möchte mich dabei durchaus auf den Boden derjenigen stellen, die des Glaubens sind, daß es in einer gar nicht so fernen Zukunft gelingen kann, aus einfachen Substanzen lebendiges Eiweiß herzustellen –, ist denn irgend etwas zwingend dafür, zu sagen, daß das Leben materiell zusammengesetzt ist, und daß wir keinen Geist suchen dürfen?

Wie wenig irgend etwas dazu zwingt, kann eigentlich eine gewöhnliche historische Betrachtung lehren. Es gab eine Zeit, in der man nicht nur glaubte, daß man aus Kohlenstoff, Wasserstoff und so weiter lebendiges Eiweiß darstellen kann, sondern in der man sogar geglaubt hat – gleichgültig, welchen Wert dieser Glaube hatte – und Sie können die dichterische Darstellung darüber im zweiten Teil des «Faust» lesen –, daß man einen ganzen Menschen aus den Bestandteilen in der Retorte werde herstellen können. Ja, es gab Zeiten, man mag sie für noch so töricht halten, in denen man diesen Glauben hatte, daß man den Menschen selber, den «Homunkulus», aus einzelnen Bestandteilen zusammensetzen kann; daß man nicht nur glaubte, Eiweißklümpchen herstellen zu können. Dennoch hat damals kein Mensch daran gezweifelt, daß hinter dem Sinnlichen der Geist ist. Daraus kann man historisch beweisen, daß keine «Wissenschaft» uns zwingt, den Geist abzulehnen; sondern wo der Geist abgelehnt wird, da hängt das von etwas ganz anderem ab, nämlich von der Möglichkeit des Menschen, den Geist zu spüren, oder nicht zu spüren! Wissenschaft, wie sie heute ist oder immer sein wird, kann uns niemals zwingen, den Geist abzulehnen. Man kann vollkommen auf wissenschaftlichem Standpunkt stehen: Ob man den Geist anerkennt oder ablehnt, das hängt nicht von der Wissenschaft ab, sondern davon, ob man imstande ist, den Geist zu spüren oder nicht zu spüren, zu erkennen oder nicht zu erkennen. Daher können wir, obgleich wir vom Gesichtspunkte der Geisteswissenschaft weder Schleiden noch Fechner beizustimmen brauchen, begreifen, daß der auf die sinnliche Welt blickende Schleiden alles ablehnte, was als Geist oder Seele hinter den Erscheinungen gesucht wird. Aber er lehnte es nicht ab aus wissenschaftlichen Gründen, sondern weil seine Anschauungsweise keine Sympathie fand zu dem, was man als Geist hinter den Erscheinungen suchen sollte; er hatte sich zu sehr nur an das Augenfällige gewöhnt. Fechner war eben eine ganz andere Individualität. Er sah auf das Geistige; und wenn er auch Fehler über Fehler machte, war er eben doch ein anders gearteter Mensch, ein Mensch, der sich auf das Geistige richtete. Daher ist auch seine Neigung zu erklären, nicht alles abzulehnen, was intimere Einflüsse der Weltenkörper aufeinander bedeuten. Fechner sagte sich einfach: Wenn ich zu diesem Mond hinaufblicke, ist er für mich nicht bloß das Schlackengebilde, als das er dem Teleskop erscheint; sondern er ist beseelt, wie alle anderen Erscheinungen auch beseelt sind. Daher dürfen wir auch annehmen, daß es Wirkungen von der Mondenseele zu der Erdenseele gibt, die sich äußern in den Untergründen des gewöhnlichen Lebens oder in den Witterungserscheinungen.

Nun ist es merkwürdig – und es ist öfters hier darauf hingewiesen worden –, daß gerade eine gewisse geistesforscherische Art auf das Praktische gerichtet ist und immer darauf hinweist, daß die besten Beweise für das, was die Geistesforschung zu sagen hat, durch die Lebenspraxis gewonnen werden können. Das ist eigentümlicherweise auch die Art, wie Fechner seine Anschauung verteidigte, indem er dafür Anwendung und Beleg suchte in der Lebenspraxis. Er sagte ungefähr so: Vielleicht könnten über das, was zwischen Schleiden und mir über den Mond auszufechten ist, besser unsere Frauen entscheiden. Da schlage ich einmal folgendes vor: Man braucht zum Waschen Wasser, und man kann das Wasser sammeln nach den Witterungsverhältnissen. Ich schlage nun vor, weil Schleiden und ich unter einem Dache wohnen, und uns gestattet ist, das Wasser zu bestimmten Zeiten zu sammeln, daß meine Frau das Wasser sammelt während der Zeit des zunehmenden Mondes, daß dagegen Schleidens Frau, die ja ganz gewiß, um die Theorie ihres Mannes nicht gar zu sehr zuschanden zu machen, darauf eingehen wird, weil sie auf all das nichts gibt, ihre Kannen aufstellt bei abnehmenden Mond. Da wird sich zwar herausstellen, daß meine Frau auf je etwa vierzehn Kannen eine Kanne mehr haben wird als Frau Professor Schleiden, aber zur Überwindung einer vorgefaßten Meinung kann diese ja wohl ein solches Opfer bringen.

Da hätten wir denn sozusagen charakterisiert aus der Denkweise von Menschen heraus, wie im verflossenen Jahrhundert, also noch vor ganz kurzer Zeit, über den Mond und seinen Einfluß auf die Erde gedacht worden ist. Heute darf man wohl sagen, daß die Menschen, die nun wiederum ein Stück weitergekommen sind in der, wie sie sagen, wissenschaftlichen Weltanschauung, in bezug auf die Schleidensche Vorstellung Fortschritte gemacht haben in der Art, daß sie heute jeden für einen ganz verträumten, abergläubischen Menschen ansehen werden, der auch irgendwie nur festhält an einem solchen Glauben, daß der Mond etwas zu tun haben könnte mit Witterungsverhältnissen und dergleichen. Heute werden Sie auch bei ganz gescheiten Menschen keine andere Anschauung finden als diejenige, daß der Mond nur einen Einfluß habe auf Ebbe und Flut; aber alles übrige gilt als ein überwundener Standpunkt.

Aber wenn man auf dem Boden der Geisteswissenschaft steht, braucht man sich ja nicht auf alles einzuschwören, was einmal Volksglaube war; denn sonst würde man in die Verlegenheit derjenigen kommen, die den Aberglauben mit der Geisteswissenschaft verwechseln. Vielfach tritt uns ja heute auch als Geisteswissenschaft ein gut Stück Aberglaube entgegen, der mißverstandener Volksglaube ist. Auf jenen Mondaberglauben kann man ja billig hinweisen, den man heute an allen Straßenecken sehen kann; denn es ist ja wohl bekannt, daß an unsern Barbierläden überall ein Mond angebracht ist. Warum? Weil es ein allgemeiner Glaube einmal war, daß die

Schärfe des Rasiermessers etwas mit dem zunehmenden Monde zu tun habe. Ja, es gab Zeiten, in denen kein Mensch sich entschlossen hätte, ein Schaf zu scheren bei abnehmendem Mond; denn er hätte geglaubt, daß dann die Wolle nicht wieder wächst. Nur wenn er gewollt hat, daß eine Sache nicht weiter wächst, hat er das Schneiden bei abnehmendem Monde besorgt. Über solchen Aberglauben ist ja leicht hinauszukommen. Die Herren, die sich rasieren lassen, werden wissen, daß der Bart auch bei abnehmendem Monde wieder wächst. Es ist also ebenso leicht auf diesem Gebiete zu spotten, wie es auf der andern Seite nicht so leicht ist, ganz klar nach allen Richtungen zu sehen. Denn jetzt kommen wir auf ein sonderbares Gebiet, wo wir erst geisteswissenschaftlichen Boden betreten: auf das Gebiet von Ebbe und Flut.

Das gilt ja heute als unbestreitbares Besitztum der Mondwirkungen. Man sagt: Das ist ganz klar, daß die Flut zusammenhängt mit der Anziehungskraft des Mondes. In der Meridianstellung des Mondes sucht man die Anziehungskraft der Flut, und in dem Heraustreten des Mondes aus dem Meridian sucht man das Abfluten der Flut zur Ebbe. Nun braucht man ja nur darauf hinzuweisen, daß Ebbe und Flut an zahlreichen Orten, wo sie auftreten, zweimal auftreten, und daß der Mond doch nur einmal im Meridian steht. Aber man kann noch auf andere Tatsachen hinweisen. Zahlreiche Reisebeschreibungen werden Ihnen zeigen, daß an den verschiedensten Orten der Erde keineswegs überall mit der Meridianstellung des Mondes die Flut zusammenfällt, daß sie sogar an manchen Orten zwei bis zweieinhalb Stunden später kommt. Allerdings hat man in diesem Falle immer wissenschaftliche Ausflüchte; da sagt man denn: Dann hat sich die Flut eben verspätet! – Es gibt gewisse

Brunnen, die auch Ebbe und Flut zeigen, bei denen diese Erscheinung gar nicht wegzuleugnen ist; da kommt es sogar vor, daß dann, wenn im Meere Flut ist, im Brunnen Ebbe auftritt, und bei Ebbe im Meer Flut. Da sagt man dann auch: das ist verspätete Ebbe oder verspätete Flut; dann hat sie sich eben so stark verspätet, daß sie zur andern Phase eintritt. Freilich, wenn man in dieser Weise erklären will, kann man so ziemlich alles erklären.

Aber mit Recht ist auch gefragt worden, woher der Mond die Kraft nimmt, um eine solche Anziehung auf das Meer auszuüben. Denn da der Mond viel kleiner ist als die Erde, so hat er auch nur ungefähr ein Siebzigstel der Anziehungskraft der Erde; und um solche Massen in Bewegung zu setzen, wie die Meeresmassen, dazu gehören Millionen von Pferdekräften. *Julius Robert Mayer* hat sehr interessante Berechnungen darüber aufgestellt, woher der Mond diese Kraft nimmt. Und an diese Frage schließen sich zahlreiche andere an. Daher kann man sagen: Was heute wissenschaftlich als unanfechtbar gilt, das gerade ist etwas, trotzdem überall nichts dagegen eingewendet wird, was am alleranfechtbarsten ist. Aber dabei bleibt eines sehr bedeutsam. Wenn man durchaus nachweisen kann, daß Mondenstellung und Mondeinfluß und Verlauf von Ebbe und Flut so sind, daß man von einer unmittelbaren Einwirkung des einen auf das andere schwer sprechen kann, wenn man alle Erscheinungen in Rechnung zieht, so bleibt doch das eine immer noch bestehen: der Verlauf von Ebbe und Flut ist so, daß sich eine bestimmte Flut jeden Tag – in bezug auf den höchsten Stand des Mondes – um etwa fünfzig Minuten verspätet. So daß das Phänomen von Ebbe und Flut in seiner regelmäßigen Aufeinanderfolge schon dem Umlauf des Mondes entspricht. Das ist das Bedeutsamste dabei. – So stehen wir hier vor der merkwürdigen Tatsache, daß wir sagen müssen: Wenn der Mond in seinem Mittagskreise steht, können wir nicht sprechen von seinem Einfluß auf Flut und Ebbe; aber wir können davon sprechen, daß der Verlauf des Mondkreislaufes und der Verlauf von Ebbe und Flut zusammenstimmen, in einer gewissen Korrespondenz stehen.

Nun möchte ich, um in den Geist der geisteswissenschaftlichen Denkweise ein wenig hineinzuführen, Sie hinweisen auf eine ähnliche Sache innerhalb unserer Erdenerscheinungen, die *Goethe* viel Kopfzerbrechen gemacht hat. Die Menschen kennen ja das, was diesen großen Geist der neueren Zeit bewegt hat, so wenig wie möglich. Wer, wie ich, mit den naturwissenschaftlichen Arbeiten Goethes Jahre um Jahre verbracht hat, und Goethes eigene Arbeiten im «Goethe- und Schiller-Archiv» in Weimar gesehen hat, dem wird da manches aufgefallen sein. Zum Beispiel gibt es bei den Goetheschen Arbeiten «vorbereitende Studien» zu dem, was Goethe dann auf wenigen Seiten als seine «Witterungslehre» gibt. Dazu sind vorbereitende Studien von Goethe gemacht worden mit ungeheurem Fleiß, mit ungeheurer Emsigkeit. Immer wieder und wieder hat Goethe seine Freunde engagiert, Studien zu machen, die er dann in Tabellen zusammenstellte. Und der Zweck dieser ausgedehnten Studien war der: nachzuweisen, daß an den verschiedenen Orten der Erde der Verlauf des Barometerstandes nicht Zufälligkeiten unterworfen sei, sondern in einer ganz regelmäßigen Weise geschieht, so daß also das Steigen und Sinken der Quecksilbersäule im Barometer an den verschiedensten Orten der Erde in einer ganz regelmäßigen Weise verläuft. Und Goethe hat auch in seinen Studien viele Belege dafür gebracht, daß an den verschiedenen Orten das Steigen und Sinken des Barometers nicht von Zufälligkeiten abhängt, sondern einer über den ganzen Erdkreis hingehenden Gesetzmäßigkeit unterliegt. Goethe wollte damit nachweisen, daß es nicht richtig ist anzunehmen, daß der Druck der Luft von irgendwelchen äußeren Einflüssen abhängt. Er wußte ja, daß die Menschen dem Monde, der Sonne und anderen kosmischen Einflüssen Verdichtung und Verdünnung der Luft und damit eine Veränderung des Luftdruckes zuschreiben. Er aber wollte nachweisen: Wie auch die Konstellation der Gestirne sei, wie auch Sonne und Mond und so weiter auf den Luftkreis wirken, es ist doch eine konstante Regelmäßigkeit über den ganzen Erdball im Steigen und Fallen des Luftdruckes vorhanden. Damit suchte er den Beweis zu erbringen, daß in der Erde selber die Ursachen liegen für das Steigen und Sinken des Barometers. Denn er wollte damit zeigen, daß die Erde nicht jener tote Körper ist, für den sie gewöhnlich angesehen wird, und daß die Erde ebenso von unsichtbaren Gliedern durchdrungen wird, von denen alles Leben ausgeht, wie der Mensch außer seinem physischen Körper unsichtbare Glieder seiner Wesenheit hat, die ihn durchdringen. Und ebenso wie beim Menschen Einatmung und Ausatmung herrscht, wie er die Luft aufnimmt und wieder herausläßt, so hat auch die Erde als ein belebtes Wesen Einatmung und Ausatmung. Und Einatmung und Ausatmung der Erde, also Erscheinungen eines inneren Lebens, drücken sich äußerlich aus in dem steigenden und sinkenden Quecksilber im Barometer. Wie man also das regelmäßige Ein- und Ausatmen beim menschlichen Lebewesen erklären würde aus den inneren Lebensvorgängen heraus, so versuchte Goethe das Steigen und

Sinken des Barometers zurückzuführen auf das Ein- und Ausatmen der Erde. Die heutige Wissenschaft weiß ja nichts über die Ursachen des steigenden und sinkenden Barometerstandes; deshalb braucht gar nicht aus der Geisteswissenschaft etwas über ihr Verhältnis zu der äußeren Wissenschaft gesagt zu werden; sondern nur darauf soll hingedeutet werden, daß wir in Goethe einen Menschen vor uns haben, der davon überzeugt war, daß die Erde ein beseeltes Wesen ist und in sich selber Erscheinungen zeigt, die sich vergleichen lassen den mit Atmungserscheinungen des menschlichen Wesens. Aber einmal sprach es Goethe auch zu Eckermann aus, daß er auch die Erscheinung von Ebbe und Flut in ähnlicher Weise ansah als einen Ausdruck der inneren Lebendigkeit, des Lebensprozesses der Erde selber.

Mit dieser Anschauung steht Goethe allerdings durchaus nicht vereinzelt da unter den großen Geistern, die ihr geistiges Auge auf solche Dinge gerichtet haben. Die materialistisch denkenden Menschen werden ja das alles lächerlich finden. Aber unter denen, welche einen Sinn für das Leben haben, auch da, wo es sich nicht im engsten Kreise aufdrängt, sondern für das Leben im großen, unter denen hat es immer Menschen gegeben, die ähnliche Ansichten wie Goethe hatten, so zum Beispiel *Leonardo da Vinci.* In seinem ausgezeichneten Buch, in dem er seine umfassenden naturwissenschaftlichen Anschauungen zusammengestellt hat, die für die damalige Menschheit auf der Höhe der Zeit standen, da finden wir die Bemerkung, daß er wirklich – nicht nur vergleichsweise! – den festen Felsenbau unserer Erde wie ein Knochengerüst der Erde ansieht, und daß ihm die Ströme, Flüsse und Wasserläufe der Erde wirklich etwas sind, was zusammengestellt werden kann mit dem Blutsystem des Menschen. Und da finden Sie ebenfalls darauf hingewiesen, daß Ebbe und Flut zusammenhängen mit einem inneren gesetzmäßigen Leben unserer Erde. – Auch *Kepler* sprach es einmal aus, indem er seine Anschauung in ein Bild faßte und sagte: Die Erde ist in gewisser Beziehung wie ein Riesenwalfisch anzusehen, und Ebbe und Flut sind wie Ein- und Ausatmungen dieses Riesenwalfisches. Und so könnte noch manches angeführt werden.

Wie aber wäre es denn, wenn man die vorgenannten Tatsachen vergliche mit einer solchen Anschauung, wie sie uns bei Goethe auch einmal für Ebbe und Flut entgegentritt? Betrachten wir einmal das, was geisteswissenschaftliches Ergebnis ist, und versuchen wir das, was vorhin gesagt worden ist über den Verlauf der Mondphasen und über Ebbe und Flut, auf das zu beziehen, was Goethe zum Beispiel gesagt hat: auf das innere Leben der Erde und ihr Aus- und Einatmen. – Da müssen wir die geisteswissenschaftlichen Ergebnisse zugrunde legen. Geisteswissenschaftliche Ergebnisse kann man nur erhalten, wenn man mit geisteswissenschaftlichen Mitteln forscht. Und hier kommen wir eben auf jenes höchst gefährliche Gebiet, wo in bezug auf die heutigen Fragen jeder, der da glaubt auf dem Boden der modernen Wissenschaft zu stehen, von Träumereien der Geisteswissenschaft sprechen wird. Mag er es tun. Besser würde er aber tun, wenn er das, was gegeben wird, als Anregungen betrachtete; die Beweise dafür wird er in einer intimeren Betrachtung des Lebens finden können.

Betrachten wir, um in richtiger Weise auf das hinweisen zu können, was der geisteswissenschaftliche Forscher meint, den Menschen selbst in bezug auf seine Umwelt. Geisteswissenschaftlich betrachtet stammt ja der Mensch nicht bloß aus der sinnlichen Welt, sondern aus den geistigen Grundlagen der Welt, die hinter der äußeren sinnlichen Tatsachenwelt stehen; so daß der Mensch aus der sinnlichen Welt eben nur herausgeboren ist als ein sinnliches Wesen. Insofern aber der sinnliche Menschenleib durchdrungen ist von Geist und Seele, ist der Mensch als Geist und Seele aus Geist und Seele des Kosmos herausgeboren. Und nur wenn wir auf Geist und Seele des Kosmos hinweisen vom Geist und der Seele des Menschen aus, können wir ein wenig hineinblicken in das, was wir als Zusammenhang zwischen Menschen und Kosmos zu nennen berufen sind.

Wir haben in den vergangenen Vorträgen über mancherlei Erscheinungen des inneren Seelenlebens des Menschen gesprochen. Uns trat des Menschen Seele vor Augen nicht bloß als jenes nebulose Gebilde, das sie für die heutige Psychologie ist. Wir unterschieden zunächst jenes Glied der menschlichen Seele, das wir die «Empfindungsseele» nannten. In der Empfindungsseele wühlt noch dumpf, seiner selbst kaum bewußt, das menschliche Ich und erlebt dort das Getriebe von Lust und Schmerz und von alledem, was ihr an äußeren Erlebnissen von der Außenwelt durch die Vermittlung des Empfindungsleibes zukommt. Innerhalb des Lebens der Empfindungsseele ist das Ich schon vorhanden; aber es weiß noch nichts von sich. Dann entwickelt sich das Ich weiter, und damit schreitet die Seele vor zu dem zweiten Glied, zu der «Verstandesseele» oder «Gemütsseele». Und wenn dann das Ich immer weiter und weiter an der Seele arbeitet und baut, wird aus der Verstandesseele die «Bewußtseinsseele». So unterscheiden wir an dem menschlichen Seelengebilde drei verschiedene Seelenteile: Empfindungsseele, Verstandes- oder Gemütsseele und Bewußtseinsseele. Das Ich arbeitet an diesen drei Seelengliedern und bringt den Menschen zu einer immer größeren und größeren Vollkommenheit hinauf. Aber diese drei Seelenglieder müssen, so wie sie hier in der Welt, im Menschen leben und durch den Menschen eben ihre Arbeit verrichten, in der äußeren Leiblichkeit des Menschen leben. Durch die äußere Leiblichkeit des Menschen können diese drei Seelenglieder auf unserer Erde einzig und allein wirken; und zwar wirken sie so, daß die Empfindungsseele zunächst zu ihrem Träger und zu ihrem Werkzeug den Empfindungsleib hat, daß die Verstandesseele zu ihrem Träger dasjenige Glied des Menschen hat, das wir als den Ätherleib oder Lebensleib in den verflossenen Vorträgen bezeichneten; und erst die Bewußtseinsseele hat zu ihrem Träger das, was wir nennen konnten den physischen Leib des Menschen. Denn wir unterschieden bei der Leiblichkeit des Menschen wiederum zuerst den physischen Leib, den er gemeinschaftlich hat mit allem, was in der mineralischen Welt ist. Zugleich ist dieser physische Leib der Träger der Bewußtseinsseele, das heißt, nicht die Bewußtseinsseele selber, nur das Werkzeug der Bewußtseinsseele ist er. Dann sehen wir am Menschen ein höheres Glied seiner Leiblichkeit, das er jetzt nur noch gemeinschaftlich hat mit allem Lebenden, mit der Pflanzenwelt. Was in der Pflanze die Wachstums-, Fortpflanzungs- und Ernährungsfunktionen bewirkt, das wirkt auch im Menschen; aber das verbindet sich im Menschen mit der Verstandes- oder Gemütsseele. Während die Pflanze einen Ätherleib hat, der nicht durchdrungen ist von einer Verstandesseele, wird der Ätherleib im Menschen zugleich der Träger und das Werkzeug der Verstandes- oder Gemütsseele, wie der physische Leib der Träger der

Bewußtseinsseele ist. Was außen im Mineral den Kristall bewirkt, das ist im Menschen von der Bewußtseinsseele durchdrungen. Was im Tier als astralischer Leib existiert und die tierischen Triebe und Leidenschaften vermittelt, das ist im Menschen noch innerlich vertieft, und das ist der Träger dessen, was wir die Empfindungsseele nennen. So lebt des Menschen Seelisches – Empfindungsseele, Verstandes- oder Gemütsseele und Bewußtseinsseele – in der dreifachen Leiblichkeit, in dem Empfindungsleib, in dem Ätherleib und in dem physischen Leib.

So ist es beim Menschen, wenn er im Wachzustande ist. Anders ist es, wenn der Mensch im Schlafzustande ist. Da läßt er zurück im Bette den physischen Leib und den Ätherleib, und mit dem astralischen Leib und dem Ich und all den seelischen Gliedern – also auch denjenigen seelischen Gliedern, die den physischen Leib und den Ätherleib durchziehen als Verstandesseele und Bewußtseinsseele – dringt er aus dem physischen Leib und dem Ätherleib heraus. Da lebt der Mensch während des Schlafes in einer geistigen Welt, die er nur nicht wahrnehmen kann, weil er hier auf der Erde darauf angewiesen ist, durch die Instrumente des physischen Leibes und des Ätherleibes die Umwelt wahrzunehmen. Sobald er im Schlafe diese Instrumente abgelegt hat, kann er diese geistige Welt nicht wahrnehmen; denn er hat im heutigen normalen Leben keine Werkzeuge dazu. – Nun sind wir in einer besonderen Lage, wenn wir den Menschen einmal betrachten im Wachzustande und einmal im Schlafzustande: Wenn der Mensch im Wachzustande ist, da fällt – zwar für die heutigen Menschen nicht mehr ganz genau, insbesondere nicht in den Städten – dieser Wachzustand zusammen mit der unmittelbaren Wirkung der Sonne auf die Erde. Wir brauchen ja nur noch in das einfache Landleben hinauszugehen, wo der Mensch sich noch in gewisser Beziehung dieses Verhältnis bewahrt hat zwischen der äußeren Natur und seinem Leben; da werden wir finden, daß der Mensch wacht, wenn die Sonne scheint, und daß er schläft im wesentlichen, wenn die Sonne untergegangen ist. Des Menschen regelmäßige Abwechselung zwischen Wachen und Schlafen entspricht damit der regelmäßigen Wirkung des Sonnenscheins auf die Erde und alle dem, was damit im Zusammenhang steht. Und es ist durchaus nicht als ein bloßes Bild, sondern als eine tiefe Wahrheit zu nehmen, wenn gesagt wird: Die Sonne ruft den astralischen Leib und das Ich des Menschen mit Empfindungsseele, Verstandesseele und Bewußtseinsseele am Morgen zurück in den physischen Leib, und während des Wachens sieht der Mensch alles, was in seiner Erdenumgebung ist und dazu gehört, durch die Sonne, durch die Wirkung der Sonne. Die Sonne also ist es, welche den Menschen, wenn er alle seine Wesensglieder vereinigt hat beim Tagwachen, aufruft zu seiner gewöhnlichen Lebensanschauung. Und man wird leicht finden, wenn man das Leben nicht oberflächlich betrachtet, wie die Sonne dieses Verhältnis dem Menschen vermittelt.

Drei Dinge haben wir, die uns zeigen können, wie der Mensch in einem bestimmten Verhältnis zur Erde und Sonne steht. In bezug auf seine Seele, in bezug auf Empfindungsseele, Verstandesseele und Bewußtseinsseele ist der Mensch ein innerlich selbständiges Wesen; nicht aber in bezug auf die Träger derselben, in bezug auf physischen Leib, Ätherleib und Empfindungsleib. Diese Hüllen, diese Träger und Werkzeuge der drei Seelenglieder sind ja aufgebaut aus dem äußeren Weltenall. So wie sie dem wachenden Menschen dienen sollen, sind sie aufgebaut durch das Verhältnis von Sonne zur Erde. Und zwar in folgender Weise:

Die Empfindungsseele des Menschen lebt im Empfindungsleib. Dieser Empfindungsleib, der das äußere Werkzeug der Empfindungsseele ist, hängt in seiner Eigenart ab von dem Orte auf der Erde, der des Menschen – wenn wir es so nennen wollen – Heimat ist. Der Mensch ist ja auf einem gewissen Punkte der Erde heimisch; und es hängt etwas davon ab, ob ein Mensch geboren ist in Europa oder in Amerika oder Australien. Es hängt nichts davon ab in bezug auf seinen physischen Leib und Lebensleib direkt; aber direkt hängt etwas davon ab in bezug auf seinen Empfindungsleib. Wenn auch der Mensch innerlich immer freier wird in bezug auf diese äußeren Wirkungen, die auf seinen Empfindungsleib gehen, so müssen wir dennoch sagen: Gerade bei denjenigen Menschen, die bodenständig sind, bei denen der Heimatsinn besonders ausgebildet ist, die durch ihre Seele noch nicht die Gewalt ihres Leiblichen überwunden haben, da drückt sich das Heimatgefühl, das Abhängigsein von dem Punkte, wo man geboren ist, dadurch aus, daß diese Menschen, wenn sie in andere Gegenden versetzt sind, nicht nur übellaunisch und mürrisch sind, sondern daß sie durch das Ungewohnte in der Umgebung geradezu krank sein können; und es genügt oft schon die Aussicht, wieder in ihre Heimat zurückzukommen, daß sie wiederum gesund sein können, weil die Ursache der Krankheit nicht im physischen Leib oder im Ätherleib liegt, sondern im Empfindungsleib, der als seine Stimmungen, Leidenschaften, Begierden und so weiter das hat, was unmittelbar von der sinnlichen Umgebung des Ortes kommt, auf dem der Mensch bodenständig ist. Durch seine höhere Entwickelung, indem der Mensch immer freier und freier wird, wird er gerade diese Einflüsse, die ihn an den Boden fesseln, überwinden; aber eine umfassende Betrachtung wird uns zeigen, daß die Stellung des Menschen auf der Erde je nach der Lage dieses Ortes zur Sonne eine andere ist; an jedem Orte der Erde fallen die Sonnenstrahlen unter einem anderen Winkel ein. Wer umfassender die Dinge betrachtet, der wird schon sehen, was im Menschen alles nach der gekennzeichneten Richtung hin abhängt von dem Orte der Erde, wo der Mensch lebt. So kann man es verfolgen, daß ganz gewisse Instinkte, instinktive Handlungen, die dann zu Kulturelementen wurden, auch davon abhingen, wo diese betreffenden Menschen auf der Erde wohnten.

Nehmen wir zwei Dinge in der Kulturentwickelung: den Gebrauch des Eisens – und jene Gewohnheit, sich Nahrung zu verschaffen durch das Melken gewisser Tiere. Da finden wir, daß nur auf denjenigen Gebieten, die zu Europa, Asien und Afrika gehören, sich diese zwei Dinge entwickelten: Eisen zu verarbeiten und gewisse Tiere zu melken, um sich Nahrung zu verschaffen. In den anderen Gebieten der Erde war früher nichts davon vorhanden. Erst europäische Einwanderer haben diese zwei Kulturelemente dahin gebracht. Man kann ganz genau verfolgen: Während durch ganz Sibirien hindurch das Melken von Tieren uralt ist, schließt es sich ganz scharf gegen das Beringmeer zu ab, und nichts davon ist bei den Ureinwohnern Amerikas zu finden. Und ebenso ist es mit dem Eisen.

Hier sieht man, wie bestimmte Instinkte – Instinkte liegen im Empfindungsleib – an den Ort der Erde gebunden sind, von dem der Mensch abhängig ist, und damit in erster Linie abhängen von der Stellung der Erde zur Sonne.

Eine zweite Abhängigkeit können wir dadurch bezeichnen, daß der Ätherleib des Menschen, als Träger der Verstandesseele, in der Tat sich abhängig zeigt in seiner Tätigkeit von dem Wechsel der Jahreszeiten; daß er bestimmt ist von dem in dem Wechsel der Jahreszeiten sich ausdrückenden Verhältnis der Erde zur Sonne. Direkt kann man das natürlich nur geisteswissenschaftlich beweisen; aber es gibt eine Möglichkeit, sich durch die äußeren Tatsachen der Erdentwickelung wieder zu überzeugen, daß diese geisteswissenschaftliche Behauptung richtig ist. Denken Sie einmal daran, daß auf der Erde nur dort, wo wirklich ein sich ausgleichender Wechsel in den Jahreszeiten vorhanden ist, eine innere Regsamkeit der Seele als Verstandesseele oder Gemütsseele sich entwickeln kann; das heißt nur in solchen Gegenden, wo wirklich ein regelmäßiger Wechsel zwischen den einzelnen Jahreszeiten vorhanden ist, kann sich ein Träger und ein Instrument für die Verstandes- und Gemütsseele entwickeln in dem Lebens- oder Ätherleib des Menschen. Gehen Sie hinauf nach dem hohen Norden. Da werden Sie finden, wie schwer es der Seele wird, wenn sie Kulturmittel aus anderen Gebieten aufnimmt, gegen den Ätherleib anzukämpfen, der dort unter solchen Verhältnissen steht, welche wir bezeichnen als einen übermäßig langen Winter und einen kurzen Sommer. Da ist es der Verstandesseele nicht möglich, aus dem Ätherleib sich ein solches Instrument zu schaffen, das für sie leicht zu handhaben ist. Und gehen Sie zur heißen Zone, so werden Sie finden, daß durch die nicht geregelte Abwechselung der Jahreszeiten wiederum Apathie hervorgerufen wird. In derselben Weise wie draußen in der Natur die Kräfte im Leben der Pflanzen abwechseln während des Jahres, so wechseln wirklich durch den Wechsel der Jahreszeiten auch im menschlichen Ätherleib jene Kräfte ab, welche sich dann ausdrükken in den Stimmungen Frühlingsfreudigkeit, Sehnsucht nach dem Sommer, Wehmut des Herbstes, Winterödigkeit. Dieser geregelte Wechsel ist es, der notwendig ist, wenn in dem Ätherleib des Menschen ein richtiges Instrument für die Verstandesseele geschaffen werden soll. – Da sehen wir, wie die Sonne in ihrem Verhältnis zur Erde arbeitet an dem Menschen.

Und nun gehen wir zum physischen Leib des Menschen. Damit die Bewußtseinsseele im physischen Leibe in der regelmäßigen Weise arbeiten kann, muß sich der Mensch selber einem ähnlichen Verlauf unterwerfen in bezug auf seine Lebensverhältnisse, wie sie draußen als Tag und Nacht herrschen. Wer niemals schlafen würde, der würde bald merken, wie er nicht in einer brauchbaren Weise Gedanken über seine Umgebung fassen kann. Die regelmäßige Abwechselung von Schlaf und Wachen, die im Menschen selber dem entspricht, was draußen als Wechsel von Tag und Nacht vorhanden ist, das ist dasjenige, was unsern physischen Leib so aufbaut, daß er ein Werkzeug sein kann für die Bewußtseinsseele. So also baut die Sonne dem Menschen seine äußeren Hüllen in der entsprechenden Weise. In dreifacher Art haben wir das gesehen.

Wenn der Mensch dann aber im Zustand des Schlafes ist – daß davon die äußere Wissenschaft nicht viel weiß, ist kein Wunder; denn die äußere Wissenschaft beschäftigt sich nur mit dem, was man sehen kann; nur Geistesforschung beschäftigt sich mit dem, was abends herausgeht und in der geistigen Welt vorhanden ist, nur unsichtbar natürlich für die äußere Sinnenwelt –, wenn die Rede von dem ist, was jetzt außerhalb des Ätherleibes und des physischen Leibes des Menschen sich auch entwickeln soll, was hat denn da von außen her Einfluß? Was kommt da in Betracht?

Da zeigt uns die Geisteswissenschaft in der verschiedensten Art, daß zwar beim tagwachenden Menschen jene eben beschriebenen Einflüsse, die in der Hauptsache Sonneneinflüsse sind, die maßgebenden sind – dann aber treten beim schlafenden Menschen merkwürdige Dinge ein: Der Schlaf hat ja seine Wirkung auch auf die Tageserlebnisse; er gibt uns die durch die Tageserlebnisse verbrauchten Kräfte wieder. Während des Schlafes holen wir uns Ersatz aus einer anderen Welt heraus für dasjenige, was während des Tages verbraucht worden ist. Gibt es nun eine Möglichkeit, in ähnlicher Weise einen äußeren Einfluß nachzuweisen, wie wir es eben beschrieben haben für die tagwachen Verhältnisse? Auch das gibt es. Und was man da findet, das stimmt merkwürdigerweise überein mit der Länge der Mondphasen. Ich behaupte durchaus nicht, daß es zusammenfällt mit den Mondphasen, oder daß die Mondphasen die entsprechende Wirkung haben; ich sage bloß, daß dieser Verlauf der nächtlichen Wirkungen in einem gewissen Ablauf steht, der sich vergleichen läßt mit dem Ablauf der Mondphasen. Und Sie können sich eine Vorstellung davon machen, wenn Sie sich das Folgende denken. Ich will an zwei Beispielen zeigen, wie die Sache ist. Äußere Belege werden Sie nur finden können für das, was ich jetzt sage, und was Ergebnis der Geistesforschung ist, wenn Sie intim in dem, was sich Ihnen manchmal in dem Lebenslauf dieser oder jener Menschen darbietet, diese Belege suchen.

Sie werden es schon öfter gehört haben, daß Menschen, die darauf angewiesen sind, produktive Gedanken zu haben und die Phantasie spielen zu lassen, nicht immer in gleicher Weise die Phantasie spielen lassen können. Oder sollten Sie noch nicht gehört haben, daß Dichter, die ehrlich mit sich zu Werke gehen, zuweilen sagen: Es ist jetzt keine Stimmung da – und die dann schweigen? Das weiß man. Nur kann man den Verlauf, weil er zu den Intimitäten des Lebens gehört, nicht verfolgen. Die Menschen, die das bei sich selbst einmal beobachteten, würden sehen, daß jene Perioden der produktiven Gedanken, zu denen der Mensch Stimmung, Phantasie, ein gewisses warmes Gefühl braucht, merkwürdig abwechseln mit anderen, wo er mehr daran gehen kann, diese Stimmungen, diese Gebilde der Phantasie wiederum zu Papier zu bringen oder in Gedanken auszuleben. Diesen Wechsel gibt es durchaus. Die Menschen, welche das zu beobachten verstehen, wissen, daß es eine vierzehntägige produktive Periode der Seele gibt. Wenn die vorbei ist, tritt für jeden Menschen, der mit einer gewissen Produktion der Gedanken zu tun hat, eine Erschöpfung ein, da produzieren die Gedanken weniger. Es mögen einmal Künstler oder Literaten darauf achtgeben; sie werden sehen, wie es sich bestätigt, und wie sie nichts aus sich herauspressen können, wenn diese produktive Periode um ist. Da ist die Seele wie eine ausgepreßte Zitrone. Aber sie kann dann darangehen, das Gewonnene durch den Willen zu verarbeiten. Dichter oder Künstler werden natürlich nicht immer darauf achten; aber sie werden wissen: wenn sie in eine solche Stimmung hineinkommen, dann können sie singen und sagen – oder malen –, aber zu anderen Zeiten will es nicht gehen, weil sie da gerade in einer Zeit der Unproduktivität sind. Darauf haben die Tagesverhältnisse gar keinen Einfluß, sondern die Zeit, in der die menschliche Seele mit dem Ich heraus ist aus dem physischen Leib und Ätherleib. Da werden während einer vierzehntägigen Periode in den Menschen, der unabhängig ist vom physischen Leib und Ätherleib, die produktiven Kräfte gleichsam hineingegossen; während auf der anderen Seite dann keine produktiven Kräfte hineingegossen werden, wenn die anderen vierzehn Tage da sind. So geht der Rhythmus. Es ist das aber eine Erscheinung, die in bezug auf die verschiedenen inneren Seelenkräfte für alle Menschen vorhanden ist; nur bei denjenigen Menschen, von denen eben gesprochen worden ist, drückt es sich deutlicher aus.

Einen viel deutlicheren Beleg dafür können Sie aber in dem sehen, was man wahres, echtes geisteswissenschaftliches Forschen nennt. Das ist auch kein solches Forschen, das zu jeder beliebigen Zeit und Stunde vorgenommen werden kann, sondern es hängt auch von einem rhythmischen Verlauf ab. Damit spreche ich etwas aus, was kaum irgendwo ausgesprochen worden ist; aber es ist so. In der geistigen Forschung ist man allerdings nicht in einem Schlafzustand. Den Seinigen gibt es der Weltengeist eben durchaus nicht im Schlafzustand! Man ist da nur in einem Zustand, wo der menschliche physische Leib untätig ist gegenüber dem, was sonst von der Sinneswelt kommt. Aber der Mensch ist da nicht schlafend, obwohl er sozusagen außerhalb seines physischen Leibes und Ätherleibes ist. Denn der Mensch hat sich durch Meditation, Konzentration und so weiter die Fähigkeit errungen, daß sein Bewußtsein nicht erstirbt, wenn er herausgeht aus dem physischen Leib und Ätherleib, nicht etwa, daß da ein Schlaf eintreten muß, sondern daß der Mensch dann in der geistigen Welt wahrnehmen kann. Da gibt es nun für den auf der heutigen modernen Höhe stehenden Geistesforscher wiederum zwei streng voneinander geschiedene Epochen: die eine – wiederum eine vierzehntägige – ist eine solche, in welcher er seine Beobachtungen machen kann, wo er sich besonders stark fühlt, wo sich von allen Seiten herandrängen die Ergebnisse der geistigen Welt; dann tritt die andere Periode ein, wo er durch jene Kräfte, die er während der eben charakterisierten Periode aufgenommen hat, nun besonders befähigt ist, diese Erleuchtungen der geistigen Welt, diese Inspirationen und Imaginationen mit seinen Gedanken zu durchdringen, mit seinen Gedanken zu durcharbeiten, so daß sie eine strenge wissenschaftliche Form annehmen können. Gedankentechnik und Inspiration stehen nun wiederum in einem rhythmischen Verlauf. Da ist nun der Geistesforscher nicht auf die Registrierung der äußeren Tatsachen angewiesen; er sieht einfach, wie diese Perioden abwechselnd sich ihm ergeben wie Vollmond- und Neumondwechsel. Aber es ist wiederum dabei zu bemerken, daß nur ihr rhythmischer Verlauf sich vergleichen läßt mit dem Vollmond und dem Neumond; es fällt nicht etwa die inspirierende Periode mit dem Vollmond und die verarbeitende Periode mit dem Neumond zusammen, sondern nur der rhythmische Verlauf läßt sich vergleichen mit Vollmond, Neumond und den dazwischenliegenden Vierteln. Woher kommt das?

Wenn wir unsere Erde betrachten, so ist sie hervorgegangen durch Entwickelung aus einem früheren Zustand. Wie jeder Mensch in seinem Leben hervorgeht seelisch-geistig aus einer früheren Verkörperung, so ist unsere Erde für die Geisteswissenschaft hervorgegangen aus einer früheren planetarischen Verkörperung. Aber es haben sich innerhalb unserer Erde selbst Reste jener Tatsachen erhalten, welche sich in früheren Verhältnissen auf der früheren planetarischen Verkörperung unserer Erde abgespielt haben. Und diese Reste haben wir in dem zu suchen, was sich heute als Mondenumlauf um die Erde herum abspielt. Geisteswissenschaftlich rechnet man den Mond zur Erde. Was ist es uns geisteswissenschaftlich, was den Mond an der Erde hält und ihn umkreisen läßt? Die Erde ist es selber. Und wir stehen dadurch als Geisteswissenschafter mit der äußeren Wissenschaft in einem vollkommenen Einklang. Denn auch für die äußere Wissenschaft ist der Mond einmal von der Erde abgespalten worden, und er hat seine Umlaufskraft dadurch erhalten, daß er einmal physisch zur Erde zugehörig war. Daher stellt uns dasjenige, was Mondenumlauf ist, einfach einen früheren Zustand der Erde dar. So haben wir, indem wir zum Monde hinaufsehen, das Andenken an einen früheren Erdenzustand vor uns. Die Erde selbst ist es, welche sich in ihrem Trabanten diese früheren Zustände erhalten hat, weil sie ihn braucht, weil sie hineinleuchten lassen will in ihre jetzigen Verhältnisse einen früheren Zustand. Können wir auf der Erde Verhältnisse auffinden, deren Notwendigkeit uns dadurch klar wird?

Nehmen wir dazu den Menschen selber und betrachten wir ihn, wie er als Seele in seinem Leib lebt und dem Gang der Sonne ausgesetzt ist. Da zeigt er sich uns so, daß wir sagen: Zwischen Geburt und Tod ist für das heutige normale Bewußtsein dasjenige erschöpft, was heute der Sonne zugekehrt ist. – Versuchen Sie einmal, ob das, was heute das normale Bewußtsein während des Wachzustandes erlebt in der dreifachen Abhängigkeit von dem Heimatort, von dem Wechsel der Jahreszeiten und dem Wechsel der Tageszeiten, ob das sich nicht erschöpft in dem Leben zwischen Geburt und Tod? Der Mensch würde in seinem Bewußtsein nichts anderes haben können, nichts anderes würde hineinleuchten in sein Bewußtsein, wenn es nur diese Wirkung der Sonne auf die Erde gäbe und nur dieses Verhältnis zwischen Sonne und Erde. Was im Menschen nun hinüberspielt von Inkarnation zu Inkarnation, was in einem neuen Leben immer wieder erscheint, das muß gesucht werden in dem, was den äußeren Leib seelisch-geistig durchdringt, was auch im Schlafe als astralischer Leib um das Ich herum ist, und im Ich selber. Was im Schlafe als astralischer Leib und Ich aus dem physischen Leib und Ätherleib herausgeht, das geht auch im Tode aus dem physischen Leib heraus, und das erscheint bei einer neuen Verkörperung auf eine neue Weise wiederum im Menschen. Dies hat in sich einen Rhythmus, der uns nun hinweist auf einen ähnlichen Verlauf, wie ihn der Mond hat. Wenn wir die menschliche Entwickelung betrachten, so sagen wir uns: Was der Mensch heute erlebt auf der Erde, was gerade sein Ich ausarbeitet als Empfindungsseele, Verstandesseele und Bewußtseinsseele, das ist erst auf der Erde entwickelt worden; das entwickelt sich nur unter den Verhältnissen, unter denen die Erde zur Sonne steht. Zum Mond aber steht die Erde in einem Verhältnis, das sie früher gehabt hat, das sie behalten hat aus früheren Zuständen ihrer eigenen Entwickelung. Und so weist uns die Erde in ihrem Verhältnis zu dem, was sie als Mond mit sich schleppt, auf frühere Zustände hin. Der Mensch aber weist uns durch seinen heutigen Zustand, durch Empfindungsseele, Verstandesseele und Bewußtseinsseele auf jene Zeiten zurück, in welchen die Träger dieser Seelenglieder, der physische Leib, Ätherleib und astralische Leib, vorbereitet worden sind. Und wie heute noch immer die Sonnenwirkungen arbeiten müssen, damit diese drei Träger der Seele in entsprechender Weise ausgearbeitet werden können, so mußten die Mondenkräfte einstmals an dem Menschen arbeiten, damit diese Träger vorbereitet werden konnten. Wie heute die Mondenkräfte sich in ihrem Verlaufe rhythmisch geordnet zeigen, und wie der innere Mensch rhythmisch geordnet ist, so waren die Mondenkräfte einst zusammenstimmend mit dem Menschen selber und bereiteten das vor, was der Mensch heute ist – so wie die Erde als Mondzustand dasjenige vorbereitete, was sie heute als Erde ist. – So können wir sagen, daß die niedere Natur des Menschen, auf der sich aufbaut die Empfindungsseele, Verstandesseele und Bewußtseinsseele, uns zurückweist auf alte Erdenzustände, welche sich die Erde bewahrt hat in dem, was sich uns als Mondenumlauf heute noch zeigt. Und wir sehen, wie also des Menschen Inneres, indem es von Verkörperung zu Verkörperung geht, einen Rhythmus haben muß, der dem Mondenrhythmus entspricht. So war auf früheren Stufen der Erdenentwickelung nicht das, was das vorübergehende Leibliche ist, sondern dasjenige, was von innen heraus an dieser Leiblichkeit arbeitet, mit dem Monde verknüpft, wie heute das äußere Leibliche mit der Sonne verknüpft ist. Die Erde hat in dem Mond etwas zurückbehalten von ihrem früheren Zustande. Und der Mensch hat in seinem Inneren, in seinem Ewigen auch etwas zurückbehalten von früheren Zuständen. Und gerade in diesem Inneren entwickelt er das Höhere, das früher äußerlicher Einfluß war, wiederum in einer innerlich selbständigen Weise.

Das haben wir ja zu betonen, daß der Mensch hinauswächst über die äußeren Einflüsse. Wir sehen, wie der Mensch immer unabhängiger wird, indem er heute schon imstande ist, bei Tag zu schlafen und bei Nacht zu wachen. Aber er muß noch nach dem Rhythmus der Sonne seinen Wechsel im Schlafen und Wachen ordnen; er muß doch den Rhythmus innehalten. In früheren Zuständen war der innere Tag und die innere Nacht ganz entsprechend dem Sonnentag und der Sonnennacht. Da war der Mensch noch mehr gefesselt an die Scholle. Gerade dadurch wird der Mensch selbständig und frei, daß er schon den Rhythmus, in welchem er drinnen steht, innerlich befreit; daß er ihn zwar als Rhythmus beibehält, aber nicht mehr von der Außenwelt abhängig ist. – Es ist so, wie wenn Sie eine Uhr nehmen, die zwar in vierundzwanzig Stunden umläuft, die Sie aber so stellen, daß sie nicht mit der äußeren Zeit übereinstimmt, so daß es bei ihr nicht «zwölf» ist, wenn es draußen «zwölf» ist. Da ist die Uhr zwar nach dem äußeren Rhythmus geordnet, aber es fällt doch ihre Stundenangabe nicht zusammen mit der äußeren Sonnenzeit.

So macht sich der Mensch innerlich frei, indem er den äußeren Rhythmus zu einem innerlichen macht. So hat sich der Mensch schon längst in bezug auf den Mondenrhythmus, der sich auf sein Inneres bezog, innerlich frei gemacht. Deshalb haben wir es betont, daß der Mensch zwar die Mondenphasen innerlich erlebt, daß sie aber nicht angeregt sind durch den Mond am Himmel; sondern daß der Mond am Himmel nur in einem entsprechenden Rhythmus verläuft, weil der Mensch wohl den inneren Rhythmus behalten, aber sich äußerlich davon unabhängig und frei gemacht hat.

Auf diesem Wege, den wir für den Menschen konstatieren konnten, ist nun die Erde selbst als ein ganz lebendiges Wesen zu verstehen. Aber da sie uns äußerlich nur ihren physischen Leib zeigt, sich nicht als lebendig, fühlend und wissend zeigt, steht sie sozusagen noch näher dem Mond. Jetzt können wir begreifen, warum wir gar nicht einmal nach den äußeren Tatsachen von einem unmittelbaren Einfluß des Mondes auf Ebbe und Flut sprechen können, sondern daß wir nur sagen können: Ebbe und Flut in ihrer Zeit entsprechen dem Umlauf des Mondes; aber wir können nicht von einem unmittelbaren äußeren Einfluß des Mondes sprechen, weil der Mond tatsächlich nicht Ebbe und Flut bewirkt; sondern weil Ebbe und Flut und der Mondenumlauf von tieferen geistigen Kräften in der lebendigen Erde bewirkt werden. Mondenumlauf und Ebbe und Flut entsprechen einander; aber sie stehen ebensowenig in einem unmittelbaren Abhängigkeitsverhältnis, wie der heutige Mond in einem unmittelbaren Abhängigkeitsverhältnis steht zu dem, was ich Ihnen als Rhythmus bei dem produktiven und hellsichtigen Menschen angeführt habe.

So sehen wir, wie gerade aus den geisteswissenschaftlichen Voraussetzungen heraus die äußeren Tatsachen wunderbar sich uns aufklären: Ebbe und Flut entsprechen einem inneren Vorgang in unserer Erde, der nicht nur Ebbe und Flut, sondern auch den Mondenumlauf bewirkt. Sie entsprechen einander, wie der Gang der Uhr dem Verlauf der äußeren Sonnenzeit entspricht, obwohl keiner behaupten könnte, daß die Sonne die Zeiger der Uhr umdreht. Das sind Entsprechungen, die auf eine gemeinsame Ursache zurückgehen, die aber nicht einander bewirken. Und wenn Sie diese Voraussetzungen der Geisteswissenschaft nehmen, und alle Bücher durchgehen, wo Sie registriert finden alle Erscheinungen von Mond und Erde – und Ebbe und Flut, dann werden Sie die wahren Verhältnisse zwischen Mond und Erde und auch zwischen Mond und Mensch finden.

Sie können sich leicht denken: wenn der Mensch unselbständig wird, heruntergedrückt wird vom vollbewußten Zustande in weniger bewußte Zustände, wenn er versinkt in ein Unbewußtsein, da geht er zurück in frühere Entwickelungsphasen. Der Mensch ist von der Bewußtlosigkeit fortgeschritten zu seiner heutigen Bewußtheit. Von der früheren Mondabhängigkeit und dem Mondeinfluß, der direkt war, ist der Mensch zu der heutigen Unabhängigkeit vom Mond – und zu der Abhängigkeit von der Sonne fortgeschritten. Daher müssen wir sagen: Weil der Mensch früher unmittelbar vom Monde abhängig war, so wird sich dasjenige, was sich dann abspielt, wenn sein Bewußtseinszustand heruntergedämpft ist, nach dem Mondenlauf richten. Das zeigt atavistisch, wie eine alte Erbschaft, noch einen Zusammenhang mit den Mondphasen. Bei medial veranlagten Menschen, bei denen das eigentliche Ich-Bewußtsein so heruntergedrückt ist, daß sie wie eine alte Erbschaft dasjenige zeigen, was früher einmal in der Entwickelung vorhanden war, bei ihnen zeigt sich daher noch der frühere Mondeinfluß. Ebenso wenn bei Menschen durch gewisse Krankheitszustände das Bewußtsein heruntergedrückt wird.

Diese Erscheinungen werden Sie aus der Geisteswissenschaft jetzt voll begreifen können, wenn Sie diese Prinzipien kennen. Überall werden Sie im Leben die Belege für das finden, was die Geisteswissenschaft zu sagen hat. Und zum Schluß nun noch eines.

Wenn der Mensch herausgeboren wird aus der dunklen Naturgrundlage, nachdem er zwischen dem Tode und einer neuen Geburt durch die geistige Welt durchgegangen ist und wiedererscheint in einer neuen Körperlichkeit, da muß er, bevor er an das Licht des Tages tritt, herausgeboren werden aus Verhältnissen, die an frühere Zustände der Erde erinnern. Und dieses entsprechende Gebiet der Wissenschaft rechnet noch immer den Keimzustand des Menschen nach zehn Mondmonaten. Da haben wir einen Rhythmus, der in zehn aufeinanderfolgenden Mondperioden abläuft. Da sehen wir, wie der Mensch in der Zeit, bevor er an das Licht der Sonne tritt, sich unter Verhältnissen entwickelt, die wir nur erklären können, wenn wir überhaupt an den Rhythmus des Mondes anknüpfen. So sehen wir, wie die Erde in dem Monde und ihrem Rhythmus uns bewahrt hat, was sie selbst vor ihrem Erdendasein durchlebt hat. Und wir betrachten heute die menschliche Entwickelung während der Keimeszeit und sehen, wie in dieser Zeit, in zehn Mondmonaten, jeder Woche – also jeder Mondphase – ein ganz besonderer Zustand in der Entwickelung des Embryo entspricht. Wiederum hat sich der Mensch darin erhalten, was wir als Mondrhythmus bezeichnen können.

Und noch eine ganze andere Anzahl von Erscheinungen gibt es, die mit dem Dasein des Menschen zusammenhängen, bevor er aus dunklen Untergründen an das Tageslicht tritt, die zwar durchaus nicht Wirkungen des Mondes sind, auch nicht mit den Mondphasen zusammenfallen, wohl aber denselben Rhythmus widerspiegeln, weil sie zurückführen auf Ursachen, die einmal die Erde hat sehen lassen in Verhältnissen, unter denen sie früher vorhanden war.

Damit habe ich hineingeleuchtet in ein Gebiet, das sich öffentlich nicht weiter beleuchten läßt. Diejenigen, die nachdenken wollen, werden sehen, daß sich hier eine Perspektive auftut hinein in die Gebiete des Lebens, wo die Geisteswissenschaft tatsächlich eine Richtung angeben kann, die weit, weit aufklärend wirkt in bezug auf dasjenige im Menschen, was sich dem äußeren Sonnenlicht entzieht, was hinter dem äußeren Sonnenlicht liegt – was man also erforschen muß durch ein anderes Licht als dasjenige, was am äußeren Sonnenlicht als Erkenntnislicht herangezüchtet ist: nämlich durch jenes Erkenntnisvermögen, das nicht angewiesen ist auf den Dienst, den Empfindungsleib, Lebensleib und physischer Leib unter dem Einfluß der Sonne zu tun imstande sind. Das hellseherische Vermögen macht sich wiederum unabhängig von diesen drei Leibern, kann sich wiederum in das Innere vertiefen, in die geistige Welt hineinschauen und sich ein Erkenntnisvermögen dessen eröffnen, was hinter dem äußeren Sonnenlicht liegt, was aber darum nicht weniger lichtvoll und erhellt ist. – Auf diese Weise haben Sie gesehen, wie durch die Geisteswissenschaft in verschiedenster Art Anregungen gegeben werden können. Aber ich muß schon aufmerksam darauf machen, daß man für die Geisteswissenschaft in bezug auf die Mondfrage intimere Lichter haben muß, wenn man in die Dinge hineinkommen will.

Es fällt mir am Schlusse noch ein Gedicht ein von dem deutschen Dichter und Lyriker *Wilhelm Müller;* ein Gedicht, von dem uns hier nur die letzte Strophe interessieren soll. Da wird der Mond angesprochen, und allerlei Intimitäten werden gewechselt zwischen einem Menschen und dem Mond, und dann wird gesagt, weil da die Seele ganz merkwürdige Dinge zu dem Mond gesprochen hat:

Dies Liedchen ist ein Abendreih'n,
Ein Wandrer sang's im Vollmondschein;
Und die es lesen bei Kerzenlicht,
Die Leute verstehn das Liedchen nicht,
Und ist doch kinderleicht!

So ähnlich müssen wir das aufnehmen, was die Geisteswissenschaft zu sagen hat, wie wir es angedeutet haben über den Mond und seine Bedeutung im Menschenleben. Wir müssen sagen: Das Lied der Geisteswissenschaft über den Mond ist tatsächlich nur zu singen bei einigem Verständnis für die intimeren Begriffe der Geisteswissenschaft. Diejenigen Menschen, die es lesen wollen beim Kerzenlichte – ich meine in diesem Falle das Teleskop –, bei dem, was sich vom Monde zeigt durch die Mondphotographie und all das, was man heute Mondforschung nennt, diese Leute werden schwer dieses Lied der Geisteswissenschaft vom Monde verstehen. Aber dennoch werden diejenigen, die nur ein klein wenig eingehen wollen auf das, was sich von allen Seiten aus dem Leben ergibt, sagen müssen: Im Grunde genommen ist es gar nicht so schwer, die Sache zu verstehen! Wer das Lied der Geisteswissenschaft vom Monde nicht nur verstehen will beim Kerzenlicht des Teleskops, sondern bei dem lebendigen Licht des Geistes, das auch leuchtet, wenn keine äußeren Sinneseindrücke vorhanden sind, für den ist – wenn er nur will – dieses Lied vom Monde und damit von einem wichtigen Bestandteil des Lebens doch recht leicht, wenn auch nicht kinderleicht!

BIBLIOGRAPHISCHER NACHWEIS

früherer Veröffentlichungen und Zusammenstellungen der Vorträge von «Metamorphosen des Seelenlebens» «Pfade der Seelenerlebnisse»

Chronologische Reihenfolge (ab Ausgabe 1984)		Frühere Ausgabe
ERSTER TEIL		
I. Die Mission der Geisteswissenschaft einst und jetzt	14. 10. 1909	Pfade
II. Die Mission des Zornes	5. 12. 1909 München (statt 21. 10.1909 Berlin)	Metamorphosen
III. Die Mission der Wahrheit	22. 10. 1909	Metamorphosen
IV. Die Mission der Andacht	28. 10. 1909	Metamorphosen
V. Der menschliche Charakter	14. 3. 1910 München (statt 29. 10. 1909 Berlin)	Metamorphosen
VI. Die Askese und die Krankheit	11. 11. 1909	Pfade
VII. Das Wesen des Egoismus	25. 11. 1909	Metamorphosen
VIII. Buddha und Christus	2. 12. 1909	Pfade
IX. Einiges über den Mond	9. 12. 1909	Pfade
ZWEITER TEIL		
X. Die Geisteswissenschaft und die Sprache	20. 1. 1910	(siehe unten*)
XI. Lachen und Weinen	3. 2. 1910	Pfade
XII. Was ist Mystik?	10. 2. 1910	Pfade
XIII. Das Wesen des Gebetes	17. 2. 1910	Pfade
XIV. Krankheit und Heilung	3. 3. 1910	(siehe unten**)
XV. Der positive und der negative Mensch	10. 3. 1910	Pfade
XVI. Irrtum und Irresein	28. 4. 1910	(siehe unten**)
XVII. Das menschliche Gewissen	5. 5. 1910	Metamorphosen
XVIII. Die Mission der Kunst	12. 5. 1910	Metamorphosen

* Vortrag X: «Die Geisteswissenschaft und die Sprache», Dornach 1938

** Vorträge XIV und XVI: «Krankheit und Entwicklungsgeschehen», Schriftenreihe der Medizinischen Sektion am Goetheanum, 4. Heft, Dornach 1947

NACHWEIS FRÜHERER AUFLAGEN UND HERAUSGEBER

Vorträge II, III, IV, V, VII, XVII und XVIII
in «Pfade der Seelenerlebnisse»:

1. Auflage	Dornach 1929	Marie Steiner
2. Auflage	Dresden 1939	Marie Steiner
3. Auflage	Dornach o. J. (1940)	Marie Steiner
4. Auflage	Dornach 1957 Gesamtausgabe	Ruth Moering
Taschenbuch		
1. Auflage	Dornach 1976	
2. Auflage	Dornach 1984	

Vorträge I, VI, VIII, IX, XI, XII, XIII und XV
in «Metamorphosen des Seelenlebens»:

1. Auflage	Dornach 1928	Marie Steiner
2. Auflage	Dresden 1939	Marie Steiner
3. Auflage	Dornach 1939	Marie Steiner
4. Auflage	Wien o. J. (1950)	Marie Steiner †
5. Auflage	Dornach 1958 Gesamtausgabe	Ruth Moering
6. Auflage	Dornach 1971 Gesamtausgabe	Hella Wiesberger
Taschenbuch		
1. Auflage	Dornach 1972	
2. Auflage	Dornach 1978	
3. Auflage	Dornach 1983	

Nachweis weiterer Veröffentlichungen

In der Reihe «Durch den Geist zur Wirklichkeits-Erkenntnis der Menschenrätsel»: Vorträge I und III in Band III, Dornach 1965; Vortrag VIII in Band IV, Dornach 1966; Vortrag XVII in Band V, Dornach 1966

Vortrag X und XI in «Die Ausdrucksfähigkeit des Menschen in Sprache, Lachen und Weinen», Dornach 1970, 1979

Vorträge I, III, IV, V, VII, XVII, XVIII in «Wie erlangt man Erkenntnisse der höheren Welten? Metamorphosen des Seelenlebens», Zürich 1974

HINWEISE

Textunterlagen: Die Reihe der öffentlichen Vorträge des Winterhalbjahres 1909/10 im Berliner Architektenhaus umfaßte 18 Vorträge. Sie wurden für die Neuauflage von 1984 wie bisher in zwei Bände gegliedert, jedoch erstmals in ihrer vollständigen und chronologischen Reihenfolge. Bei der ersten Herausgabe von 1928/29, auf der alle bisherigen Neuauflagen beruhten, hatte Marie Steiner eine mehr inhaltliche Aufteilung vorgenommen und drei der Vorträge – vom 20. Januar, 3. März und 28. April 1910 – waren nicht in die beiden Bände aufgenommen und an anderer Stelle veröffentlicht worden (siehe die vorangehende Übersicht).

Die Vorträge vom 21. und 29. Oktober wurden von der ersten Ausgabe an durch Münchner Parallelvorträge (5. Dezember 1909 und 14. März 1910) ersetzt. Der Berliner Vortrag vom 21. Oktober «Die Mission des Zornes» lag zwar als Mitschrift von dem gleichen Stenographen wie die anderen Berliner Vorträge vor, ist aber in seinem Schluß nur noch unvollständig und bruchstückhaft mitgeschrieben und die Wendung, die der Vortrag in München inhaltlich am Schluß nimmt, ist in dem Berliner Text nicht zu finden. Der Vortrag vom 29. Oktober «Der menschliche Charakter» wurde erst in den sechziger Jahren als Stenogramm eines anderen Stenographen dem Archiv zugänglich und übertragen. Der Text ist zu lückenhaft, als daß er bei der Neuausgabe an die Stelle des Münchner Parallelvortrages treten könnte, obwohl der Duktus sich organischer in die Reihe der Berliner Vorträge fügen würde. Insbesondere ist zu beachten, daß die spätere Münchner Fassung komprimiert Gesichtspunkte entwickelt, die in Berlin in zwei verschiedenen Zusammenhängen dargestellt werden; so daß in dem Münchner Vortrag Aspekte der Vorträge «Der menschliche Charakter» und «Krankheit und Heilung» (3. März 1910, im 2. Band) enthalten sind. Die beiden Berliner Originalfassungen sind als Ergänzung zum vorliegenden Band in den «Beiträgen zur Rudolf Steiner-Gesamtausgabe», Nr. 81, Michaeli 1983, erschienen.

Der Text der Berliner Vorträge beruht auf der stenographischen Mitschrift von Walther Vegelahn, beziehungsweise dessen Klartextübertragung. Seine Originalstenogramme sind nicht mehr vorhanden. Der Stenograph der Münchner Vorträge ist nicht bekannt.

Die *Titel der einzelnen Vorträge* wurden von Rudolf Steiner selbst bestimmt; die *Titel der beiden Bände* gehen auf Marie Steiner zurück.

Da Rudolf Steiner zur Zeit dieser Vorträge noch innerhalb der Theosophischen Gesellschaft stand, gebrauchte er die Bezeichnungen «Theosophie» und «theosophisch», verstand sie jedoch von Anfang an immer im Sinne seiner anthroposophisch orientierten Geisteswissenschaft (Anthroposophie). Aufgrund einer späteren Angabe Rudolf Steiners wurden sie schon durch Marie Steiner an den sachlich in Betracht kommenden Stellen durch «Geisteswissenschaft» oder «Anthroposophie» ersetzt.

Werke Rudolf Steiners innerhalb der Gesamtausgabe (GA) werden in den Hinweisen mit der Bibliographie-Nummer angegeben. Siehe auch die Übersicht am Schluß des Bandes.

Zu Seite

12 *Franziskus Josephus Philippus Graf von Hoditz und Wolframitz:* (bei Triesch in Mähren gelegene Grafschaft, in der Franziskus Jos. Phil. bis etwa 1700 lebte). Bei dem «Libellus de hominis convenientia» handelt es sich um ein Manuskript, das in der Fürstenbergischen Bibliothek zu Prag aufgefunden ist, etwa zwischen 1696 und 1700 verfaßt, und von Robert Zimmermann in seinen «Studien und Kritiken zur Philosophie und Ästhetik» (1. Band, Wien 1830, S. 208 ff.) beschrieben und dargestellt wird.

13 *Aristoteles:* Siehe seine Schriften zur Naturphilosophie und Tiergeschichte. Erstes Buch, I, 15: «Überlegung hat von allen Tieren nur der Mensch allein; Gedächtnis und Gelehrigkeit haben viele Tiere mit ihm gemein, Erinnerungsvermögen besitzt außer ihm keines.» (Übersetzt von Ph. H. Külb.)

Renatus Cartesius (René Descartes): Siehe z. B. seine Schrift: «Meditationes de prima Philosophia», 1641/42.

14 *Der Mensch . . . Ebenbild der Gottheit:* Hoditz greift mit dieser Antwort zurück auf den Neuplatoniker Philo von Alexandrien (siehe Rudolf Steiners Ausführungen über diesen in «Das Christentum als mystische Tatsache und die Mysterien des Altertums» (1902), GA Bibl.-Nr. 8 (Register), der damit die Tradition vom Alten Testament wieder aufnimmt; 1. Mose 1, 26/27.

18 *Galileo Galilei, Nikolaus Kopernikus, Johannes Kepler, Isaak Newton:* Die Naturwissenschafter – Physiker und Astronomen – durch die der Beginn des neuzeitlich naturwissenschaftlichen Zeitalters gekennzeichnet ist.

19 *im Buche über Winckelmann:* Goethe, Winckelmann, «Antikes» und «Schönheit», Sophienausgabe Band 46 (Weimar 1891), S. 22 und 29.

21 *«Geistesauge» – «Geistesohr»:* Siehe z. B. Goethes Aufsatz «Wenige Bemerkungen» (zu Kaspar Friedrich Wolff), in «Goethes Naturwissenschaftliche Schriften», herausgegeben und kommentiert von Rudolf Steiner in Kürschners «Deutsche National-Litteratur», 1883–97, 5 Bände, Nachdruck Dornach 1975, GA Bibl.-Nr. 1a–e, Band I, S. 107: «Wie vortrefflich diese Methode auch sei, durch die er (K. Fr. Wolff) so viel geleistet hat, so dachte der treffliche Mann doch nicht, daß es ein Unterschied sei zwischen sehen und sehen, daß die Geistesaugen mit den Augen des Leibes in stetem lebendigen Bunde zu wirken haben, weil man sonst in Gefahr gerät, zu sehen und doch vorbeizusehen.» Siehe auch ebd. S. 262, «Entwurf einer Einleitung in die vergleichende Anatomie»: «Wir lernen mit Augen des Geistes sehen, ohne die wir, wie überall, so besonders auch in der Naturforschung, blind umhertasten.» Und in «Faust» II, 1 Vers 4667: «Tönend wird für Geistesohren / schon der neue Tag geboren.»

23–26 *Immanuel Kant:* Siehe das Kapitel: Das Zeitalter Kants und Goethes in Rudolf Steiner, «Die Rätsel der Philosophie in ihrer Geschichte als Umriß dargestellt» (1914), GA Bibl.-Nr. 18.

25 *«Kategorischer Imperativ»:* «Handle so, daß die Maxime deines Willens jederzeit zugleich als Prinzip einer allgemeinen Gesetzgebung gelten könne.» Kritik der praktischen Vernunft; sowie andere Formulierungen, auch in: Grundlegung zur Metaphysik der Sitten.

27 *«Abenteuer der Vernunft»:* Goethe «Anschauende Urteilskraft» in «Goethes Naturwissenschaftliche Schriften», siehe Hinweis zu S. 21, Band I, S. 115/116; siehe auch über Goethes Denkweise: «Bedeutende Fördernis durch ein einziges geistreiches Wort», ebd., Band II, S. 31.

28 *gegenständliche, imaginative, inspirierte, intuitive Erkenntnis:* Siehe dazu die grundlegende Darstellung der Erkenntnisstufen im Kapitel: Die Erkenntnis der höheren Welten, in Rudolf Steiner, «Die Geheimwissenschaft im Umriß» (1910), GA Bibl.-Nr. 13.

33 *salomonischer Schlüssel:* Das Zeichen der zwei ineinander verschlungenen Dreiecke, deren eine Spitze nach oben, die andere nach unten weist.

34 *Eliphas Lévy:* Okkultist; Pseudonym für den ursprünglich katholischen Diakon Alphonse Louis Constant aus Paris. – «Dogme et Rituel de la haute Magie», 2 Bände, 1854 und 1856.

35 *Therapeuten:* Ihre Lebens- und Denkweise wird beschrieben von Philo von Alexandrien (25 v.–50 n. Chr.) in seiner Schrift: «De vita contemplativa». Siehe dazu Rudolf Steiner, «Das Christentum als

mystische Tatsache und die Mysterien des Altertums» (1902), GA Bibl.-Nr. 8, 1976, S. 146 ff.

35 *Erkenntnis und Offenbarung im Mittelalter:* Entscheidend sind dafür die Schriften des Thomas von Aquino, insbesondere die 4 Bücher der «Summa philosophica». – Siehe das Kapitel: Die Weltanschauungen im Mittelalter, in Rudolf Steiner, «Die Rätsel der Philosophie in ihrer Geschichte als Umriß dargestellt» (1914), GA Bibl.-Nr. 18, S. 91 ff., und «Die Philosophie des Thomas von Aquino» (1920), GA Bibl.-Nr. 74.

Augustinus: Der für die Theologie und Philosophie einflußreichste der großen Kirchenväter.

43 *Die Geisterwelt ist nicht verschlossen . . .»:* Goethe, «Faust» I, Vers 443–446.

44, 76, 77 *Ausspruch Heraklits: «Einer Seele Grenzen . . .»:* Vgl. Hermann Diels «Die Fragmente der Vorsokratiker»: Herakleitos aus Ephesus, Nr. 45.

46 *«Geheimnisvoll am lichten Tag . . .»:* «Faust», I. Teil, Nacht, Vers 672 ff.

51 *Francesco Redi:* Italienischer Arzt, Naturforscher und Dichter. Siehe sein Werk: «Osservazione intorno agli animali viventi che si trovano negli animali viventi», 1684.

52 *Giordano Bruno:* Wurde im Jahre 1600 in Rom als Ketzer verbrannt.

57 *Arthur Schopenhauer:* Siehe «Die Welt als Wille und Vorstellung», 1. Buch, § 1.

58 *Vortrag über die «Mission der Wahrheit»:* Siehe den folgenden Vortrag dieses Bandes.

70 *Goethe in einer seiner größten Dichtungen:* «Pandora. Ein Festspiel», Fragment (1807).

81 *Lessing zum Beispiel sagt:* «Nicht die Wahrheit, in deren Besitz irgend ein Mensch ist, oder zu sein vermeinet, sondern die aufrichtige Mühe, die er angewandt hat, hinter die Wahrheit zu kommen, macht den Wert des Menschen. Denn nicht durch den Besitz, sondern durch die Nachforschung der Wahrheit erweitern sich seine Kräfte, worin allein seine immer wachsende Vollkommenheit bestehe. Der Besitz macht ruhig, träge, stolz.» Aus der Streitschrift «Eine Duplik» (1778), Abschn. I.

83 *Edward Henry Harriman,* 1848–1909, nordamerikanischer Eisenbahnmagnat.

Ausspruch des Kunsthistorikers Herman Grimm: In seinem Aufsatz: «Ernst Curtius, Heinrich von Treitschke, Leopold von Ranke» in «Fragmente», Bd. 1, Berlin u. Stuttgart 1900, S. 246.

Heinrich von Treitschke: Deutscher Historiker.

86 *Karl Friedrich Solger:* Ab 1811 Professor für Philosophie in Berlin. Vergl. «Erwin. Vier Gespräche über das Schöne und die Kunst», 1815, 2 Bde., Neudruck 1907, und «Vorlesungen über Ästhetik», hg. v. Heyse, 1829.

87 *Robert Zimmermann:* Professor in Wien, Vertreter der Herbartschen Schule. Vergl. seine «Ästhetik», 1858–65, 2 Bde.

90 *Ausspruch des englischen Dichters Coleridge:* Vgl. die Gedanken in Samuel Taylor Coleridge «Contributions to Southeys ‹Omniana› » (1812), das Kapitel «Self-Love in Religion».

100 *«Was fruchtbar ist . . .»:* Aus dem Gedicht «Vermächtnis», 1829.

«Eine falsche Lehre läßt sich nicht widerlegen . . .»: Siehe «Goethes Naturwissenschaftliche Schriften», Hinweis zu S. 21. «Sprüche in Prosa», Band V, S. 402.

101 *«Pandora»:* Siehe Hinweis zu S. 70.

114 *«Im Anfang war die Tat»:* «Faust», I. Teil, Vers 1224 ff.

«Prometheus»: Dramatisches Fragment, 1773.

116 *«Ganz und gar/bin ich ein armer Wicht»:* Siehe Gedichte: «Sprichwörtlich».

117, 126, 142 *«Hier wird's Erreichnis»:* Das Zitat ist so wiedergegeben, wie es von Rudolf Steiner im Vortrag gesprochen wurde. In dem Aufsatz «Goethes Faust als Bild seiner esoterischen Weltanschauung», abgedruckt in «Goethes Geistesart in ihrer Offenbarung durch seinen ‹Faust› und durch das ‹Märchen von der Schlange und der Lilie› » (1918), GA Bibl.-Nr. 22, hat Rudolf Steiner zu diesem Zitat 1918 folgende Anmerkung gemacht: «Der Verfasser dieser Ausführungen bekennt sich zu der von Ad. Rudolf im Archiv für neuere Sprachen LXX 1883 vorgebrachten Ansicht, daß die Schreibung ‹Ereignis› nur auf einem Hörfehler des Goethes Diktat Schreibenden beruht, und daß das richtige Wort ‹Erreichnis› ist.» – Erst 1928 wurde eine Handschrift Goethes mit der Schreibweise ‹Ereignis› aus der Goethe-Sammlung von A. Kippenberg als Faksimiledruck bekannt.

143, 178 *«Was kann der Mensch ...»:* Aus dem Gedicht «Bei Betrachtung von Schillers Schädel», 1826.

144 *«Zwei Seelen wohnen, ach! ...»:* «Faust», I. Teil; Vor dem Tore.

154 *Homer ... schildert uns in seiner Odyssee:* Siehe 19. Gesang, Vers 137 ff.

159 *Johann Joachim Winckelmann:* Vgl. seine «Geschichte der Kunst im Altertum», 1764, Zweiter Teil: «Nach den äußeren Umständen der Zeit unter den Griechen betrachtet.»

162 *mein Schriftchen:* «Die Erziehung des Kindes vom Gesichtspunkte der Geisteswissenschaft», Sonderdruck Dornach 1978; innerhalb der Gesamtausgabe in «Luzifer-Gnosis. Gesammelte Aufsätze 1903 bis 1908», GA Bibl.-Nr. 34.

167 *Karl W. R. von Rotteck:* «Allgemeine Weltgeschichte», 1812–1827, 9 Bde.

179/180 *die Färbung, die ihm ... Schopenhauer gegeben hat:* Zu seinem Begriff der Askese siehe «Die Welt als Wille und Vorstellung», Viertes Buch, Der Welt als Wille zweite Betrachtung: Bei erreichter Selbsterkenntnis Bejahung und Verneinung des Willens zum Leben. Besonders ab § 68. Vergleiche S. 235 dieses Buches.

182 *Wie erlangt man Erkenntnisse der höheren Welten?* (1904), GA Bibl.-Nr. 10.

Wachen und Schlaf: Vergleiche dazu das Kapitel: Schlaf und Tod, in Rudolf Steiner, «Die Geheimwissenschaft im Umriß» (1910), GA Bibl.-Nr. 13.

185 *Verständnis einer gewissen symbolischen Vorstellung:* Vergleiche auch das Kapitel: Die Erkenntnis der höheren Welten, S. 307 ff., in Rudolf Steiner, «Die Geheimwissenschaft im Umriß», GA Bibl.-Nr. 13.

187 *«Und so lang du das nicht hast ...»:* Goethe, letzte Strophe des Gedichtes: «Selige Sehnsucht» aus dem West-östlichen Divan.

191 *Schopenhauersche Philosophie:* Vgl. S. 57 in diesem Band und den Hinweis zur Seite 57.

hundert vorgestellte und hundert wirkliche Taler: Immanuel Kant, «Kritik der reinen Vernunft». Des dritten Hauptstücks vierter Abschnitt: Von der Unmöglichkeit eines ontologischen Beweises vom Dasein Gottes.

198 *Pythagoras von Samos:* Siehe Rudolf Steiner, «Das Christentum als mystische Tatsache und die Mysterien des Altertums», S. 50 ff. und drs., «Die Rätsel der Philosophie in ihrer Geschichte als Umriß dargestellt» (Register).

215 *«Es werde Licht!»:* 1. Mose 1, 3.

219 *«Suchst du das Höchste, das Größte . . .»:* Schillers Gedicht «Das Höchste», 1795.

«Die Ros' ist ohn Warum . . .»: Aus dem «Cherubinischen Wandersmann» von Angelus Silesius, 1. Buch, Spruch 289.

220 *«Wenn die Rose selbst sich schmückt . . .»:* Friedrich Rückert, Schluß des Gedichtes «Welt und Ich».

«Wenn die gesunde Natur . . .» und: *«Indem der Mensch . . .»:* Siehe den Hinweis zu S. 21.

223 *«In den Blüten tritt das vegetabilische Gesetz . . .»:* Sprüche in Prosa. Siehe Hinweis zu S. 21, «Goethes Naturwissenschaftliche Schriften», Band V, S. 495.

226 *wenn wir uns an ein Goethewort erinnern:* «Das Auge hat sein Dasein dem Licht zu danken. Aus gleichgültigen, tierischen Hilfsorganen ruft sich das Licht ein Organ hervor, das seinesgleichen werde, und so bildet sich das Auge am Lichte fürs Licht, damit das innere Licht dem äußeren entgegentrete». Vgl. «Entwurf einer Farbenlehre», Band III, S. 88 von «Goethes Naturwissenschaftlichen Schriften», a. a. O.

227 *der von Schopenhauer einseitig hervorgekehrte Satz:* Rudolf Steiner bezieht sich hier vermutlich auf den Satz aus Schopenhauers Einleitung zu seiner Abhandlung «Über das Sehen und die Farben»: «. . . daß die Farben, mit welchen . . . die Gegenstände bekleidet erscheinen, durchaus nur im Auge sind».

239 *Daher nennt Goethe ihn an einer Stelle einen «armen Hund»:* Im Gespräch mit dem Kanzler von Müller vom 22. Januar 1821, wo es wörtlich heißt: «Wilhelm ist freilich ein armer Hund, aber nur an solchen läßt sich das Wechselspiel des Lebens und die tausend verschiedenen Lebensaufgaben recht deutlich zeigen, nicht an schon abgeschlossenen festen Charakteren».

240 *Deshalb sagt Goethe . . .:* Wörtlich: «Die vernünftige Welt ist als ein großes unsterbliches Individuum zu betrachten, das unaufhaltsam das Notwendige bewirkt und dadurch sich sogar über das Zufällige zum Herrn macht.» Sprüche in Prosa, siehe Hinweis zu S. 21, «Goethes Naturwissenschaftlichen Schriften», Band V, S. 482.

241 *was Goethe . . . zu dem Kanzler von Müller . . . über Mignon äußerte:* Im Gespräch vom 29. Mai 1814: «Seine (Goethes) Unzufriedenheit über der Frau von Staël Urteile über seine Werke [brach lebhaft hervor]. Sie habe Mignon als Episode beurteilt, da doch das ganze Werk dieses Charakters wegen geschrieben sei. Meister müsse notwendig so gärend, schwankend und biegsam erscheinen, damit die anderen Charaktere sich an und um ihn entfalten könnten, weshalb auch Schiller ihn mit Gil Blas verglichen habe. Er sei wie eine Stange, an der sich der zarte Efeu hinaufranke. Die Staël habe alle seine, Goethes, Produktionen abgerissen und isoliert betrachtet, ohne Ahnung ihres inneren Zusammenhangs, ihrer Genesis», Goethes Gespräche, hg. von W. Herwig, 2. Bd., Zürich 1969, S. 901.

253 *sagt Fichte:* Vorbericht zu «Einige Vorlesungen über die Bestimmung des Gelehrten», 1794.

254 *was sich uns schon zeigte bei Betrachtungen über den «Faust», über das «Märchen . . .» und über die «Pandora»:* Rudolf Steiner bezieht sich hier auf die Vorträge vom 22. und 24. Oktober 1908: Goethes geheime Offenbarung, exoterisch und esoterisch; vom 11. und 12. März 1909: Die Rätsel in Goethes Faust, exoterisch und esoterisch, alle vier Vorträge in «Wo und wie findet man den Geist?» GA Bibl.-Nr. 57. Bezüglich der «Pandora» bezieht er sich auf Vortrag III des vorliegenden Bandes.

255 *«Der Mensch ist eines Schattens Traum»:* Siehe Pindar, 522 bis um 448 v. Chr., «Pythische Epinikien oder Siegeslieder», 8. Gesang, 5. Epode.

256 *Zum Vortrag «Buddha und Christus»:* Die Reden Gotamo Buddhas, aus der mittleren Sammlung Majjhimanikayo des Pali-Kanons zum erstenmal übersetzt von Karl-Eugen Neumann (München 1922, und neuere Auflagen), 3 Bde. – Das Evangelium des Buddha, nach alten Quellen erzählt von Paul Carus (autorisierte deutsche Ausgabe von Karl Seitenstücker) (Chicago und London 1919). – Hermann Beckh, Buddha und seine Lehre (Stuttgart 1958). Vergleiche zu diesem Vortrag auch die Gegenüberstellung von Buddha und Christus in Rudolf Steiner, «Das Christentum als mystische Tatsache und die Mysterien des Altertums» (1902), GA Bibl.-Nr. 8, S. 102 ff.

257 *Euklid:* Begründer der Geometrie, sein Hauptwerk: die 13 Bücher der «Stoicheia» (Grundelemente).

Max Müller: Orientalist, Sprach- und Religionsforscher. Zu dem Vergleich benutzte Müller eine buddhistische Parabel *(drishtanta): «Once there was a man with a peculiar power to grunt exactly like a pig,* and he made a good deal of money by showing off his power of mimicry to the common people. In one village where he was giving an exhibition, a holy man passed by, who decided to teach a lesson to these credulous people. He advertised that he would show them a better performance, with much better grunting, free of cost. People flocked to him, and, producing a real pig, he squeezed it to make it grunt. But the people said: ‹Is that all? We hear that every day, what's there to it?› And they all went away. The sage said: ‹Here is a splendid lesson. We seldom care for reality, and always go in for imitation.› » Zitiert nach Nirad C. Chaudhuri, «Scholar Extraordinary. The Life of Professor the Rt. Hon. Friedrich Max Müller, P. C.», London 1974, S. 328/29.

258 *Helena Petrowna Blavatsky:* Sie gründete zusammen mit H. S. Olcott 1875 die Theosophische Gesellschaft in New York, die ihr Zentrum bald darauf nach Indien verlegte. Hauptwerke: Isis Unveiled (1877); The Secret Doctrine (1887–1897). Siehe bei Rudolf Steiner, z. B. «Die okkulte Bewegung im neunzehnten Jahrhundert und ihre Beziehungen zur Weltkultur» (1915), GA Bibl.-Nr. 254 (Register), und «Mein Lebensgang» (1923–25), GA Bibl.-Nr. 28 (Register).

260 *Milindapanha (Die Fragen des Milinda):* Unterredungen zwischen Menandros (Milinda), König des griechisch-indischen Reiches (um 110 v. Chr.) und dem buddhistischen Heiligen Nagasena über die wichtigsten Fragen buddhistischer Dogmatik. Textausg. von Trenckner (1880); deutsch von Schrader (1905).

Wie bist du hierher gekommen . . .: Die Fragen des Königs Menandros, aus dem Pali zum erstenmal ins Deutsche übersetzt von F. Otto Schrader (Berlin 1905, Auswahl), S. 14/15.

261 *Gleichnis vom Mangobaum:* a. a. O. S. 45/46.

277 *Bergpredigt:* Matth. 5,3: «Selig sind, die da Bettler sind um Geist . . .»

279 *«Das Himmelreich ist nahe . . .»:* Matth. 3,2.

283 *Theodor Schultze:* Übersetzer und Herausgeber von: «Buddhas Leben und Wirken», nach der chinesischen Bearbeitung von Açvagoshas Buddha-Carita und deren Übersetzung in das Englische durch Samuel Beal – in deutsche Verse übertragen (Leipzig o. J. [1894]), Verfasser von «Vedanta und Buddhismus als Fermente für eine künftige Regeneration des religiösen Bewußtseins innerhalb des europäischen Culturkreises» (Leipzig o. J.).

284 *Charles Darwin, Ernst Haeckel:* Siehe Rudolf Steiner, «Die Rätsel der Philosophie in ihrer Geschichte als Umriß dargestellt» (1914), (Register), GA Bibl.-Nr. 18.

285 *Das höchste Menschenbild . . .:* Schopenhauer. Siehe Hinweis zu S. 179/180.

286 *Von Begierde zu Genuß . . .:* Goethe, «Faust» I, Vers 3249/50: «So tauml' ich von Begierde zu Genuß, / Und im Genuß verschmacht ich nach Begierde.»

«Es kann die Spur . . .»: Goethe, «Faust» II, Vers 11583/84.

zu seinem Sekretär Eckermann: Johann Peter Eckermann, Gespräche mit Goethe in den letzten Jahren seines Lebens, Gespräch vom 6. Juni 1831.

Schopenhauer glaubte . . .: Die Welt als Wille und Vorstellung, 4. Buch, § 71 (Schluß).

288 *«Wie an dem Tag . . .»:* Goethe, «Urworte (Orphisch)»: Daimon.

293 *«Mondenstreit»:* Siehe G. Th. Fechner, Professor Schleiden und der Mond (Leipzig 1856); zum folgenden siehe besonders Zweiter Teil, Kap. VI: Einfluß des Mondes auf die Witterung.

Zend-Avesta oder über die Dinge des Himmels und des Jenseits, 3 Bände (Leipzig 1851). – *Elemente der Psycho-Physik,* Zwei Teile (Leipzig 1860). – *Vorschule der Ästhetik,* Zwei Teile (Leipzig 1876).

301 *Vielleicht könnten . . . unsere Frauen entscheiden:* G. Th. Fechner, Professor Schleiden und der Mond, S. 293.

304 *Julius Robert Mayer:* Arzt und Physiker, der 1842 das Gesetz von der Erhaltung der Energie entdeckte.

305 *«Goethe- und Schiller-Archiv»:* Über die Zeit und Arbeit Rudolf Steiners in Weimar siehe: «Mein Lebensgang» (1923–25), GA Bibl.-Nr. 28, Kap. 14 ff.

Witterungslehre: Siehe Hinweis zu S. 21, «Goethes Naturwissenschaftliche Schriften», Band II, Drittes Buch, Meteorologie, S. 323 bis 398.

307 *die Erde als beseeltes Wesen:* Johann Peter Eckermann, Gespräche mit Goethe in den letzten Jahren seines Lebens, Gespräch vom 11. April 1827.

307 *Leonardo da Vinci:* Siehe «Leonardo da Vinci, der Denker, Forscher und Poet», nach den veröffentlichten Handschriften; Auswahl, Übersetzung und Einleitung von Marie Herzfeld (Jena 1906), S. 61: «Der Mensch wird von den Alten eine Welt im kleinen genannt, und sicher ist die Aussage dieses Namens auf den rechten Platz gestellt; denn wie der Mensch aus Erde, Wasser, Luft und Feuer zusammengesetzt, dieser Körper der Erde ist desgleichen. Wenn der Mensch in sich Knochen hat, Stützen und Armatur des Fleisches, – die Welt hat das Gestein, Stützen der Erde; wenn der Mensch in sich den See des Blutes hat, wo die Lunge im Atmen wächst und abnimmt, der Körper der Erde hat sein ozeanisches Meer, das, auch dieses, wächst und abnimmt, alle 6 Stunden, beim Atmen der Welt; wenn von besagtem See des Blutes Adern entspringen, die, sich verzweigend, durch den menschlichen Leib gehen, gleicherweise füllt das ozeanische Meer den Leib der Erde mit ungezählten Wasseradern. Fehlen dem Körper der Erde die Nerven (Sehnen), welche nicht da sind, weil die Nerven zum Zwecke der Bewegung gemacht sind, und da die Welt in beständigem Gleichgewicht ist, fällt Bewegung da nicht vor, und da keine Bewegung vorhanden, sind die Nerven hier nicht nötig. Aber in allen anderen Sachen sind viele Gleichheiten da.» – und folgende Kapitel.

308 *Johannes Kepler:* Siehe in «Harmonices mundi», Buch IV, Kap. 7 etwa folgende Stelle: «Was ist nun vollends ähnlicher der Atmung der Landtiere und besonders der Tätigkeit der Fische, die mit dem Maul das Wasser einziehen und es durch die Kiemen wieder ausstoßen, als jenes merkwürdige halbtägige An- und Abschwellen des Meeres?» (Übersetzt von Max Caspar, München 1973. S. 261.)

328 *Wilhelm Müller,* 1794–1827, bekannt durch die von Franz Schubert vertonten Gedichtzyklen «Die Winterreise» und «Die schöne Müllerin».

329 *«Dies Liedchen ist ein Abendreih'n, . . .»:* Letzte Strophe von «Mondlied», aus: Lieder der Griechen, 2. Auflage (Leipzig 1844).

PERSONENREGISTER

(Die *kursiv* gesetzten Ziffern geben jeweils die Seiten an, zu denen ein Hinweis besteht)

INHALT

ZWEITER TEIL

RUDOLF STEINER GESAMTAUSGABE

Gliederung nach: Rudolf Steiner – Das literarische
und künstlerische Werk. Eine bibliographische Übersicht
(Bibliographie-Nrn. *kursiv* in Klammern)

A. SCHRIFTEN

I. Werke

Goethes Naturwissenschaftliche Schriften, eingeleitet und kommentiert von R. Steiner, 5 Bände, 1883–97, Neuausgabe 1975 *(1a–e)*; separate Ausgabe der Einleitungen, 1925 *(1)*

Grundlinien einer Erkenntnistheorie der Goetheschen Weltanschauung, 1886 *(2)*

Wahrheit und Wissenschaft. Vorspiel einer «Philosophie der Freiheit», 1892 *(3)*

Die Philosophie der Freiheit. Grundzüge einer modernen Weltanschauung, 1894 *(4)*

Friedrich Nietzsche, ein Kämpfer gegen seine Zeit, 1895 *(5)*

Goethes Weltanschauung, 1897 *(6)*

Die Mystik im Aufgange des neuzeitlichen Geisteslebens und ihr Verhältnis zur modernen Weltanschauung, 1901 *(7)*

Das Christentum als mystische Tatsache und die Mysterien des Altertums, 1902 *(8)*

Theosophie. Einführung in übersinnliche Welterkenntnis und Menschenbestimmung, 1904 *(9)*

Wie erlangt man Erkenntnisse der höheren Welten? 1904/05 *(10)*

Aus der Akasha-Chronik, 1904–08 *(11)*

Die Stufen der höheren Erkenntnis, 1905–08 *(12)*

Die Geheimwissenschaft im Umriß, 1910 *(13)*

Vier Mysteriendramen, 1910–13 *(14)*

Die geistige Führung des Menschen und der Menschheit, 1911 *(15)*

Anthroposophischer Seelenkalender, 1912 *(in 40)*

Ein Weg zur Selbsterkenntnis des Menschen, 1912 *(16)*

Die Schwelle der geistigen Welt, 1913 *(17)*

Die Rätsel der Philosophie in ihrer Geschichte als Umriß dargestellt, 1914 *(18)*

Vom Menschenrätsel, 1916 *(20)*

Von Seelenrätseln, 1917 *(21)*

Goethes Geistesart in ihrer Offenbarung durch seinen Faust und durch das Märchen von der Schlange und der Lilie, 1918 *(22)*

Die Kernpunkte der sozialen Frage in den Lebensnotwendigkeiten der Gegenwart und Zukunft, 1919 *(23)*

Aufsätze über die Dreigliederung des sozialen Organismus und zur Zeitlage 1915–1921 *(24)*

Kosmologie, Religion und Philosophie, 1922 *(25)*

Anthroposophische Leitsätze, 1924/25 *(26)*

Grundlegendes für eine Erweiterung der Heilkunst nach geisteswissenschaftlichen Erkenntnissen, 1925. Von Dr. R. Steiner und Dr. I. Wegman *(27)*

Mein Lebensgang, 1923–25 *(28)*

II. Gesammelte Aufsätze

Aufsätze zur Dramaturgie 1889–1901 *(29)* – Methodische Grundlagen der Anthroposophie 1884–1901 *(30)* – Aufsätze zur Kultur- und Zeitgeschichte 1887–1901 *(31)* – Aufsätze zur Literatur 1886–1902 *(32)* – Biographien und biographische Skizzen 1894–1905 *(33)* – Aufsätze aus «Lucifer-Gnosis» 1903–1908 *(34)* – Philosophie und Anthroposophie 1904–1918 *(35)* – Aufsätze aus «Das Goetheanum» 1921–1925 *(36)*

III. Veröffentlichungen aus dem Nachlaß

Briefe – Wahrspruchworte – Bühnenbearbeitungen – Entwürfe zu den Vier Mysteriendramen 1910–1913 – Anthroposophie. Ein Fragment aus dem Jahre 1910 – Gesammelte Skizzen und Fragmente – Aus Notizbüchern und -blättern – *(38–47)*

B. DAS VORTRAGSWERK

I. Öffentliche Vorträge

Die Berliner öffentlichen Vortragsreihen, 1903/04 bis 1917/18 *(51–67)* – Öffentliche Vorträge, Vortragsreihen und Hochschulkurse an anderen Orten Europas 1906–1924 *(68–84)*

II. Vorträge vor Mitgliedern der Anthroposophischen Gesellschaft

Vorträge und Vortragszyklen allgemein-anthroposophischen Inhalts – Christologie und Evangelien-Betrachtungen – Geisteswissenschaftliche Menschenkunde – Kosmische und menschliche Geschichte – Die geistigen Hintergründe der sozialen Frage – Der Mensch in seinem Zusammenhang mit dem Kosmos – Karma-Betrachtungen – *(91–244)*
Vorträge und Schriften zur Geschichte der anthroposophischen Bewegung und der Anthroposophischen Gesellschaft *(251–263)*

III. Vorträge und Kurse zu einzelnen Lebensgebieten

Vorträge über Kunst: Allgemein Künstlerisches – Eurythmie – Sprachgestaltung und Dramatische Kunst – Musik – Bildende Künste – Kunstgeschichte *(271–292)* – Vorträge über Erziehung *(293–311)* – Vorträge über Medizin *(312–319)* – Vorträge über Naturwissenschaft *(320–327)* – Vorträge über das soziale Leben und die Dreigliederung des sozialen Organismus *(328–341)* – Vorträge für die Arbeiter am Goetheanumbau *(347–354)*

C. DAS KÜNSTLERISCHE WERK

Originalgetreue Wiedergaben von malerischen und graphischen Entwürfen und Skizzen Rudolf Steiners in Kunstmappen oder als Einzelblätter: Entwürfe für die Malerei des Ersten Goetheanum – Schulungsskizzen für Maler – Programmbilder für Eurythmie-Aufführungen – Eurythmieformen – Skizzen zu den Eurythmiefiguren, u.a.

Die Bände der Rudolf Steiner Gesamtausgabe
sind innerhalb einzelner Gruppen einheitlich ausgestattet
Jeder Band ist einzeln erhältlich